5

最新 社会福祉士養成講座

一般社団法人 日本ソーシャルワーク教育学校連盟　編集

保健医療と福祉

中央法規

刊行にあたって

　このたび、新カリキュラムに対応した社会福祉士と精神保健福祉士養成の教科書シリーズ（以下、本養成講座）を一般社団法人日本ソーシャルワーク教育学校連盟の編集により刊行することになりました。本養成講座は、社会福祉士・精神保健福祉士共通科目13巻、社会福祉士専門科目8巻、精神保健福祉士専門科目8巻の合計29巻で構成されています。

　社会福祉士の資格制度は、1987（昭和62）年に制定された社会福祉士及び介護福祉士法により創設されました。後に、精神保健福祉士法が制定され、精神保健福祉士の資格制度が1997（平成9）年に創設されました。それから今日までの間に両資格のカリキュラムは2度の改正が行われました。本養成講座は、2019（令和元）年度の両資格のカリキュラム改正に伴い、刊行するものです。

　新カリキュラム改正のねらいは、地域共生社会の実現に向けて、複合化・複雑化した課題を受けとめる包括的な相談支援を実施し、地域住民等が主体的に地域課題を解決していくよう支援できるソーシャルワーカーを養成することにあります。地域共生社会とは支援する者と支援される者が一体となり、誰もが役割をもって生活していくことができる社会です。こうした社会を創り上げる担い手として、社会福祉士や精神保健福祉士が期待されています。

　そのため、本養成講座の制作にあたって、❶ソーシャルワーカーとしてアセスメントから支援計画、モニタリングに至るPDCAサイクルに基づく支援ができる人材の養成、❷個別支援と地域支援を一体的に対応でき、児童、障害者、高齢者等のさまざまな分野を横断して包括的に支援のできる人材の養成、❸「講義─演習─実習」の学習循環をつくることで、実践現場に密着した人材養成をする、を目的にしています。

　社会福祉士および精神保健福祉士になるためには、ソーシャルワークに必要な五つの科目群について学ぶことが必要です。具体的には、①社会福祉の原理・基盤・政策を理解する科目、②複合化・複雑化した福祉課題と包括的な支援を理解する科目、③人・環境・社会とその関係を理解する科目、④ソーシャルワークの基盤・理論・方法を理解する科目、⑤ソーシャルワークの方法と実践を理解する科目です。それぞれの科目群の関係性と全体像は、次頁の図のとおりです。

　これらの科目を本養成講座で学ぶことにより、すべての学生がソーシャルワークの基盤を修得し、社会福祉士ならびに精神保健福祉士の国家資格を取得し、さまざまな領域でソーシャルワーカーとして活躍され、ソーシャルワーカーに対する社会的評価を高めてくれることを願っています。

社会福祉士養成教科書の全体像

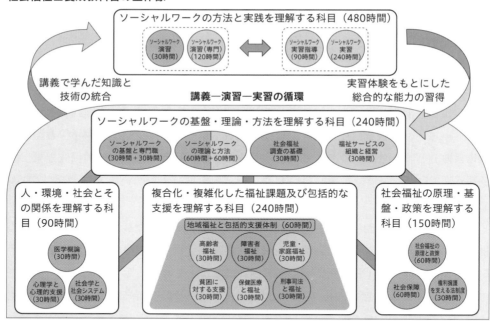

出典：厚生労働省「（別添）見直し後の社会福祉士養成課程の全体像」(https://www.mhlw.go.jp/content/000604998.pdf) より本連盟が改編

精神保健福祉士養成教科書の全体像

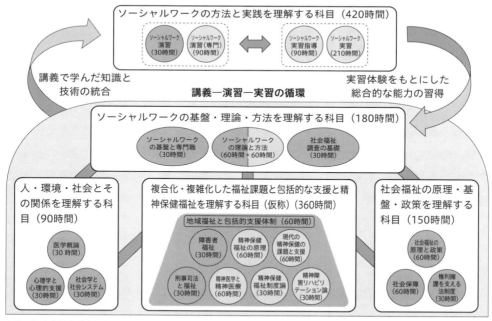

出典：厚生労働省「（別添）見直し後の社会福祉士養成課程の全体像」を参考に本連盟が作成

2020（令和2）年12月1日

一般社団法人日本ソーシャルワーク教育学校連盟
会長　白澤政和

はじめに

　本書は、社会福祉士国家試験科目「保健医療と福祉」に対応するテキストとして作成したものである。保健医療分野に関する科目は、2009（平成21）年度から「保健医療サービス」として、初めて指定科目・基礎科目に加わったが、2020（令和2）年の改正では、「保健医療と福祉」と科目名が変わった。さらに、カリキュラムのねらい（目標）として、❶ソーシャルワーク実践において必要となる保健医療の動向、❷保健医療にかかわる政策、制度、サービス、❸保健医療領域における社会福祉士の役割と連携・協働、❹保健医療の課題をもつ人に対する社会福祉士としての適切な支援のあり方の4点から理解を深めることとなった。

　本書では、保健医療の課題をもつ人にかかわり、支援を行う社会福祉士を読者像に据えている。このような役割をもつ社会福祉士は保健医療分野において支援を行ういわゆる医療ソーシャルワーカーが中心的ではあるが、地域包括ケアシステムを構築しつつあるなかで、地域でソーシャルワークを展開する社会福祉士、医療分野以外の場で実践を行うあらゆる領域の社会福祉士が関連していると考えた。そのような社会福祉士にとって、最低限理解しておくことが必要な知識を網羅した。

　保健医療をめぐっては、日本における高齢人口の増加に起因する疾病構造の変化、医療の高度化等を背景に、病者、家族に関する理解、医療倫理、医療制度、そこにかかわる専門職とそのあり方が大きく変わってきている。また、介護保険制度、地域包括ケアシステムの進展とともに、病をもちながら地域で生活するための資源は格段に整ったといえる。2013（平成25）年には「社会保障制度改革国民会議報告書——確かな社会保障を将来世代に伝えるための道筋」がまとめられ、今後の医療の提供システムとして、「病院完結型」から「地域完結型」へと変化する必要があることが明示された。さらに、地域における機関間の連携の重要性が示され、各自治体には、在宅医療・介護連携を重要課題として取り組むことが求められている。このようななか、保健医療分野における社会福祉士が果たすべき役割は大きいといえる。多くの役割を担う社会福祉士の養成に本書が貢献できることを願っている。

　本書の構成上の特徴は、3点挙げられる。

　第一に、患者本人・家族が抱える生活課題から議論を始める構成とした点がある。保健医療に限らないが、この科目の対象となる人々の理解は、社会福祉士として出発点にあるものと考えてのことである。この患者本人・家族の福利の向上のために、保健医療福祉制度をはじめとする諸資源が存在する点を意識した構成とした。

第二に、諸サービスのみではなく、倫理をはじめとする保健医療分野の特徴について示している点である。保健医療における社会福祉実践は、一般的に、社会福祉以外を目的とする分野に社会福祉専門職として参入する第二次分野での実践である点に特徴がある。第二次分野においては、その領域を特徴づける性格と、特有な専門職の姿勢がある。本書では、保健医療分野を性格づける医療法、専門職の姿勢を特徴づける医療倫理を取り上げた。

　第三は、比較的詳細な事例を提示した点である。八つの事例を提示し、保健医療分野におけるソーシャルワーク実践が、どのように展開されているかを示した。代表的な領域でのソーシャルワーク実践事例を読むことで、本書で学んできた対象と支援にかかわるサービス等の資源や専門職の働きに関する理解を深められる。各章について学ぶ際に、関連事例を併せて読み、理解を深めることを期待する。

　本書は全6章17節で構成されている。各章扉にはその章の学習のねらいをまとめているので、ご一読いただきたい。

　この「はじめに」を執筆している2020（令和2）年6月、日本は、新型コロナウイルス感染症（COVID-19）の大きな影響の下にある。感染防止のための緊急事態宣言下の生活の制限、経済活動の制限、就労困難に起因する生活困窮があり、医療機関における診療体制にも危機的状況が生じた。感染拡大を防ぐ目的での病院における面会禁止、そして、それが死亡時にまで及んでいることなど、これまで我々の生活や人生のあり方を支えてきたさまざまな生活習慣や行事の変更を余儀なくされている。まさしく、疾病が人々の生活に与える影響の大きさを、社会レベルで実感しているところである。このウイルスとの長期にわたる「付きあい方」については今後の取り組み課題であり、研究課題であるが、場合によっては、社会の構造、人と人との関係のもち方が大きく変わることになるかもしれない。

　一方で、このような状況のなか、さまざまな工夫と新たなテクノロジーの導入によって、困難と向きあう取り組みも行われている。社会福祉士としても、何を考え、行うべきかが問われ、試行錯誤を行っている。このような経験を経た今、「保健医療と福祉」を学ぶ際に、疾病と社会生活にこのようなダイナミックな交互作用があることをあらためて認識し、社会福祉士としての姿勢と取り組みを意識し、本科目に取り組む意義を再確認していただければ、編者として幸いである。

　　　　　　　　　　　　　　　　　　　　　　　　　　　　編集委員一同

目次

本書では学習の便宜を図ることを目的として、以下の項目を設けました。

- ・学習のポイント…………各節で学習するポイントを示しています。
- ・重要語句…………………学習上、特に重要と思われる語句を色文字で示しています。
- ・用語解説…………………専門用語や難解な用語・語句等に★を付けて側注で解説しています。
- ・補足説明…………………本文の記述に補足が必要な箇所にローマ数字（ⅰ、ⅱ、…）を付けて脚注で説明しています。
- ・**Active Learning**……学生の主体的な学び、対話的な学び、深い学びを促進することを目的に設けています。学習内容の次のステップとして活用できます。

第1章

保健医療の課題を
もつ人の理解

　「保健医療と福祉」を考える際に、最初に理解する必要が
あることとして、保健医療分野におけるソーシャルワーク
の対象である病をもつ人とその家族をテーマとする。

　第1節では、この分野の支援の対象である病をもつ人の
理解の視点・理解を促す概念、そして課題を取り上げる。

　第2節では、病の影響を患者本人とともに強く受ける家
族に関する理解の視点・方法と課題を取り上げる。

　第3節では、近年重視されてきている患者のもつ権利に
関する議論を取り上げ、この概念の重要性が認められる歴
史的経緯と基本的な視点、さらに、そこから派生する概念
について概説する。

　本章を通して、支援の対象である人への理解を深めよう。

● 疾患およびそのリスクがある人の理解を深める
● 健康の定義、構成要素と意味の理解を深める
● 生活者として捉える視点の重要性を理解する

1 健康の定義と病者の理解

1 病者の理解

社会福祉の立場からの病者の理解とは、その人を患者（patient）としてみるのではなく、病気をもつ「人」（person with disease）として理解することにほかならない。同じ疾患、同じ経過をたどっていても、その人の経験や社会的背景は異なる。社会福祉の支援は、健康のつまずきを抱えてしまった人について、罹患した病気の特性から捉えるだけでなく、その「人」とその「生活」の理解を深めていくことから開始される。人とその生活へのまなざし、これは対人援助の原点でもある。

このことは、決して生物医学的（bio-medical）要素を軽視してよいということではない。社会科学である社会福祉学を学問的基盤とするソーシャルワーカーは、生物医学の専門家ではない。それゆえに、にわかに医学的判断をしたり、医療職種からの情報を得ず、その結果サービスの利用者に不利益を与えることはあってはならないことである。そのために、社会福祉士を規定する法律には医療関係職種を含めた関係者との連携の義務が課されている（社会福祉士及び介護福祉士法第47条）。

また、ソーシャルワーカーにとっての病者の理解とは、支援の展開のために行うものであって、興味本位や友人になるために行われるものではない。聞くだけ聞いて病者に必要な支援が届かないことは避けなければならない。この作業は、支援を展開するための基礎として行われる。病者の理解は、支援の過程であることを理解しておきたい。

2 健康の定義

それでは、保健医療サービスが対象とする健康とは何か。世界保健機

関（WHO）は、1948年に健康（health）について、「健康とは、肉体的、精神的及び社会的に完全に良好な（well-being）状態であり、単に疾病（disease）又は病弱（infirmity）の存在しないことではない」と定義している。これは、健康とは、単に病気や病弱の状態を消し去ること、病気ではないことだけを意味するものではなく、たとえ病気があったとしても、人々は健康な状態を求める権利があること、そして健康は社会的関係性のなかで構築されることを示唆している。

さらに、WHOは、個人や集団の健康に影響する要因、健康の概念や範囲の決定は、健康の社会的決定因子（social determinants of health）によって影響を受けているとする考え方を示している。健康は、社会的、経済的、環境的な条件から影響を受けるという考え方である。たとえば「なぜ、この人が治療や入院の対象になっているのか」を考えるときに、医学的な要因だけでなく、社会的な要因による影響があるということを踏まえておくことが必要である。このように健康の定義や概念、そしてその範囲については、生物医学的な要素に重きを置きつつも、精神的、社会的な要素を含んだものとして考えられるようになっている。

3 疾病をめぐる概念

疾病は、生物医学的な構造や機能の不全としての「疾患（disease）」と、疾患をもつことによって個人レベルで経験される体験としての「病い（illness）」、そして病いの状態になることによって生じる社会的機能の変化から捉える「病気（sickness）」という三つの概念によって表される（**表1-1**）。医師であり医療人類学者であるクラインマン（Kleinman, A.）は、病い（illness）という言葉は、個人の病気とその経験の意味を表すものとし、生物医学的な捉え方である疾患（disease）と区別して捉えることを提唱している。クラインマンは、治療者には役割があり、医師は生物医学的な視点から客観的に疾患（disease）として扱う責務を

表1-1 病いをめぐる概念の整理

概念名	レベル	意味
疾患（disease）	生物医学モデル	生物医学的な構造や機能不全・治療者の視点
病い（illness）	個人的レベル	経験としての症状
病気（sickness）	社会的レベル	社会的機能や役割の変化

出典：A. クラインマン, 江口重幸・五木田紳・上野豪志訳『病いの語り——慢性の病いをめぐる臨床人類学』誠信書房, pp. 4-9, 1996. の記述をもとに筆者作成

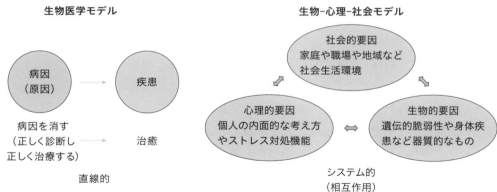

図1-1　生物医学モデルと生物―心理―社会モデルの対比

生物医学モデル

生物-心理-社会モデル

病因
（原因）　→　疾患

病因を消す　→　治癒
（正しく診断し
正しく治療する）

直線的

社会的要因
家庭や職場や地域など
社会生活環境

心理的要因
個人の内面的な考え方
やストレス対処機能

生物的要因
遺伝的脆弱性や身体疾
患など器質的なもの

システム的
（相互作用）

出典：Engel, G. L., 'The Need for a New Medical Model: A Challenge for Biomedicine', *Science, New Series*, American Association for the Advancement of Science, pp. 129-136, 1977. を参考に筆者作成

負い、これをよりどころとする。対して患者は、自らの病い（illness）を生きるという主観的な別の次元の意味世界をもっているとの見方を提示した。

4 生物―心理―社会モデル

1977年に精神科医であるジョージ・エンゲル（Engel, G. L.）は、生物医学モデル★（bio-medical model）に対比する疾患モデルとして、生物―心理―社会モデル★（Bio-Psycho-Social model：BPSモデル）を提唱している。エンゲルは、医学はその科学的な発展とともに高度化し、「診断」や「治療」に重点が置かれ、生物医学モデルが重要視されるようになったとする。この生物医学モデルは、病因→疾患という直線的な因果関係として捉える傾向をもつが、対して、生物―心理―社会モデルは、多様な要素のシステム構造として捉えようとする枠組みの提言であった（**図1-1**）。

2 疾病・障害と生活の関係

1 障害と生活の関係

竹内孝仁は、病気やけがによって障害を抱えることになった影響は、日常生活での生活行為への影響として現れるとし、これを捉える視点として「**日常生活における生活行為の同心円構造**」のモデル（**図1-2**）を示している。病気や障害を抱える人の生活行為としては、その動作や技能

★**生物医学モデル**
解剖学を基礎に、臓器、細胞、遺伝子などの身体組織に疾患の原因を求める自然科学的な考え方。症状についても原因に対しての結果としてみる直線的な因果律で説明され、原因を除去することによって症状を除去できるとする考え方。

★**生物―心理―社会モデル**
疾患や精神障害の成立について、複数の要素がからむとする多因子説に依拠し、生物医学モデルのみに固執しようとすることへの批判と多因子要素間の複雑さへ理解の方法として発表されたもの。病者の置かれている状況を全体的、統合的にみるシステム論的な新しい医学観として広く受け入れられ、近年では、全人的医療の実践へ向けたもののの見方、病者の置かれた状況の捉え方の一つとして活用されている。

に着目し、日常生活動作*（Activities of Daily Living：ADL）、生活関連動作*（Activities Parallel to Daily Living：APDL）、手段的日常生活動作*（Instrumental Activities of Daily Living：IADL）そして社会生活技能*（Social Functioning Ability：SFA）に整理される。

　竹内のモデルは、内側から外側への波及として直線的に捉えるのではなく、同心円として捉えることで、それぞれのレベルでの影響の大きさと相互作用を可視化することが可能である。たとえば、脳血管障害などの中途障害のリハビリテーションは、内側から外側へのプロセスをたどることが多いが、高齢者の場合は外側、社会的役割の喪失の影響が内側へと及んでいくことも考えられる。この同心円の考え方は、障害と生活への影響を捉えるモデルとして実践に活用しやすいものとなっている。

　健康や障害と生活の関連について、WHOは2001年にICF（国際生活機能分類：International Classification of Functioning, disability and health）を採択している。それまで活用されてきたICIDHモデル（International Classification of Impairments, Disabilities and Handicaps）は、国際疾患分類（ICD）の補完の役割をもち、「疾患の結果としての障害」に焦点をあてたものであったが、ICFは、「健康の構成要素」を表したものとして、あらゆる人への幅広い適用を考えた健康や生活について理解の枠組みを提供している。これは生活機能モデルといわれ、人の生活の全体像を示す構造をもっている。生活機能を三つのレ

★日常生活動作
食事・更衣・移動・排泄・整容・入浴など日常の生活を営む上で不可欠な基本的行動をいう。

★生活関連動作
洗濯・掃除・炊事等の家事動作、買い物、金銭管理、公共交通機関の利用などの動作を意味し、日常生活に必要となる応用的な生活関連動作をいう。

★手段的日常生活動作
電話の使い方、買い物、家事、移動、外出、服薬の管理、金銭の管理など高次の生活機能の水準を測定する手段的日常生活動作をいう。APDLとほぼ同じ意味に使われることが多い。

★社会生活技能
社会生活力ともいう。社会リハビリテーションの分野で用いられる用語で、実社会での生活技能を指す。自分の病気や障害のことを他者にどのように伝えるかなどのコミュニケーション能力なども含まれる。

Active Learning

ICIDH（国際障害分類）に代わってICF（国際生活機能分類）が成立する過程にどのような影響を与えたか調べてみましょう。

図1-2　日常生活における生活行為の同心円構造

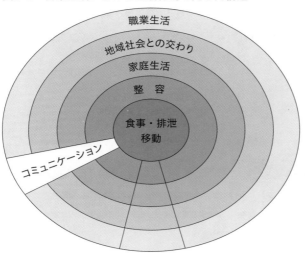

出典：竹内孝仁「リハビリテーションと看護理念(1)──リハビリテーションの概念と病棟の意義」『総合看護』第16巻第2号，p.31，1981.

ベル（「心身機能・身体構造」「活動」「参加」）で捉え、それぞれが単独に存在するのではなく、相互に影響を与えあう構造になっている。さらに「健康状態」「環境因子」「個人因子」からも影響を受ける全体構造を示している（**図1-3**）。

　ICF は、これらの要素同士が影響しあう相互作用モデルとして提示されていることに特徴をもつ。ICF は、保健・医療・福祉の領域で、健康を軸にした人の生活についての理解の枠組みとして職種を超えた共通言語となっており、世界的にも活用されている。保健福祉サービスの利用者や病者の健康と生活の状態について ICF の枠組みを使って分析、整理できる視点をもつことは多職種協働、チーム・アプローチの基礎となる。

▌2 生活者として捉える

　社会福祉の支援者がなぜ病者にかかわろうとするのか。岡村重夫は、社会福祉の支援の対象について、人間の基本的欲求と人間の社会生活上の基本的欲求としての視点から理論構築している。

　岡村は人間の社会生活上の基本的欲求を七つ挙げ、これらの基本的欲求の不充足状態から起きる諸困難とこれを克服するための取り組みが社会福祉の支援の対象となるとした。これは人間の基本的欲求の充足の問題を社会との接点で捉え、抽象的な問題としてではなく、現実的な社会生活上に現れた具体的な課題として捉える見方である。岡村は、人間の社会生活上の基本的欲求を❶経済的安定、❷職業的安定、❸家族的安定、

図1-3　ICIDH モデルと ICF モデルの対比

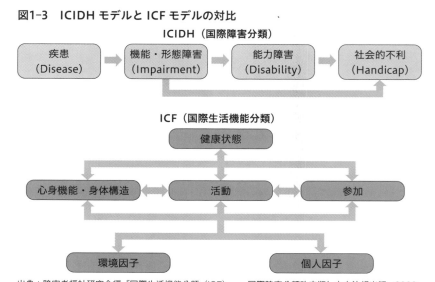

出典：障害者福祉研究会編『国際生活機能分類（ICF）——国際障害分類改定版』中央法規出版，2002.
　　をもとに一部改変

❹身体的・精神的健康の維持のための保健医療の保障、❺教育の保障、❻社会的協同の機会、❼文化・娯楽の機会の七つに整理している。

　病者を理解しようとするときに、疾病による健康の破壊は、上記の七つの欲求を一度に吹き飛ばしてしまうほどの影響力をもつことがあるということを理解しておかなければならない。病者は、患者役割として治療に取り組む努力とともに、同時に生活上の困難に直面し、これらの困難に取り組むことを強いられることもある。つまり病者は、身体的な課題への取り組みとともに心理社会的な問題を抱える。これらが病者やその家族、問題と課題に対しての社会福祉的支援が求められる論拠となる。

　加えて岡村は、人の生活を営む者としての主体性、すなわち社会関係における主体的側面を強調し、これに着目し、かかわることが、社会福祉の固有の視点であるとしている。

　これは病者を自分自身の人生を生きる主体的な生活者として捉えることが、社会福祉の支援において重視されるべき視座であることを示唆している。

3 人生における病の意味

体験としての障害

　リハビリテーション医である上田敏は、ICIDH など医学モデルによる障害の客観的な把握方法を重要なものとしつつ、これとは別な次元のものとして、「体験としての障害（やまい：illness）」という個々の人の内面に存在する主観的な面へのアプローチの重要性を主張した。体験としての障害とは、健康のつまずきに対する主観的な体験として、自尊心・価値観・人生の目的などに関するレベルで捉えた障害観を意味している。上田は、総合的なリハビリテーションのゴールを人間の復権と捉えたときに、この体験としての障害を理解し、この課題に取り組むことは障害をもつ人を支援するときに不可欠のものだと強調した。

　この体験は、人々の語りによって認識され、その人の人生の文脈（コンテキスト）において、捉えることが重要とされる。そして当事者から語り直しが行われるたびに、その意味づけは変化していくことを理解しておく必要がある。このように、語りを通して病気や障害の経験を捉える方法は、ナラティヴ（narrative）・モデルといわれる。当事者の言葉（物語）に耳を傾ける姿勢がナラティヴ・モデルでは重要視される。こ

★語り直し
ナラティヴ・モデルでは、個人の同じ出来事や体験について多様な語りの存在を前提としている。社会のなかに根づいている物語をドミナントストーリー（支配的な物語）、当事者自身によって書き換えられ物ごとの好転につながる語り直された物語をオルタナティブストーリー（代替的物語）という。

★ナラティヴ・モデル
ナラティヴ・モデルは、専門職による近代的な自然科学的エビデンス（evidence）・モデルへの対抗もしくは相補的な方法として提起され、「語り」から体験や意味を理解しようとする枠組みである。私たちの生きる現実は、人々の言語的コミュニケーションを通して構築されていくとする社会構成主義（social constructionism）の立場に強く影響を受けている。

のモデルが強調するもう一つの観点は、専門職のもつ「知」や言説の力が強すぎることへの懸念である。高度な専門性をもつ専門職の言説は人々を操作する力をもつ。反面、生活者である人々の言葉は、取るに足らないものとして扱われる可能性があることへの危惧が示唆されている。

4 病をもつことによって生じる諸問題

1 役割の喪失や変化

　私たちは何らかの役割をもちながら生活を営んでいる。人々の社会関係は、お互いの役割期待によって構成されているともいわれる。社会学者のパーソンズ（Parsons, T.）は、役割についての研究から、病人になることで生じる役割規範の変化との四つの特性（病人のロール・モデル）を示した。パーソンズは、病者役割について、人は病人になると、❶本人のせいで病気になったわけではなく、自分のコントロール外の現象であるので、病気であることに責任は問われない。❷ふだん担っている役割の責務は一時的に放棄することが認められ、免除される。しかし、❸病人は病気を治したいと願い治療に取り組むべきであり、❹治療を施す医師らに従わねばならないという義務が生じることを示した。

　言い換えると病者は、病気によって、これまで担っていた役割を一時的にあるいは継続的に喪失するとともに、患者としての役割をとることが求められていることになる。このパーソンズの説は、病気と病者について、役割という概念で整理した点において評価されている。

　しかし、近年の医療の傾向である慢性疾患や障害をもつ人の増加を考えたときに、この役割規範は変化している。病気や障害をもつ人は、ふだん担っている社会的役割を免除されることは限定的で、可能な限り積極的に社会的役割を担うことを期待され、がんや慢性疾患を抱えながら就労を継続する人々は増えている。また、慢性疾患や障害をもつ人は、治すことを希求する態度より、病気や障害を受け入れること、受容する姿勢を求められる傾向にある。このように病者には、客体として受け身的な立場を求められる側面と可能な限り自律的な主体として力を発揮する側面の二律背反的な役割期待が病者にかかわる人たちや社会にあることがわかる。慢性疾患の時代といわれる今日にあっては、病者理解として、通常役割と病者役割の間での役割葛藤を抱えながら療養や社会生活を営む人としての認識が必要である（図1-4）。

図1-4 さまざまな役割のイメージ

出典：筆者作成

2 意思決定・表示能力の低下または喪失

　精神疾患に限らず、心身の状態によって、認知にゆがみが生じたり、意識障害が発生したりすることがある。治療の選択など重要な局面での病者の心身の状態には、十分な注意を払う必要がある。精神疾患による精神症状、脳の器質的な変化からくる機能障害、認知症、心身の状態による意識障害などの影響については、医療専門職から適切な情報を得て理解しておくことが欠かせない。また、大きな事故や深刻な病気の告知などの心理的衝撃によって危機に陥ったり、反応性の抑うつ的な心理状態に置かれたりすることで、一時的に能力が低下している場合もある。

　支援者は、軽々に意思決定能力の全喪失とみなすのではなく、どのようなコミュニケーションが可能か、一時的なものか不可逆的なものか、どのようなサポートがあれば本人の意思に基づいた決定が可能かについて探求する姿勢が重要である。意思表示能力を完全に喪失してしまっている場合も、本人の意思を類推することができる存在として近親者や関係者からの意見を丁寧に聴取し、理解を深めるように努める。

3 病気や障害の受容

　受容は支援者が病者の心理を語るときに多用される用語である。上田は「障害の受容とはあきらめでも居直りでもなく、障害に対する価値観

の転換であり、障害をもつことが自己の全体としての人間的価値を低下させるものではないことの認識と体得を通じて、恥の意識や劣等感を克服し積極的な生活態度に転ずること」であると述べている。[2]

受容には、段階があると主張する理論（stage theory）は、ストレス理論や悲嘆の過程の理論を応用し、適応に至る心理的な段階を仮定するものである。

死についての受容の段階説は、キューブラー-ロス（Kübler-Ross, E.）やバックマン（Buckman, R.）のものが有名である。悪い知らせに対する病者の反応として、キューブラー-ロスは、❶否認（予期しない悪い知らせに対する緩和としての否認）、❷怒り（受け入れきれない感情の発散があらゆる方向へ向く）、❸取り引き（部分的な承認と心理的かけひき）、❹抑うつ（反応としてのうつ）、❺受容（受け入れた状態）の5段階を提起している。またバックマンは、①急性期（自己を守るため現実感の喪失など防衛反応が起きる）、②中期（自責の念や罪悪感、怒りなど負の感情が強くなる）、③回復期（周囲や社会に目が向き、悲嘆からの自立が芽生える）の3段階を仮定している。

これらの受容の段階説は、必ずこのような段階を経て適応状態に達すると主張するものではない。実際には、人は独自の反応で悪い知らせに対処し、これらの過程を何度も行き来しながら適応へ向かっていくと考えられている。支援において、支援者は、悪い知らせを含んだ真実を病者と共有する場面を多く経験する。怒りや抑うつのエネルギーは、時に支援者に対して向けられることもある。人は病気や悪い知らせを受け取ったときに、このような悲嘆の過程をたどる可能性があるということを知っておくことは、大きな喪失を抱えた病者のかたわらにいる際に大きな助けとなる。

■4 生活上の課題

病気や健康問題が発生することにより、今まで解決できていた生活課題が解決できなくなり、結果的に具体的な問題として表面化させる契機になる。入院し、就労できなくなったことによって表面化する多重債務の問題などはその例の一つであろう。患者として治療を受ける役割を遂行しながら、このような生活課題に取り組むことは容易ではない。保健・医療機関はさまざまな生活問題・福祉問題が発覚する場であることを意識する必要がある。発症や入院の局面だけではなく、療養のプロセスのなかで、病者が直面する生活課題は多様に存在する。

5 疾患ごとの特性と療養の局面

ここでは、療養の局面を発症期・治療期・社会復帰期・在宅療養期・ターミナル期と分けて、代表的な生活課題を示す。**表1-2**は局面ごとに心理的課題、社会的課題に整理し、さらに主な支援内容の三つの分類で生活課題を整理したものである。

医療機関の機能分化が進むなかで、これらの一連の局面に対応する支援者は、一人のソーシャルワーカーであるとは限らない。たとえば、救急医療機関のソーシャルワーカーは限られた期間のなかで支援を展開する。また、自身のかかわりのなかですべての生活課題が解決するわけではないことを自覚しながら、時系列での支援のリレーを意識して援助を組み立てておくことも重要である。たとえば、熱中症などによって複数回にわたり救急医療機関に搬送される高齢者の生活環境調整などは、地域の支援者と協働で取り組むべき事案である。すべての事象が**表1-2**のように現れるとは限らず、このほかにも課題はある。しかし、このように各局面での課題を過程から意識しておくことは、支援の基礎となる

表1-2　療養の局面別の主な生活課題と支援内容（例）

	心理的課題	社会的課題	支援内容
発症から診療開始時期	発症に対するショック・悲嘆 身体的不調への不安や戸惑い 病識・病気であることの自覚形成 症状に対し診断がつくまでの不安	仕事や社会活動ができなくなる・役割喪失 医療費や生活費の支払い 生活の不安定化 スティグマ	傾聴・危機介入 受診受療援助 支援関係形成 制度活用支援
治療期	治療や検査の負担 治療の選択肢と決定 孤独・疎外感・抑うつ 自尊心や自己決定能力の低下	社会的役割の喪失・モラトリアム 他者との関係変化 脆弱なソーシャルサポートの露呈 医療者―患者関係	傾聴・支持的面接 意思決定支援 環境への働きかけ 支援者ネットワークの構築
リハビリテーション・社会復帰期	身体機能の低下に対する不全感 障害の受容 健常者・同病他者との比較 セルフコントロール能力の確立	社会活動や役割復帰ができない 社会生活への再適応 環境的不備との直面化 役割の再獲得	傾聴・支持的面接 社会リハビリテーション セルフヘルプグループ・当事者活動とのかかわり 職業リハビリテーション
在宅療養期	継続的かつ適切なケアが提供されるかどうかの不安 周囲への期待と重荷になっているのではとの不安 生きがいの獲得	継続的な医療・介護ケアの獲得 生活環境の整備 介護者との関係	在宅医療・地域包括ケアのかかわり 住宅居住環境改善 支援者システムの保全
ターミナル期	死への心理的不安・喪失へ対処 痛み・苦しみ 意識障害や認知のゆがみ 人生の終わらせ方	緩和ケアの質 看取りの場や方法の選択 近親者の喪失	痛みや苦しみへの対応 意思決定支援 人生の最終段階の過ごし方への支援 看取りチーム形成・近親者への支援

出典：筆者作成

病者の理解にも役立つと考える。

　本節では、病者の理解について、疾患よりも個人の経験としての病い
に重点を置いて解説をしてきた。しかし、それぞれの疾患の特性からも
たらされるさまざまな症状や経過、予後、それに伴って生じる特徴的な
事象に対する的確な知識や情報は重要である。リウマチにはリウマチ
の、呼吸器疾患には呼吸器疾患の特有の課題がある。また、それに対応
した支援方法や支援制度が定型化されている場合がある。このような知
見をしっかりと理解し、身につける態度は専門職としての活動規範でも
ある。病者の理解において、理論や証拠（エビデンス）に基づく客観的
アプローチと個人の人生における意味や語り（ナラティヴ）へのアプロー
チは相互補完的なものであり対立的に捉えるものではない。したがっ
て、主観的な事実、意味づけと客観的事実やデータの両方が病者の理解
には必要である。

◇引用文献
1）竹内孝仁「リハビリテーションと看護理念(1)——リハビリテーションの概念と病棟の意義」『綜
　合看護』第16巻第2号，p. 31，1981.
2）上田敏「障害の受容——その本質と諸段階について」『総合リハビリテーション』第8巻第7号，
　p. 516，1980.

◇参考文献
・厚生労働省編『厚生労働白書 平成26年版』2014.
・A. クラインマン，江口重幸・五木田紳・上野豪志訳『病いの語り——慢性の病いをめぐる臨床人類
　学』誠信書房，1996.
・Engel, G. L., 'The Need for a New Medical Model: A Challenge for Biomedicine', *Science,
　New Series*, American Association for the Advancement of Science, 1977.
・岡村重夫『社会福祉原論』全国社会福祉協議会，1981.
・上田敏『リハビリテーションを考える——障害者の全人間的復権』青木書店，1983.
・稲沢公一「構成主義・ナラティブ」久保紘章・副田あけみ編著『ソーシャルワークの実践モデル
　——心理社会的アプローチからナラティブまで』川嶋書店，2005.
・野口裕二『物語としてのケア——ナラティヴ・アプローチの世界へ』医学書院，2002.
・桜井哲夫『フーコー——知と権力』講談社，1996.
・久保紘章「私を支えるもの」『エッセイ——人間へのまなざし』相川書房，2004.
・池田光穂「病気になることの意味——タルコット・パーソンズの病人役割の検討を通して Talcott
　Parsons, "Sick Role" Revisited : An anthropological commentary on key concept of
　medical sociology」『Communication-Design』第10号，2014.
・E. キューブラー-ロス，川口正吉訳『死ぬ瞬間——死にゆく人々との対話』読売新聞社，1971.
・R. バックマン，恒藤悟監訳『真実を伝える——コミュニケーション技術と精神的援助の指針』診断
　と治療社，2000.
・Buckman, R., *How to break bad news: A Guide for Health Care Professionals*, University of
　Toronto Press, 1992.

第2節 家族の理解

学習のポイント

● 現代の家族像を理解する

● 疾病や障害が家族に与える影響を理解する

● 家族支援の視点を理解する

1 変わりゆく家族のかたち

1 家族の概念

　私たちが認識する家族とはどのようなものだろうか。家族形態は、生殖家族（自分が生まれ育った家族）や、定位家族（結婚して作る家族）、子連れの再婚によって形成されるステップファミリーなどさまざまな形態がある。しかし、法制度のなかで家族を定義するものはない。

　一般的には、家族の基本的な単位を夫婦と未婚の子からなる核家族とし、血縁関係や同居関係にある者を家族と理解することが多い。

　社会学では「夫婦、母子、父子、きょうだい関係などで構成され、生計・情緒的安定・子育て・介護など基本的な機能をもつ集団」と家族を構造と機能の面から定義する。また、家族とは、「夫婦・親子・きょうだいなど少数の近親者を主要な成員とし、成員相互の深い感情的かかわりあいで結ばれた、幸福（well-being）追求の集団である[1]」とするものがある。血縁関係にない「近親者」、つまり非親族成員を家族とみなし、休息・安らぎ・絆など満足感を求める集団とする見解もある。

　このように、家族の範囲は広がってきており、このことは図1-5で示すとおり、データからも明らかである。

2 実態としての家族

　私たちにとって家族はかけがえのない存在であり、多くの人が家族の幸せを願いながら生きている。そのため、病気や介護、生活苦などの問題が生じたとき、限られた家族ないしは、個人がすべてを背負いやすい。しかし、近年、家族構成の変化に伴い、家族内の問題を家族だけで解決することは難しくなっている。さらに、少子高齢化による構成員の変化

Active Learning

自身の家族ではそれぞれがどのような役割を担っているか考えてみましょう。また、今の役割にほかの役割を担うとしたら自身の生活はどのようになるか想像してみましょう。

は、新たな課題を生んでいる。

　我が国では、5年に一度、家族に近い概念である「世帯*」を用いて、国勢調査*を実施し、家族の実態を調べている。図1-5は、2015（平成27）年の国勢調査「家族類型別一般世帯数」の結果である。

　夫婦のみ、夫婦と子ども、ひとり親と子どもの核家族世帯は56％と約6割を占める。家族構成員の減少は、家族機能の弱体化・脆弱化を招き、老老介護、ダブルケア*など家族構成員一人の役割が増大し、さまざまな問題を引き起こすファクターとなる。たとえば、親の介護のために離職や離婚に追い込まれる、介護疲れは虐待、無理心中などの悲劇を起こすなどの要因となる。

　他方、ライフスタイルや価値観の多様化は、個人の生活を優先し、介護・養護・養育など家族ケアに対して消極的になりやすい。現代社会は必ずしも家族が互いの利益を保障しあう存在ではなくなっている。「家族だから世話ができる、介護を担うべき」というステレオタイプ化された家族像は当事者を互いに苦しめることになる。

　また、調査の結果、単身世帯35％、非親族世帯*1％とある。近年、同性パートナーや内縁関係で家族を構成する人の増加や、共同居住型賃貸住宅（シェアハウス）といった暮らす場の変化など、ライフスタイルの多様化は、血縁や婚姻関係に基礎を置かない「家族」、つまり、非親族世帯の増加を予測させる。

図1-5　家族類型別一般世帯数

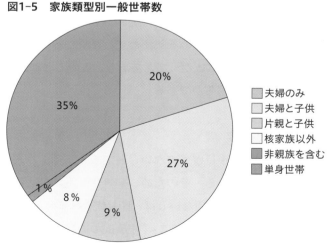

□ 夫婦のみ
□ 夫婦と子供
□ 片親と子供
□ 核家族以外
■ 非親族を含む
■ 単身世帯

資料：総務省統計局「平成27年国勢調査」

3 家族機能の変化

　家族は、社会の基本的単位として認識され、家族の共同生活を支えあい、家族の社会生活を支える法的秩序を維持する集団として重視されてきた。そして、家族には、相互扶助機能を中心に経済的、生殖的、教育的な役割が付与されてきた。しかし、国勢調査をみてもわかるように核家族による三世代同居の減少、高齢者のみ世帯や単身者の増加、さらに、晩婚化や非婚化の増加は、家族機能の脆弱化を進める要因になっている。相互扶助機能の低下は、ネグレクトといった虐待などの養育や介護をめぐる諸問題を生み出している。

　とりわけ、保健医療領域でのソーシャルワークでは、心身の安定、治療への意欲、生活の場の確保など援助においてあらゆる意味で家族のサポートが必要となる。そのため、疾病やその後遺症と生きる患者にとって家族の介護機能は重要となる。しかしながら、現代のようにライフスタイルや価値観の変化、また多様な家族像が登場するなかで、親族を中心とした家族ありきの支援に固執しない柔軟な対応が望まれる。

2 疾病・障害が家族に与える生活上の影響

1 精神的・身体的・経済的課題

　ほとんどの人が一度は病院にかかり治療や薬で回復した経験があるだろう。しかし、その病気が深刻ないのちの危険にさらされるものだったら、二度ともとの身体に戻れない障害を抱えることになったらどうだろうか。ある日、突然、病気が自分や家族に降りかかったら私たちはどのような困難を抱えるのだろうか。

　たとえば、厚生労働省が指定する五大疾病の一つである脳卒中は、身体の麻痺や失語症、高次脳機能障害など特異な障害を残す、高齢者に多くみられる疾患である。患者は、身体の麻痺や記憶障害、失語症などの症状に絶望感を覚え、生きる意欲を失いやすい。家族は以前とは異なる本人を前に困惑する。また、神経難病といわれる筋萎縮性側索硬化症（ALS）は、本人自身がしだいに動けなくなる自分と向きあいながら不安と恐怖に苛まれる。そして、家族は「介護」や「いのちの選択」という深刻かつ現実的な課題を抱えるのである。家族は可能な限り、本人の意思に沿いたいと思うが、意思疎通が困難な状態になれば、それを確認することができず本人のために何がベストな選択なのか悩むことにな

Active Learning

疾病や障害によって起こる生活問題について考えみましょう。また、その問題を解決していくために家族が果たせることは何か考えてみましょう。

★五大疾病
厚生労働省はがん、脳卒中、心筋梗塞等の心血管疾患、糖尿病、精神疾患を重点的に取り組むべき疾病として指定している。これを受け、都道府県では医療機関の整備、疾病の早期発見・早期治療・予防策などの具体化に向けた医療計画を立案する。

★高次脳機能障害
記憶障害、注意障害、遂行機能障害、社会的行動障害などの認知障害を主たる要因として日常生活および社会生活の適応に困難を有する状態を指す。❶外見上は障害が目立たない、❷本人自身が障害を十分に認識できていないことがある、❸障害は時間や疲労、環境・状況により著しく変化するなどの特徴をもつ。

★筋萎縮性側索硬化症
原因不明で効果的な治療法のない特定疾患に認定されている。筋肉の萎縮と筋力低下をきたし、最終的に呼吸器をつけて延命するか否かを選択する時期がくる。

る。なかでも、延命に関する選択は、家族に大きな精神的負担を与える
だけでなく、治療費にかかる経済的課題や、吸引、おむつ交換など夜間
介護の肉体的負担を与える。そして、本人を大切に思えば思うほど家族
の苦しみは増大する。

　このように、疾病や障害は、患者自身の苦しみだけでなく、家族に精
神的・身体的・経済的な課題をもたらす。保健医療サービスに携わる関
係者、とりわけ、ソーシャルワーカーは、このような家族の諸課題に寄
り添いながら、患者にとっての最善の利益をともに考え、入院生活や社
会生活を支えていくことが求められる。

■2 生活・人生の変更

　最近では、テレビ番組や新聞報道などで病気や治療に関する情報は以
前より多くなった。また、自分の病気をインターネットで調べることが
できる。しかし、患者の抱える課題は治療のことだけではない。患者に
なると日常生活上の活動がいったん停止する、もしくは制限され、仕事・
収入・入院費・家事・育児など社会活動全体において具体的な生活上の
課題が現れる。そして、それは同居いかんにかかわらず家族にも影響を
与える。

　仮に生計を支えていた夫が病気になったとする。妻は、これまでの育
児や家事の役割だけでなく、夫の代わりに家計を支えるために働かなけ
ればならない。それに伴い、育児や家事に費やす時間が削られ、妻が担っ
ていた役割を十分に果たせなくなる。そして、従来の生活リズムが乱れ、
家族の許容量を超え、身体的にも精神的にも追い込まれることになる。

　このように、疾病や障害を抱える家族成員の存在は、家族内役割の変
更や追加を伴い、これまで均衡を保っていた家族のバランスが崩れるほ
どの影響を与える。そして、家族はこれまでの生活や人生の変更を余儀
なくされる。このような状況を踏まえ、家族のケア力には限界があるこ
と、それゆえいっそうの家族支援が必要であることを認識しなければな
らない。

3　ソーシャルワーカーに求められる家族支援

　家族支援は、家族のウェルビーイングを守るための予防や回復、家族
が何らかの問題を抱えているときのサポートを意味するが、明確に定義

づけられてはいない。ソーシャルワークでは、本人と家族は相互作用を繰り返しながら機能する一つのシステムとしてみなすシステム論的視座をもつ。そのため、家族は本人の問題を引き起こす要因でもあるが、本人の課題を解決する資源でもある。

Active Learning
家族介護の負担を軽減するために必要と思われる支援や社会資源について考えてみましょう。

1 家族介護者の実態

　厚生労働省は、2017（平成29）年に在宅で生活をしている要支援・要介護認定を受けている高齢者を対象に全国の自治体で実施された「在宅介護実態調査」の集計結果を報告した。それによると主たる介護者は、子46.2％、配偶者29.1％、子の配偶者16.1％であり、親族で占められている。伝統的な嫁（子の配偶者）による介護が減少し、子が介護機能を中心的に担っていることがわかる。また、68.1％の介護者が女性であり、依然として介護が女性の役割となっている。

　介護者の年齢は、60代が33.3％、50代25.2％、70代16.5％と、介護者の高齢化がみられる。主な介護内容は、家事79.5％、食事の準備71.6％、外出・送迎69.0％であった。また、日本労働組合総連合会が2014（平成26）年2月〜4月にかけて要介護者を在宅で介護している家族を対象に実施した「要介護者を介護する人の意識と実態に関する調査」では、介護者のストレスは、「非常にある」と「ある程度ある」を合わせると80.0％であった。介護の中心を担う家族の介護負担感は高く、それが本人と家族の軋轢や虐待など深刻な影響を引き起こす要因になっていることから、介護者のケアの必要性が指摘されている。そのため、援助では本人と家族を一体的に支援することがいっそう求められる。

2 疾病や障害に家族が向きあう難しさと家族支援

　病気の告知は、患者や家族、医療従事者にとって重要なテーマである。患者の心理的な負担を考慮し、病院側や家族は本人への告知に慎重になる。たとえば、患者の医療情報が先に家族に伝えられ、本人は家族を介して自身の病気や予後を知ることがある。また、家族が告知を選択しないこともある。それは、家族が死を宣告される本人の苦悩や痛みを我が事として感じるからである。また、本人の治療や生活の場の決定をすべて委ねられる家族は、本人の利益と自己の生活との間で葛藤を抱え、その苦悩は計り知れない。

　実際に医療機関では、長らく家族を基盤とした意思決定が行われてきた。患者の病気が深刻であるほど医療チームも本人に伝えることをため

★**介護者のケア**
多くの介護者が家族であり家族内役割や責任感から抱え込む傾向にある。介護者が社会的にも精神的にも孤立しないように自治体や企業によるサポートが重要となる。

らい、家族に意思決定を求める。それは、高齢者になればなるほど強まる傾向にある。本人と家族の思いが交差するなかで、本人の最期を決めるのは患者自身でないという問題が生起する。

このような状況のなか、「患者の権利に関するWMAリスボン宣言」[4]における「患者は、自分自身に関わる自由な決定を行うための自己決定の権利を有する。医師は、患者に対してその決定のもたらす結果を知らせるものとする」に則り、最終的な医療の選択と決定をあらかじめ、医師や家族とともに話しあうアドバンスケアプランニング（Advance Care Planning：ACP）を厚生労働省は推奨している。これは、本人と家族が共同する場と時間を提供するものである。しかし、延命治療について避けて通れない話しあいになるため、本人は避けたい、家族は躊躇するという課題がある。それゆえ、アドバンスケアプランニングを推進するうえで互いの価値観や思いを橋渡しするソーシャルワーク機能が求められる。それは、本人と家族の相互作用を促進させ、互いに向きあい、解決すべき問題であることを認識し、本人の意思決定へと帰結するプロセスを支える援助である。

4 事例から考える家族支援

ここでは、具体的な事例を通じて、家族支援のあり方について検討したい。

1 終末期の患者と家族支援

終末期の患者へのソーシャルワークでは、患者が残された時間をどのように過ごしたいのか、その意思を実現する援助が求められる。そのためには、告知が前提となる。

Active Learning

厚生労働省が2017（平成29）年度に公表した「人生の最終段階における医療に関する意識調査結果」（URLは節末の参考文献参照）から、終末期における家族の意識について調べてみましょう。

事例1

入院中のAさん（60歳・男性）は、末期の肺がんであるが妻の希望で告知を受けていない。妻は、「主人がかわいそうで。きっと助からないと知ったらショックを受けるから。私から告げるなんて怖くてできません」とAさんに病名を告げようとしなかった。一方、Aさんは「早く家に帰りたい。みんなの顔をみたい。妻の手料理が楽しみなんだ」と一生懸命にリハビリテーションに取り組んでいた。

息苦しさを訴えることもあるが、毎日リハビリテーション室に通っていた。

告知は、本人のみならず、家族が本人の「死」に向きあうことができるかが問われることになる。それゆえ、告知により起こり得る本人の変化や苦悩に向きあうことになる家族を支える援助が必要となる。事例のなかで「怖くてできない」とあるように、本人だけでなく、家族も簡単には病気に向きあうことができない。ソーシャルワーカーは、妻が夫の側から告知の問題を考えていけるように働きかけ、病気に伴う不安や恐怖は、本人と家族に共通する問題であることを妻が認識できるように援助することができる。それが、終末期を迎える患者と家族の後悔しない結末につながる援助になる。

2 患者に対峙する難しさと家族支援

退院支援では、本人が納得しないまま老人ホームの入居手続きを進めることがある。本人と家族の狭間でクライエントの最大の利益を考えながらも、本人のニーズが実現できないケースを経験するソーシャルワーカーは多い。

事例 2

Bさん（70歳・女性）は、脳梗塞の後遺症で車いすの生活を余儀なくされた。専門的なリハビリテーションを受けても思うように回復せず、夫は「うちは旅館を経営しているので家には連れて帰れないから、施設を探してほしい」とソーシャルワーカーに相談した。Bさんは、「どうして帰れないの。私の家なのに」と自宅に帰ることを夫やソーシャルワーカーに懇願する。ソーシャルワーカーは、本人と家族の気持ちを受けとめながら、互いの関係をつないでいった。社会資源の情報提供を行い自宅介護の可能性を探った。夫は、苦労しながら旅館経営を手伝ってくれたBさんを思い、何とか家に連れて帰ることも検討した。しかし、旅館経営は厳しく、Bさんのために改修工事をするほど経済的な余裕がないとも言う。Bさんは、夫が面会に来るたびに自宅に帰りたいと号泣するようになる。夫はBさんと会うのがしんどいとしだいに面会回数が減っていった。結局、Bさんは自宅近くの老人ホームに入所が決まり退院した。退院後、間もなくすると入院費を支払いに来た夫は、「あの時は苦しかっ

たけれど、妻の気持ちが理解できてよかった。あなたのおかげで自分との生活を大切にしてきてくれたことがわかってうれしかった」と話し、「正月には外泊させるつもりだ」と告げた。

　家族は、仕事や介護の困難さなどさまざまな事情で本人の意思とは異なる選択をせざるを得ないことがある。老人ホームの選択は、家族にとっても簡単なことではない。事例のように自宅に帰るつもりで懸命にリハビリテーションに取り組む姿や、自分の意思を伝え続ける行動を目の当たりにし、帰りたいという思いをもつ本人と家族が対峙（たいじ）することは苦しく、家族自身が自分を責める思いから本人と会うのを避けてしまう。

　本人側からすると、自宅に帰るための努力が報われないと知ったとき「なぜ帰れないのか」「今までの夫との生活はなんだったんだろう」「生きている意味がない」などのスピリチュアル・ペイン*を経験する。退院後の暮らしの場が自宅ではなく見知らぬ老人ホームになることは到底納得のいかないことである。このように、ソーシャルワーカーは、患者と家族の双方の思いを感知したとき葛藤やジレンマを抱える。

　では、患者のニーズと家族状況の狭間でソーシャルワーカーに求められる援助とはどのようなものだろうか。一つには患者ニーズの実現に向けた家族の変化に働きかけることである。その際、家族の思いや苦悩を十分に聴き、受け取ることが重要となる。事例ではBさんの思いを伝え、家族の思いを伝えるという代弁機能が発揮されている。二つには、患者と家族が互いにわかりあうことを支えることである。これらの援助は、ニーズ実現という結果だけを重視するのではなく、退院後の家族関係の維持へとつながる援助である。患者にとって家族は重要な支援者であり、両者の関係の維持は、将来の患者の生活に何らかの良好な変化を与える可能性を残す。事例のなかでも外泊というかたちで、本人のニーズが実現することになったのは、本人と家族が互いに理解しあい、関係が切れなかった結果といえる。このように本人と家族の意向が異なる場合のソーシャルワーカーの援助では、結果だけでなく、近未来を見据えて本人の最善の利益を検討する必要がある。

３ 家族の変化を促進する支援

　近年、ライフスタイルの変化や価値観の変化は、家族成員なりの暮らし方をもたらす。また、現実的に仕事や子育て、介護者自身の健康問題

★スピリチュアル・ペイン
2002 年に WHO が「緩和ケア」の定義のなかで用いた表現である。自己の存在と意味の消滅から生じる苦痛や、自己と他者との関係性のありようが肯定できない状態から生じる苦痛などの意味をもつ。

など、介護機能を担うことができない家族は多い。ただし、介護機能とは直接的なケアだけでなく、本人に生きる意味や価値を与える存在として家族機能は重要である。ここでは、脳腫瘍後の高次脳機能障害のある患者と家族の支援について考えたい。

事例3

> Cさん（50歳・男性）は、脳腫瘍の手術後に高次脳機能障害が出現した。記憶障害が著しく、病室を覚えられない。また、人の話し声や周囲の音が同じ音量で聞こえてしまう症状があり、耐えかねていつもイライラしている。Cさんは、さまざまな症状に悩みながら機能回復をあきらめかけていた。そうしたなか、母や妹は「いのちがあるだけで十分」とCさんを支え続けた。Cさんも「母がね、いのちがあるだけでいいと言ってくれた。障害者の僕を受け入れてくれた。頑張ろうと思えるのは家族の気持ちですね」と母の存在の大きさを語った。

事例のように家族という親密な関係は、患者にとって重要な資源である。患者は、家族が後遺症の残る自分を承認してくれることで前向きに治療に取り組むことができる。事例のように患者の疾病や障害を受けとめ、理解と承認を与えられる存在になったなら、家族は患者を支える大きな力となる。

しかし、高次脳機能障害は、病前とは異なる本人の変化をもたらす。本人だけでなく家族も、著しい本人の変化に驚き戸惑う。そのため、患者や家族への支援では、その戸惑いを受けとめ、障害特性により変化した部分と、変わらずにある根本の性質への理解を促すことが重要となる。なかでも、家族支援では、家族の感情表出を促し、受けとめ、真意を確かめながら不安や困惑を丁寧に聞き取っていく作業を通じて、本人を肯定する存在に変化する過程を支える。この変化の過程は、障害特性を受けとめられるか否かによることから長期的支援になる。そのため、家族会や地域の支援者によるサポートチームを形成し、継続的支援を提供する必要がある。

以上のように、患者と家族の関係は複雑であり、本質的な関係性は見えにくい。しかし、家族は患者の福利にとって重要な資源であり、家族を支えることは、すなわち、患者自身を支えることにほかならない。ただし、あくまでも「本人の人生は本人のもの」という本人主体の価値認

識をソーシャルワーカーは忘れてはならない。

◇引用文献
1）森岡清美・望月嵩『新しい家族社会学』培風館, p. 4, 2002.
2）三菱 UFJ リサーチ＆コンサルティング「在宅介護実態調査の集計結果——第7期介護保険事業
計画の策定に向けて」 https://www.murc.jp/sp/1509/houkatsu/houkatsu_06/houkatsu_
06_02.pdf
3）日本労働組合総連合会「要介護者を介護する人の意識と実態に関する調査」 https://www.
jtuc-rengo.or.jp/activity/kurashi/data/youkaigosha_kaigo_chousa_20142-4.pdf?42
4）日本医師会「患者の権利に関する WMA リスボン宣言」 https://www.med.or.jp/doctor/
international/wma/lisbon.html

◇参考文献
・得律愼子「家族への支援とファミリーソーシャルワーク」日本社会福祉学会事典編集委員会編『社
会福祉学事典』丸善出版, 2014.
・厚生労働省「平成29年度　人生の最終段階における医療に関する意識調査結果（確定版）」 https:
//www.mhlw.go.jp/file/05-Shingikai-10801000-Iseikyoku-Soumuka/0000200749.pdf

第**3**節 患者の権利

学習のポイント

● 医療における患者の権利とは、生命・健康・社会生活を支える基盤の一つであることを理解する
● 誰もが、安全で質の高い医療を平等に公正に受ける権利やインフォームド・コンセントなどの患者の自己決定権を有することを理解する
● 患者が安心・安全に医療を受ける権利の実現に向けて、医療提供体制の整備や医師や看護師などの不足の解消など、人的物的な環境整備を行う必要があることを理解する

1 患者の権利とは

　患者の権利とは、医師―患者関係において患者が従属的な役割を担うことなく、患者の主体性が認められ、自らの意思決定と選択のもとに最善の医療を受けることができる権利のことを指す。国際的な権利概念であり、1970年代のアメリカで萌芽した。

　我が国では、患者の権利を定める法律はない。たとえば日本弁護士連合会は、1992（平成4）年11月6日に患者の権利の確立に関する宣言を行った。また、東日本大震災のあった2011（平成23）年の10月7日に患者の権利に関する法律の制定を求める決議を発信した。安全で質の高い医療を受ける権利が大災害で脅かされ、多くの人々の命が失われた地域の暮らしの実態をとらえ、❶常に人間の尊厳を侵されないこと、❷安全で質の高い医療を平等に受ける権利を有すること、❸疾病または障害を理由として差別されないこと、❹インフォームド・コンセント原則が十分に実践され、患者の自己決定権が実質的に保障されること、❺可能な限り、通常の社会生活に参加し、通常の私生活を営む権利を有すること、❻国および地方公共団体は、上記の患者の権利を保障するための施策を実施する責務を負うこと、を決議した。[1]

　患者の権利に関する世界的な宣言としては、1981年に第34回世界医師会総会において「患者の権利に関するWMAリスボン宣言」が採択されている。患者の権利に関する国際的な標準を示すものとして、広く受け入れられ、1995年第47回総会で改訂となっているが、各国で受け入れられている。我が国においても患者の権利に係る法律の制定が強く

Active Learning

「患者の権利に関するWMAリスボン宣言」について調べて、全文を読んでみましょう。

叫ばれた。

　患者の権利法をつくる会が働きかけ、現在進行しているのが医療基本法の制定についての議論である。2009（平成21）年にハンセン病問題に関する検証会議の提言に基づく再発防止検討会が、「患者の権利擁護を中心とする医療基本法の制定」を提言して以降、議論が活発化していった。医師—患者間の信頼関係の崩壊、医療提供者・患者・保険者間の不信感などを背景にその解消を目指したものであったが、廃案となってきた。現在目指されている論点としては、患者の権利を主張する患者の権利法という意味あいというよりも、医療の基本理念、医療政策の基本原則、医療や医療政策の形成に携わるすべての関係者の義務と権利についてバランスよく規定した基本法という形式をとることに重きがおかれている。

　2013（平成25）年には、患者の権利法をつくる会が、「与えられる医療から参加する医療へ」と掲げ、会独自に「医療基本法要綱案——案文と解説」を作成している。そのなかで患者の権利および責務として、以下の9点が示されている。

　❶個人の尊重、❷自己情報に関する権利、❸知る権利、❹自己決定権（インフォームド・コンセント）、❺不当な拘束などの虐待を受けない権利、❻臨床試験における権利、❼医療被害の救済を受ける権利、❽苦情の解決を求める権利、❾患者の責務

　また、国・地方公共団体や医療の提供にあたる者のみならず、医薬品、医療機器等の産業、医療保険の保険者等医療にかかわるすべてのステークホルダーと国民自身が医療の基本理念に立ち返り、それぞれの責務を果たすことが求められている。なお、同冊子には、日本医師会の草案も資料として掲載されている。その案に記載されている患者等の権利と責務は、自己決定の権利、診療情報の提供を受ける権利、秘密およびプライバシーの保護、診療に協力する権利、秩序ある受療をする責務などである。

❷ 患者の権利の進展

　患者の権利が希求されてきた背景には、人類の歴史における戦争戦禍のなかで人を傷つけあい、非道な営みが正当化されてきた経過がある。医師の職業倫理について書かれた宣誓文である、医学の父、ヒポクラテ

★ **患者の権利法をつくる会**
1991（平成3）年10月6日に、「与えられる医療から参加する医療へ」をスローガンに患者の権利法の制定を目指して生まれた任意団体。「患者の諸権利を定める法律要綱案」等立法化に向けて活動しているが、我が国にはいまだに医療基本法はできていない。

★ **ハンセン病問題に関する検証会議**
現代においても残るハンセン病への社会的差別等の原因を検証するため設置された会議。ハンセン病療養所を訪問して現地検証等を行い、らい予防法の廃止が遅れた理由などを明らかにした。このとき、社会福祉専門職団体協議会が協力し、ソーシャルワーカーも調査員として参画した。

スの誓いには、人命を尊重し患者のための医療を施すように述べられており、医療は患者優位から始まったはずであった。しかし医療は、医療者優位の治療関係へと傾いていった。その最たるものがナチスドイツの医師たちによる人体実験であった。医師らはニュルンベルク裁判で裁かれることとなるが、この出来事はその後、医療が、医療を受ける側の患者の立場に立って、守られるべき生命の権利について視点を転換させる契機となった。これにより、医療者が人の命や患者から生きる権利を奪ってきた時代は終わりを告げ、人は誰もが対等な存在であり、そのことが医師—患者間において互いに認められているという患者中心の時代が訪れることとなる。

近代の医学の発展は、社会構造が複雑・多様化するなかですぐには答えがみつからない生命倫理の課題と深くかかわるようになり、保健医療分野のソーシャルワーカーも、医療提供体制を支えている一員として多くの人権侵害にかかわるケースや倫理的課題を包含するケースに直面することとなっている。特にソーシャルワーカーは医療職と異なる立場で医療機関に所属する者として、どのような状況下で患者の権利が侵害されるのか敏感に察知し、権利侵害されていたり社会的に孤立したりしている患者やその家族にかかわることが求められている。

患者の権利という考え方やインフォームド・コンセントという概念が生まれ、医の倫理★にまで影響を与えたのが、アメリカにおける動向である。第二次世界大戦中のナチスの医師たちによる人体実験や、戦後の生物医学の発展において行われた人体実験について、アメリカでは後に研究倫理のあり方が検討された。その結果、ニュルンベルク綱領や世界医師会のヘルシンキ宣言などの研究倫理の指針が生まれた。そのなかで、被験者へのインフォームド・コンセントの重要性と研究計画の事前審査をする機関内研究審査委員会（いわゆる倫理委員会）の制度が確立されていくこととなる。

3 ▶ 医師のパターナリスティックな時代から患者の自律の時代へ

医師が、自分たちの判断によって立ち、患者のためによいと思うことを判断して実行してきた時代から、患者が判断できるように必要な情報を提供し、患者の判断を尊重する時代に移行していく。アメリカにおけるこのような時代の流れのなかから、医療における患者の権利は生まれ

★医の倫理
医学・医療の進歩に伴い、医師に求められる倫理を指す。職能集団である日本医師会は、医師の倫理の向上のために、2000（平成 12）年に新たな「医の倫理綱領」を採択し、2004（平成 16）年には「医師の職業倫理指針」を作成している。「医師の基本的責務」「医師と患者」「終末期医療」「生殖医療」「遺伝子をめぐる課題」「医師とその他の医療関係者」「医師と社会」「人を対象とする研究」などから構成されている。

るが、一つは裁判所が示した判例（判断）の蓄積によって形成された考え方としての法理によるものと、もう一つは、被験者の同意なく行われてきた人体実験への反省から必要とされた同意の手続きによるものである。

1973年にアメリカ病院協会が出した患者の権利章典では、医師の義務ではなく、患者の権利という表現が用いられ、医師—患者関係の規範を示した画期的なものであった。初めて患者の権利が明文化された公文書となった。

1981年には、世界医師会が患者の権利に関するWMAリスボン宣言を採択し、「良質の医療を受ける権利」「選択の自由の権利」「自己決定の権利」「意識のない患者の権利」「法的無能力の患者の権利」「患者の意思に反する処置に関する権利」「情報に対する権利」「守秘義務に対する権利」「健康教育を受ける権利」「尊厳に対する権利」「宗教的支援に対する権利」の11の権利を盛り込んだ。1982年には、インフォームド・コンセントに関するアメリカ合衆国大統領委員会の報告がなされた。この報告で示された内容は、医師と患者の相互の尊重と参加による意思決定を行う過程が重要であることや、患者が治療の内容を決めることができる権利についてであり、医療におけるインフォームド・コンセントの尊重が医の倫理の基本であるとされた。

アメリカ病院協会の患者の権利章典は、1992年には患者と医師関係の対等性における患者の責任に関する説明を追加・改訂し、2003年にそれを受けて「患者の権利章典」は「治療におけるパートナーシップ」に置き換えられた。このことにより、当時の医療の状況下において、医療提供者と患者とのよりよいコミュニケーションの確立が重要課題であったこと、患者の権利を主張したところで医療事故は避けることができないこと、という二つの事態が顕在化した。医療における自己決定に相当する患者の自律が重視されるようになっていった。

4 インフォームド・コンセント

インフォームド・コンセント（informed consent）とは、「医療行為をする際、医療従事者が患者へ、事前に、当該医療行為の目的や内容、危険性等について説明をし、患者がその実施に対して同意を与えること」を意味する。[2) 医療と医学研究に大きく関連し、医療や人を対象とした医

学研究の際に、患者や被験者に対して事前に説明を行い、その承諾を得ることを指す。ビーチャム（Beauchamp, T. L.）とチルドレス（Childress, J. F.）により以下のように定義されたものである。第一に、「被験者もしくは患者による自律的行為」、第二に、「治療処置や研究に着手する前に、患者もしくは、被験者となる人から法的に有効な同意を得ること」としている。

　日本においては、日本医師会が 1947（昭和 22）年にアメリカ軍占領下において任意設立、任意加入の職能団体として発足した。1951（昭和 26）年には「醫（医）師の倫理」が制定された。1965（昭和 40）年には、医師倫理委員会が開催され、1968（昭和 43）年には「医師倫理論集」を発刊、医師の倫理の課題について取り組んできた。従来の医の倫理観はパターナリズムとして非難されるようになり、インフォームド・コンセントの重要性が叫ばれるなか、1986（昭和 61）年には生命倫理懇談会が発足され、生命倫理に関する問題に取り組むようになった。2000（平成 12）年には医の倫理綱領を策定し、2004（平成 16）年には医師の職業倫理指針をつくり会員に配布した。

　1990（平成 2）年には、日本医師会・第二次生命倫理懇談会の報告において、欧米の定義をそのまま日本に導入するのではなく、「医師と患者が互いに尊重・協力して医療を進めるという理念」として理解し、インフォームド・コンセントを「説明と同意」と訳して使用することを提唱した。

　また、1993（平成 5）年には、政府は検討会を設置し、インフォームド・コンセントという用語について検討を行った。1997（平成 9）年の医療法改正において、医療法第 1 条の 4 第 2 項にその概念が追加され、医療従事者の法的義務として認識されるようになった。

> ●医療法（抜粋）
> 第 1 条の 4　略
> 2　医師、歯科医師、薬剤師、看護師その他の医療の担い手は、医療を提供するに当たり、適切な説明を行い、医療を受ける者の理解を得るよう努めなければならない。
> 3〜5　略

　この規定により医師らは、患者に対して治療方針などを説明するべき義務を負っている。特にアメリカで発展したインフォームド・コンセントは、治療を選択する患者の自律性に焦点を当て、インフォームド・チョイス*という考え方へと発展していく。

　インフォームド・コンセントを実践する際のコミュニケーション上の課題は、以下の 4 点が指摘されている[3]。

★インフォームド・チョイス
インフォームド・コンセントの概念をさらに推し進めた患者主体の考え方。医師から説明を受けたうえでの選択を意味する。医師には、患者が適切に選べるように、十分な情報と説明が求められる。また、患者には、自らの責任において自分で決めることができる権利を行使することが求められる。

❶説明の理解不足、❷自己表現が不得手な患者、❸医師・患者が何を大事にしているか、意見の理由についての相互認識の欠如、❹複数の関係者間での連携不足

患者に説明を行ったとしても、患者側の理解度に適した説明を行っているとは限らない。そのため、質問できる雰囲気や環境づくりによって、患者のもつ不安を解消したり、不安を表現することにつながる。したがって、インフォームド・コンセントは、プライバシーを守り安全な環境をつくること、説明が文書となっていること、手続きに沿って行うことなどが求められる。

また、インフォームド・コンセントが適用されない場合もある。未成年者や意思疎通が困難な状況にある人、救急患者などである。また、情報の開示が患者の意思決定を妨げる場合や、本人が情報の開示や同意を拒否している場合、さらに、すでに権利を放棄する意思を表明している場合、宗教上の理由など、本人の信条による明確な意思表示がある場合などがある。その場合にも、説明と同意のプロセスを怠らずに進める姿勢が求められる。また、こうした条件が整ったとしても、家族がどう思っているのか、あるいはほかのスタッフがどう理解しているのかなど、関係者間での認識が異なるような場合に、二者間での理解では対応できない場合もある。

さらに、高山義浩は認知症高齢者の意思決定の支援とインフォームド・コンセントとの関連について、❶原則として本人に説明すること、❷感覚器の衰えに配慮すること、❸意思決定の確認を重ねること、❹意思決定が困難な高齢者への対応として、代理人による判断を求めざるを得ない場合もあること、を挙げている。[4]

以上のように、患者は、自らの病気や障害について真実を知る権利がある一方、真実を知ることによって、これからの生活や他者との関係を立て直さなければならない事態に遭遇することとなる。そのプロセスは患者本人にとって多くの困難を伴うことがある。

また、直面している困難そのものが医療者側から見えにくいため、患者が自己決定する権利が奪われたままであることもある。たとえば、家族計画、妊娠中絶、性暴力、性感染症などをめぐる、女性の権利というジェンダーに関わる視点などは、自己決定の権利を守るためには必須となる。ソーシャルワーカーは、患者一人ひとりの権利を守り、患者本人が真実を知り、それを受けとめ、さまざまな選択肢のなかから自己決定し、新たな人生を再構築していくプロセスを側面的に支援していくこと

が必要である。また、インフォームド・コンセントにおいては、ソーシャルワーカーとしてチームのなかで協議し、どのような役割を担うことになるか決めることも重要となる。

5　インフォームド・アセント

　インフォームド・コンセントは、15 歳以上の同意能力があるとされる場合に成立する。一方、インフォームド・アセント（informed assent）とは、コンセントと同様に「同意」と訳されるが、判断能力が十分でない 15 歳未満の子ども（アメリカ小児科学会）に対する説明と同意を意味するとされている。

　あるいは、たとえば、臨床研究（治験）に参加するにあたって、認知症患者である研究対象者に対して、家族などから代諾をとるとともに患者本人からも能力に応じて研究への参加について理解をえる努力をする必要があることをいう。

　インフォームド・アセントは、子どもが療養している場合にも重要となる。子どもであっても、自分の病気を知り、病気を理解するという告知の問題は、セルフケアにおける自立には重要な要素となる。また、小児がん患児においては、医師から説明を受ける前にすでに子ども自身が自らの病気に感づいていることも多く、病名を知っていたけれど、その詳細な説明を受けることがないまま、病気の詳細を知らずに過ごす期間の長いことが、生活においてさまざまな影響を及ぼしているとのデータもある。

　たとえば、小児がん患児の場合、現代の医療では 7 割から 8 割の治癒率となっているが、治ったとしても、病気を克服した後の人生が長いことにより、治療をしていたことによる成長発達への影響、生殖機能、臓器機能、二次がんへの影響などによる晩期障害の問題、それに伴う思春期特有の悩み、小児医療から成人医療への移行（トランジション）など、その後に起こりうることをあらかじめ知っておくことで、本人が成長の過程で対処できるようになることが考えられる。倦怠感や感染症、運動機能の低下など、化学療法の副作用が復学した学校生活のなかでどのように出てくる可能性があるのか、副作用に対してどのように対処したらよいかは、大人である親だけではなく、子ども本人も理解をする意義が重要視されるようになってきた。

★晩期障害
小児がんの治療として受けた化学療法や外科的療法・放射線療法などに起因する遅れて出現する障害。原疾患の治療は終了しているが、しばらく時間が経過してから出現する晩期障害や後遺症、副作用などへの対応をすることを長期フォローアップ外来などという。

★トランジション
小児と思春期、若年成人世代の患者を長期的フォローアップしていく際に、小児科から成人診療科への円滑な移行が求められる。その移行のことを指す。トランジションを含めた長期フォローアップ体制を整えるためには、診療科間、多職種間の連携体制の充実が求められる。

治療や治験における子どもへのインフォームド・アセントを実施する意義や目的としては、期間あるいは所要時間、実施方法、実施に伴う生活上の変更や制限・注意点、可能性のある不利益、期待できる効果を伝えることであり、子どもの認知の発達を十分理解して、子どもがわかるように何度も繰り返し、伝える方法を工夫をして実施することが求められている。治療において子どもから協力が得られなかったり、行動の変容がみられない場合は、情報や知識が不足している、モチベーションが低下している、技術的にうまくできないなどの可能性があることが指摘されている。なお、小児医療の現場で用いられるインフォームド・アセントに似た言葉で、プリパレーションがある。くまのぬいぐるみなどを使って、注射や検査などを行うさまをみせたり、絵本や紙芝居を使う場合もある。日本では、看護師が行っている場合が多い。海外で資格取得したチャイルド・ライフ・スペシャリストが担当している医療機関もある。このように、治療などを開始する前に、情報提供や代理体験などを通して行う心の準備への支援を指し、インフォームド・アセントを行うための具体的な方法がプリパレーションであるとされている。

　患者の権利をめぐっては、1997（平成9）年の臓器の移植に関する法律（臓器移植法）の成立、同法の改正における本人の意思の取り扱い、15歳未満の臓器提供者についての議論などがある。1980年代にはアメリカですでに活発になっていた臓器移植に関する論議が、日本においても行われるようになった。脳死判定された人からの臓器移植が認められ、2010（平成22）年からは15歳未満の小児からの移植、本人の意思表示が無くても家族の承諾があれば提供が可能となった（ただし、虐待を受けた可能性のある子どもからの臓器提出は認められない）。今後、移植件数の増加に伴い、患者の権利をめぐって、新たな課題が議論されることになるだろう。

　医師の裁量権や、子どもから大人にわたる多世代における患者の意思決定と権利に対する倫理的課題については、引き続き議論されるべき点である。

★チャイルド・ライフ・スペシャリスト
北米で発展・普及した、療養中の子どもと家族に心理社会的ケアを提供する専門職。病気に対する子どもの不安を取り除き、前向きに医療体験に臨めるようにサポートする。

◇**引用文献**

1）日本弁護士連合会「患者の権利に関する法律大綱案の提言」 https://www.nichibenren.or.jp/document/opinion/year/2012/120914_2.html

2）前田正一「インフォームド・コンセント」赤林朗編『入門・医療倫理Ｉ 改訂版』勁草出版，p. 152，2017.

3）吉武久美子『医療倫理と合意形成——治療・ケアの現場での意思決定』東信堂，p. 91，2007.

4）高山義浩「高齢社会におけるインフォームド・コンセント」『循環 Plus』第16巻第11号，pp. 10-12，2016.

◇**参考文献**

・加藤道男「インフォームドコンセントの概念とその歴史的背景」『神戸大学医学部神緑会学術誌』第11号，1995.

・大野博「アメリカ病院協会の『患者の権利章典』の変化とその特徴——権利の宣言からパートナーシップへ」『医療と社会』第21巻第3号，2011.

・田村公江「性——リプロダクティブ・ヘルス/ライツの再検討を通して」粟屋剛他編『生命倫理の基本概念』丸善出版，2012.

・飯島祥彦「認知症患者におけるインフォームド・コンセントの取得の現状に関する調査」『生命倫理』第27巻第1号，2017.

・稲田浩子「小児がんにおける告知とインフォームド・コンセント」『ターミナルケア』第12巻第2号，2002.

・谷川弘治・駒松仁子・松浦和代・夏路瑞穂『病気の子どもの心理社会的支援入門——医療保育・病弱教育・医療ソーシャルワーク・心理臨床を学ぶ人に』ナカニシヤ出版，2009.

・伊藤弘樹・岡崎章・恩田浩司・内藤茂幸「小児看護におけるプリパレーション・ツールの開発」『デザイン学研究』第55巻第2号，2008.

・大林雅之「生命倫理について」菊井和子他『ケースで学ぶ医療福祉の倫理』医学書院，2008.

・清水哲郎・伊坂青司『生命と人生の倫理』放送大学出版，2005.

・T. L. ビーチャム・J. F. チルドレス，立木教夫・足立智孝監訳『生命医学倫理』麗澤大学出版会，2009.

・和田久美子・濵邉富美子「看護ケアで使われることばの理解に関する検討——幼児の生活の中にあることばの調査から」『小児保健研究』第73巻第6号，2014.

●**おすすめ**

・世界医師会，樋口範雄監訳『WMA 医の倫理マニュアル 第3版』日本医事新報社，2016.

・会田薫子『長寿時代の医療・ケア——エンドオブライフの論理と倫理』筑摩書房，2019.

第2章

医療倫理

　保健医療分野における、患者本人・家族とかかわる専門職の姿勢についての事柄として、医療倫理をテーマに、医療における倫理と倫理的課題、そして、とりわけ重要な患者の意思決定をめぐる課題を取り上げる。

　第1節では、生命倫理をめぐる歴史的な経緯や生命倫理の4原則を中心に、保健医療分野での倫理を取り上げる。福祉における倫理との違いとその背景を意識しよう。

　第2節では、患者本人とのかかわりにおいて最も重要な課題の一つである患者本人の意思決定を尊重したうえでの、意思決定への支援に関する課題を取り上げる。近年、保健医療分野で重要性が認識されているアドバンスケアプランニングとその課題に対する理解を深めよう。

学習のポイント

● 医療倫理の4原則、患者の権利、対話、ナラティヴなど、医療倫理の基礎を理解する
● 生殖医療・移植医療・終末期医療の倫理的課題の概要を理解する

1 ▶ 医療倫理の基礎

1 医療倫理とは

　倫理（または道徳）とは、ものごとの善し悪しのことである。したがっ
て、医療倫理とは医療に関するものごとの善し悪しである。ただし、も
のごとの善し悪しといっても、誰もが同じように考える問題もあれば、
人によって意見が分かれる問題もある。たとえば、「人を傷つけてはな
らない」という考え方に反対する人はいないが、「安楽死を行ってよい」
という考え方には賛否両論ある。多くの人が同じようにものごとの善し
悪しを判断する場合、その考え方を規範（または社会規範）という。「人
を傷つけてはならない」は規範といえるが、「安楽死を行ってよい」は規
範とはいえない。

　規範を守るかどうかを「個人の判断」に任せておくわけにはいかず、
強制しなければならない場合には、法律によって強制する必要がある。
特に、規範を守らないことで他者に害が及ぶような場合には、厳しい罰
則が設けられる。たとえば、「嘘をついてはならない」という考え方は多
くの人が共有する規範だが、法律によって禁止されてはいない。ところ
が、「他人のものを盗んではならない」とか、「他人を殺してはならない」
という規範は、罰則のある法律によって禁じられている。生殖医療や終
末期医療に典型的なように、医療倫理の問題に対しては法律が定められ
ていないことも少なくない。これは、新しく生じた医療倫理の問題に法
律の整備が追いついていないことにくわえて、医療においては医師等の
医療従事者が自分の考えで問題を判断し処理する裁量が、伝統的に広く
認められてきたためと考えられている。法律に準じるものとして、国や

---

i　例外的に、法廷や議会などで虚偽の証言をした場合には、偽証罪に問われることが
　ある。

医療従事者の専門職団体等が倫理綱領や倫理指針（またはガイドライン）を定めていることがある。倫理綱領は専門家としてのあり方や、一般的な原則を示すものであり、倫理指針は特定のテーマについての行動原則や具体的な規定を定めるものである。これらはソフトロー（やわらかい法律）ともいわれ、守らなかった場合に法的に罰せられることはないが、専門職団体から除名されたり活動を禁じられたりすることがある。

　医療従事者にとって、法律やこれに準じるものを守る法令遵守（またはコンプライアンス）はきわめて重要である。ただし、患者の生命を救うためなど、さし迫った重大な危険を避ける方法がほかにない場合にやむを得ず行った行為は緊急避難とみなされ、法律に違反した場合でも違法性が阻却されて罰せられないことがある。このことは、刑法第 37 条、民法第 698 条等に規定されている。

２ 医療倫理の４原則

　医療現場で日々生じる具体的な事例についての意思決定を行うために、さまざまな方法が考案されてきた。その一つが、アメリカのビーチャム（Beauchamp, T. L.）とチルドレス（Childress, J. F.）による自律尊重原則、無危害原則、恩恵（または仁恵、善行）原則、正義原則という、医療倫理の４原則といわれるものである。

　自律尊重原則は、人が自分で考えて判断する自律性を尊重しなければならないという原則である。自律性には、自分自身で考え決める自己決定という側面と、万人に当てはまる普遍的な考え方を自らにも課す自己立法という側面とがある。いずれについても、本人に十分な判断能力がない場合には実現できないものであり、教育、社会的環境、他者からの支援を不可欠とする。

　無危害原則は、他人に危害（harm）となるようなことをすべきでないという原則である。これに対して、恩恵原則は、他人に恩恵（benefit）となることをすべきだという原則である。一般に、医療においては、危害とは侵襲やリスクのことを指し、恩恵とは治療や介入の効果（根治、寛解、生活の質の向上等）を指す。手術は身体に傷をつけるが、治療効果があるために医療行為として認められる。薬には副作用があるが、それを上回る効果があるために投与が認められる。このように、どのような治療や介入にも危害と恩恵とがともに含まれており、恩恵が危害を十分に上回る場合にのみ、その行為が倫理的に妥当なものとなる。

　正義原則は、公平性と公正性という二つの概念から成り立っている。

公平性（または平等性）とは、患者を公平（平等）に扱うべきだ、という考え方である。公正性とは、明確なルールに基づいて意思決定を行うべきだ、という考え方である。これらがともに重要なのは、医療に用いられる資源（ヒト、モノ、カネ）には限界があり、医療ケアの提供の際に、患者に優先順位をつけざるを得ないことがしばしば生じるためである。そのような場合には、すべての患者を公平に扱うとともに、明確なルールに基づいて優先順位を決める必要がある。

■3 患者の権利

倫理原則のうち、自律尊重原則は患者の権利に深く関係している。患者の権利が確立されたきっかけは、20世紀の医療における「負の歴史」にある。1930～40年代に、ドイツの精神科病院では、約7万人の重度精神障害者等が医療従事者らによって殺害された。アウシュビッツ等の強制収容所では、非人道的な人体実験等によって多数の収容者が殺害された。1947年に、こうした非人道的行為にかかわった医師らを被告としてニュルンベルク医療裁判が行われ、23人の被告のうち7人が死刑判決を受けた。この裁判で採択されたのが、ニュルンベルク綱領であり、医学研究の被験者が、実験の内容や影響について完全に理解したうえで自発的に同意しているのでなければ、実験を行ってはならないという医学実験の基本的な考え方が示された。

1964年には、世界医師会によってヘルシンキ宣言が採択された。このなかで、研究者が被験者に十分な説明を行ったうえで同意を得るというインフォームド・コンセントが、医学研究には不可欠であるという原則が明示され、医学研究の被験者の権利が確立された[ii]。

被験者の権利は、第二次世界大戦で荒廃したヨーロッパにかわって世界の医療を牽引したアメリカ合衆国において、患者の権利に拡大された。アメリカでも患者の承諾を得ない研究が広く行われていることが明らかにされ、1973年にアメリカ病院協会が患者の権利章典に関する宣言を承認し、1981年に世界医師会が患者の権利に関するWMAリスボン宣言（p.26参照）を採択した。

■4 倫理と対話、ナラティヴ（語り）

個々の医療現場では、倫理原則や患者の権利を尊重しながら、対話に

---

ii　同時代の日本では、731部隊（関東軍防疫給水部本部）等において、細菌兵器の開発を目的とした人体実験が行われて多数の外国人の生命が奪われた。

よって倫理的課題を解決することが重要である。そこで鍵となるのが**ナ
ラティヴ**という概念である。ナラティヴとは、個人や集団が、あること
についての意味を見いだそうとして作り、他者に対して伝えようとする
ものと定義される。患者、家族、医療従事者のいずれもが、病気や治療
などについての意味を見いだし、他者に伝えようとするナラティヴを
もっている。これらの異なった立場の人のナラティヴがぶつかりあうこ
とで、倫理的課題が生じることが多い。

　たとえば、がんの化学療法をめぐって、患者が中止を希望し、医師が
継続すべきだと考えているケースを考えてみよう。患者のナラティヴが
「こんなに苦しい治療を続けるくらいなら、何もしないで残りの日々を
生きたい」というものであるのに対して、医師のナラティヴが「化学療
法を続ければ、生命予後が改善できるかもしれない」というものであっ
たとする。医師にとっては、患者が感じている苦痛が自分の予想以上の
ものであることを理解し、苦痛を改善することが生命予後の伸長以上に
重要だと気づくことができるかもしれない。このように、医療従事者が、
患者や家族等の話を**傾聴**することで、それぞれの背景にある事情や価値
観を十分に把握することが、医療現場での倫理的課題の解決にはきわめ
て重要である。

2 　生殖医療と医療倫理

1 　生殖医療の現状

　日本では、結婚する年齢が高くなる晩婚化が進んでいる。年齢ととも
に妊孕率★が下がるため、不妊症患者が増え、不妊治療を受ける人が増加
している[iii]。諸外国と比較すると、日本では非常に多くの体外受精が行わ
れる一方で、成功率が低いという特色がみられる。これは、年齢ととも
に不妊治療の成功率も低下するためと考えられている。

　不妊治療にはさまざまなものがあり、我が国で行われていないものも
含めると、タイミング法、排卵誘発法、体外受精、顕微授精、代理出産
等がある。このうち、タイミング法と排卵誘発法以外のものでは、配偶

★**妊孕率**
女性が自然妊娠する確
率。30 歳を超えると
徐々に低下し、35 歳
くらいから急激に低下
することが知られてい
る。

[iii] 　2017（平成 29）年の統計では、体外受精および顕微授精の実施件数が約 44 万
8000 件で、5 万 7000 人の子どもが生まれている。このうち凍結胚（卵）を用いた
ものが約 20 万件を占めている。日本産科婦人科学会編「平成 30 年度倫理委員会登
録・調査小委員会報告」『日本産科婦人科学会雑誌』第 71 巻第 11 号，pp.
2509-2573，2019.

子の提供や懐胎を夫婦以外の第三者に依頼することが可能であり、夫婦のほかに卵子提供者、精子提供者、代理母などが存在することで親子関係を複雑化させるものとなり得る。

2 生殖医療の倫理的課題

　生殖医療の倫理的課題の一つは、こういった不妊治療のどこまでを倫理的に妥当なものとみなすかという線引きが難しいことにある。日本には、不妊治療を直接規定した法律はなく、専門家団体の倫理指針によって規制されている現状がある。[iv]

　代理出産については、国内で行っている医療機関はなく、海外に渡航して受ける人がいる。その場合、日本の民法では産んだ女性が母親とみなされるため、代理出産で得た子どもを自分の子どもと認めてもらえず、養子縁組などによって法律上の親子関係をつくる人が多いとされる。また、非配偶者間の人工授精や体外受精などを行った場合、親が子どもにその事実を伝えないことも少なくないとされる。これについて、子どもの出自を知る権利の侵害ではないかと考える人もいる。

3 出生前診断と妊娠中絶の倫理的課題

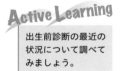

Active Learning
出生前診断の最近の状況について調べてみましょう。

　生殖をめぐるもう一つの倫理的課題として、出生前診断による人工妊娠中絶が論議されてきた。その背景には、妊娠中に胚や胎児の状態を検査する出生前診断の技術の発達がある。出生前診断には、非確定的検査（超音波検査、母体血清マーカー検査、新型出生前診断）と確定的検査（羊水検査、絨毛検査）とがある。非確定的検査は非侵襲的検査ともいわれ、母体への負担が少なく、流産のリスクがないが、確定診断が行えない。確定的検査は侵襲的検査ともいわれ、母体への負担が比較的大きく、流産のリスクを生じるが、確定診断を行える。

　これらの検査によって、胚や胎児が将来何らかの障害や疾病をもつ可能性が高いことが判明すると、妊娠中絶を希望する人が多いとされる。これについて、妊婦の自己決定権として認めるべきだという意見と、優生思想に基づく生命の選別ではないかと批判する意見とがぶつかりあってきた。

---

iv　日本産科婦人科学会は、人工授精と配偶者間の体外受精を認め、非配偶者間の体外受精と代理出産は認めていない。これに対して、日本生殖補助医療標準化機関（JISART）は、一定の条件のもとで非配偶者間の体外受精を実施している。

3 移植医療と医療倫理

1 移植医療の現状

　我が国では、かつて「脳死を人の死と認めるべきか」という論争が続いていたが、1997（平成 9）年に臓器の移植に関する法律（臓器移植法）が施行され、脳死下臓器移植が可能となった。この法律では、提供者本人が書面で臓器提供の意思表示をしていることが必要であり、なおかつ家族の承諾も必要だった。2010（平成 22）年施行の法改正で、本人が生前に臓器提供を拒否する意向を示していなければ、家族の同意で脳死下臓器提供が行えるようになった。さらに、それまでは臓器提供が不可能だった 15 歳未満の子どもも、家族の同意により臓器提供が可能となった。

　こうした法整備の結果として、脳死状態での臓器提供（脳死下臓器提供）は増加したが、心停止後の臓器提供（心停止下臓器提供）は減少し、全体としての臓器提供数は大きく変動していないとされる。諸外国と比べると、日本の臓器移植件数は非常に少なく、臓器によっては、移植を受けられる人の数が移植を待ち受ける人の 1 割程度でしかない。また、生体移植が多いことも我が国の特徴になっている。死体移植と生体移植のいずれも可能な腎移植で比較すると、欧米では死体移植数が生体移植数の 2 倍以上である国が少なくないが、日本では生体移植の方がはるかに多い。

2 移植医療の倫理的課題

　1970 年代までの移植医療は治療効果が低く、「実験的な治療」といわれるなど、治療としての正当性が議論されていた。1980 年代に効果的な免疫抑制薬が開発されたことで治療効果が飛躍的に高まったが、結果として、移植を必要とする人が容易に移植を受けられないという課題が浮上した。つまり、提供される臓器が非常に少なく、必要としている人にどうやって優先順位をつけて配分すべきかという資源配分の課題である。

ⅴ　2018（平成 30）年には生体移植（1683 件）が死体移植（182 件）の 9 倍以上行われている。日本臨床腎移植学会・日本移植学会「腎移植臨床登録承継報告（2019）──2018 年実施症例の集計報告と追跡調査結果」『移植』第 54 巻第 2・3 号，pp. 61-80，2019.

日本では、血液型や臓器のサイズ、組織適合性などの医学的な適合性によって優先順位が決められるが、臓器提供者（ドナー）が意思表示していた場合には、親族に優先的に提供される親族優先提供も認められている。つまり、優先順位の決め方について、医学的な適合性と親族優先提供という二つの異なる基準が存在していることになる。親族優先提供以外の臓器提供では、ドナーと臓器を受け取る人（レシピエント）はお互いを知ることが認められていないため、ドナーは自分の臓器を誰もが利用できる資源として提供しているといえる。これに対して、親族優先提供では、ドナーは自分の臓器を家族などを救うために提供するのであり、誰もが利用できる資源として提供しているとはいえない。日本では生体移植が多いのだが、生体移植は親族間で行われるのが通例である。

　このように、欧米諸国等に比べると、日本ではそもそも臓器を資源として提供するという考え方そのものが普及していないといえる。生体移植については、健康な人の身体から臓器を摘出するため、ドナーに健康上の大きなリスクをもたらすという無害原則上の課題があることも議論されてきた。

4　終末期医療と医療倫理

1　終末期医療の現状

　1970年代には、人工呼吸器や経管栄養などの普及により、原疾患の治療ではなく、生命を維持することを目的とする生命維持治療（または延命治療）が広く行われるようになった。これに対して、生命維持治療を「無益な医療」と見なしたり、患者が自分らしく、尊厳をもって死ぬ権利を侵害しているという批判が向けられてきた。その一方で、人工呼吸器、人工栄養、水分補給、人工透析、さらには心肺蘇生など、さまざまな治療法の是非について意思決定を行うことは容易ではない。

　日本には、終末期医療を直接規定した法律はなく、2007（平成19）年に厚生労働省が「人生の最終段階における医療・ケアの決定プロセスに関するガイドライン」という倫理指針を定めているのみである。このガイドラインでは、医療従事者が患者に適切な情報の提供と説明を行い、患者本人が多専門職種の医療・介護従事者から構成される医療・ケアチー

---

vi　策定当初は「終末期医療の決定プロセスに関するガイドライン」であったが、2018（平成30）年に現在の名称に変更された。

ムと十分な話しあいを行って意思決定を行うことが重要な基本原則だと
している。

2 終末期医療の倫理的課題

　終末期医療において特に大きな倫理的課題が生じるのは、患者の死を
早めることになる処置をめぐってである。生命維持処置の不開始（また
は差し控え）は、生命維持処置を行えば延命が可能な患者に対して、そ
れを行わないことであり、生命維持処置の中止は、既に行われている生
命維持処置を中止することである。

　欧米諸国等では、この二つは倫理的にも法的にも区別されていないこ
とが多いが、日本の医療現場では、ある程度の生命予後が見込める患者
については、患者が事前に希望していたとしても、生命維持処置の中止
は行われないことが多いとされる。上述の厚生労働省のガイドラインで
は、医療・ケア行為の開始、不開始、内容の変更、中止等については、
医療・ケアチームによって医学的妥当性と適切性をもとに慎重に判断す
べきであるとして、具体的にどのような処置が倫理的に妥当なのか否か
を明示していない。そのため、医療現場では、個別のケースごとに、こ
うした処置の倫理的妥当性を検討しなければならない。

　生命維持処置の不開始や中止のことを「尊厳死」ということがあるが、
言葉の定義が不明確であるため、最近ではあまり使われなくなっている。
なお、国によっては、患者の死を早めるこれ以外の処置として、安楽死
や自殺幇助を認めているところもある。安楽死は、薬物等を用いて患者
に苦痛を与えずに即座に死なせることであり、自殺幇助は、患者自身が
致死薬の服用などによって自殺を行えるように医療従事者等が手助けす
ることである。これらの処置は、日本では刑法に違反し、殺人罪や同意
殺人罪等に問われる可能性が高い。

　終末期医療のもう一つの主要な倫理的課題は、患者の意思の確認がで
きない場合の意思決定である。厚生労働省のガイドラインでは、家族に
よる患者の意思の推定を尊重して、患者にとって最善の治療方針をとる
べきだとしている。近年では、患者が将来の治療やケアの方向性や具体
的内容について、医療従事者や家族と相談して方針を決めるアドバンス
ケアプランニング等の対話的方法が注目されている。

Active Learning

安楽死や自殺幇助を
認めている国はどこ
か、毎年何件くらい
行われているかなど、
最近の状況につ
いて調べてみましょ
う。

★アドバンスケアプラ
ンニング
患者が将来の治療やケ
アの方向性や具体的内
容について、医療従事
者や家族とあらかじめ
話しあっておくこと。

第2節 患者の意思決定をめぐる課題

学習のポイント

● 意思決定支援の4モデルの特徴と違いを理解する
● ACP（アドバンスケアプランニング）の概念を把握し、AD（アドバンスディレクティブ）および POLST（ポルスト）との相違を学ぶ
● 意思決定支援をめぐる諸課題を理解する

1 意思決定支援

1 医療における意思決定支援のモデル

　医療現場での意思決定は、患者の生活や生命に大きな影響を及ぼしかねない疾病や障害をめぐって、情報の非対称性[*]が存在する医療者（医師）・患者関係のなかで「最善の」治療法を検討しなければならないところに特別な難しさが存在する。そのような特徴をもつ意思決定支援には、「患者は医療者、特に医師の指示に従えばよい」という伝統的な父権主義（パターナリズム）、「医療者側は患者の自己決定を尊重し、治療に関する十分な説明と情報提供を行ったうえで同意を得なければならない」というインフォームド・コンセント（Informed Consent：IC）、あるいは「医師に従属する患者ではなく、情報を得てサービスを選択・決定できる消費者（患者）像（informed consumer）」を求めるインフォームド・ディシジョン（Informed Decision：ID）、およびその中間的なアプローチともいえる「医療者と患者が話しあい、協力して解決策を探す」というシェアード・ディシジョン・メイキング（Shared Decision Making：SDM）などの四つのモデルがある。

❶パターナリズムモデル

　パターナリズムモデルは、医師が患者の「最善の利益」を判断し治療法を決定するものである。このモデルでは患者の自律性は問われず、専門的な立場から患者のために「よかれ」と思っての判断がなされ、患者側も医師との信頼関係から「お医者様にお任せします」と医療を受けるモデルである。

Active Learning

人が意思決定をする際、「表明しやすい意思」と「表明しにくい意思」とはどのようなものがあるでしょうか。ソーシャルワーカーとして、それをどのように捉え、どの方向で支援するべきか、考えてみましょう。

★情報の非対称性
医師と患者の間にある情報の質・量の格差のこと。病気や治療法について医師は専門的知識を有するが患者はわからないことが多く、その結果患者側が不利益を被ることになる。このため医師・患者関係では患者が弱い立場におかれ、対等性を確保することが難しい。

❷ IC モデル

　IC は、医療者は患者の自己決定権を尊重し、治療に関する十分な情報提供を行ったうえで患者の同意を得なければならないとするものである。これは、自律や自己決定の概念を身体に適用し、自身の身体に対する自己決定権に基づいて、どのような治療を施すのかは、患者本人の同意なしに行うことは倫理的に許容されないという考え方である。

❸ ID モデル

　ID は、IC と同じくパターナリズムの医師・患者関係を見直し、患者の自律性を強調するものであるが、ID はより医療の専門主義に異議を申し立て、医師の勧める「適切な医療」よりも、非西洋医療や代替医療などのように、患者が求める医療やケアを認めようとする考え方である。

❹ SDM モデル

　IC は医療者が勧める治療に対し、適切な情報提供のうえでなされる患者の自発的な同意であるが、SDMは、「患者と医療者の間で選択されうる治療の決定過程を共有することを重視し、双方それぞれの意思決定と両者の合意形成が並行して行われる点に大きな特徴がある[1)]」ものである。SDM は、近年医療における意思決定支援の方法として IC から移行されつつあり、また話しあいのプロセスを重視する**アドバンスケアプランニング**（Advance Care Planning：ACP）の概念に近いものでもあるといえる。

2 身寄りがない人への意思決定支援

　これまでの医療機関では、判断能力が不十分な人の医療の同意書へのサインや、入院費の支払い、緊急時の連絡、退院にかかわる支援などを家族に求めてきた。しかし、少子高齢化が進展するなか、身寄りがない人、家族や親族へ連絡がつかない状況にある人、家族の支援が得られない人などが増加してきている。このような人々への支援は、入院前までかかわりのあった専門職等（ケアマネジャー、社会福祉士、相談支援専門員、成年後見人等）の関係者と連携しながら治療や退院支援を進めていくことが、本人の意思を尊重した医療を提供するうえで重要となる。

　他方、患者がそのような専門職とかかわりがなかったときは、高齢者の場合は市町村または地域包括支援センター、障害者の場合は市町村または基幹相談支援センター、経済的に困窮している場合は福祉事務所や生活困窮者に対する相談窓口に相談をして、新たにサポートチームを作

★ **ID モデルの考え方**
コンシューマリズム（消費者主義、消費者主権主義）といわれるものの一つである。消費者（コンシューマー）としての患者という視点から、医療費問題、患者の権利、患者の満足度、ケアの質を論じる。コンシューマリズムでは、現代西洋医療を批判し、非西洋医療や代替療を積極的に取り入れようとしたり、医療の専門家主義や産業主義に異議申し立てをして、健康管理においても専門家の助けをまったく借りない自律的な活動を目指したりした。

★ **SDM**
「協働的意思決定、患者参加型医療、あるいは共有意思決定などと訳されるが、まだ定訳はない」とされている。

る必要がある。

　支援者のなかでも、特に判断能力が不十分な人の権利を擁護する権限を認める制度として制定された**成年後見制度**の意思決定支援モデルは、本人の意向を活かした代行決定*（substitute decision making）といわれるものである。

　また現行制度では、成年後見人の役割として医療についての同意権限までは含まれていない。そのため、本人の意思を尊重した医療における意思決定支援を実現するためには、次の四つの役割が成年後見人には求められている。

　それは、❶医療についての説明の場に同席して、本人にわかりやすい言葉で伝える、通訳筆記者の派遣依頼をするなどして、本人のコミュニケーション方法にあった環境を整え、本人の理解を支援する、❷本人がどのような医療を受けたいと表出していたのか、何を好んでいたのかなど、本人の意思を推定する際に材料となる個人情報を提供し、医療チームの一員として意思決定の場に参加する、❸退院後、どのような施設やサービスと契約できるのか、財産状況も踏まえて主治医や医療機関に情報を提供する、❹本人に親族がいる場合、かかわりの薄くなっていた親族への連絡、情報提供、関与の依頼とともに、親族との役割分担などを行い、必要に応じて意見調整を行う、などである。

　このように、本人や親族との意思決定支援が困難な場合が多くなる昨今では、医療機関が院外の関係者と積極的に連携していくことが特に重要となってきている。

★代行決定
他人が自分の考えで本人のことを決めるのではなく、あくまでも本人の代行として決定を行うことを想定している。

2　アドバンスケアプランニング（ACP）

1 ACPの登場

　ACPは、医療技術の進歩による延命医療が、患者の死期を引き延ばし、苦痛を増しているだけではないかという反省のもと、治療やケアにおいて患者の希望や意思を尊重するための核となる実践として欧米で発展してきた。

　日本では、2000年代に入って、医師が終末期患者の人工呼吸器を外した事件が報道されたことを契機に社会問題として認識されるようになった。

　2006（平成18）年、富山県の射水市民病院における人工呼吸器取り

外し事件が報道されたことを大きなきっかけとして、厚生労働省は2007（平成19）年5月、終末期医療に関する国として初めての指針である「終末期医療の決定プロセスに関するガイドライン」を発表した。

その後およそ10年が経過し、地域包括ケアシステムに対応させる必要があること、およびACPの概念を踏まえたものとしてガイドラインの見直しが行われ、2018（平成30）年3月に「人生の最終段階における医療・ケアの決定プロセスに関するガイドライン」が出された。

2 人生の最終段階における医療・ケアの決定プロセスに関するガイドライン（2018年）にみるACPの概要

ACPは、イギリスをはじめ、アメリカ、カナダ、オーストラリア、ハワイなどの国や地域で展開されており、その定義もさまざまである。厚生労働省の2018（平成30）年改訂版ガイドライン解説編によると、ACPの説明として「人生の最終段階を迎えた本人・家族等や医師をはじめとする医療・介護従事者が最善の医療・ケアを作り上げるプロセス[2]」と簡潔に述べられている。このガイドラインは、「1　人生の最終段階における医療・ケアのあり方」「2　人生の最終段階における医療・ケアの方針の決定手続き」の二つの柱と、2ではさらに❶本人の意思の確認ができる場合、❷本人の意思の確認ができない場合、❸複数の専門家からなる話しあいの場の設置、の三つの場合に分けて示されている。

このようにACPでは、「本人による意思決定」を基本とした「繰り返し話しあうプロセス」が重要な概念となっている。その話しあいで留意すべき重要な点は、以下の三つにまとめられる。

❶話しあいの参加者──本人・本人の家族等信頼できる人・多様な専門職

本人と家族、担当の医師・看護師のほか、医療ソーシャルワーカー、地域の福祉職、また介護従事者などのケア提供者や弁護士などがともに話しあい検討する。また、終末期の患者や慢性疾患の患者だけでなく、あらゆる人にACPは有効であるとされる。

❷話しあいの時期や回数──あらかじめ、前もって始め、かつ繰り返し行う

意思決定能力の低下を見据え、あらかじめ、前もって行うこと。また意思は心身の状況に応じて変化し得るものであるから、さまざまな局面で繰り返し話しあい、確認し続けること。

❸話しあう内容──本人についての理解を深めるためのさまざまな

Active Learning

「人生の最終段階における医療・ケアの決定プロセスに関するガイドライン」について調べてみましょう（URLは節末の「参考文献」を参照）。

こと

　現在の病状についての理解、今後の見通しのもと治療、ケア、療養などについての意向。また医療のことだけではなく、本人の気がかり、希望や価値観、これまでの人生の振り返り、今後どのように生きたいかの意向や、葬儀などを含む本人の死後に家族に望むことなど。

> ## 3　AD と POLST

■1 アドバンスディレクティブ：事前指示（書）の制度化と失敗

　ACP に類似する用語としてアドバンスディレクティブ制度（Advance Directive：AD）や POLST（Physician Orders for Life-Sustaining Treatment：生命維持治療に関する医師による指示書。以下、ポルスト）などがある。AD は、終末期医療における治療のあり方に関する患者の希望、特に延命医療の拒否に関する意思を事前に指示しておくというものである。

　AD の制度化は、1976 年 3 月のカレン・アン・クインラン裁判が契機となって、同年 10 月アメリカのカリフォルニア州で「Natural Death Act：自然死（尊厳死）法」が制定されたことにはじまる。この法制定によって、生前の意思としてのリビングウィル（living will）に初めて「事前指示（書）」としての法的効力が与えられることになった。この後、アメリカでは患者の自律尊重を基本とした意思決定に、法的保護・拘束力を伴う尊厳死に関わる医療体制が整備されることになった。

　AD にはリビングウィルと蘇生措置拒否（Do Not Attempt Resuscitate：DNAR）がある。リビングウィルは、生命の危機に直面

★リビングウィル
リビングウィルには、前もって希望する医療の内容を本人の意向として伝えおく「内容型指示」と、あらかじめ医療代理人を任命し、意識障害に陥ったときにその代理人を通じて自己決定を行うよう指示する「代理人指示型（または持続的代理権）」の二つがある。

---

i　1975 年、薬物およびアルコールの使用により呼吸停止状態に陥り遷延性意識障害（植物状態）で人工呼吸器を装着していた 21 歳のカレン・アン・クインランの養父が、人工呼吸器を外し、自然死を承認するために、後見人に自らを指定してもらうようニュージャージー州高等裁判所に訴えた裁判。この訴えは、装置撤去が死に直結する以上許容できないとしていったんは退けられたが、翌年 3 月、第二審の州最高裁判所はこれを認める判決を下した。五十子敬子『死をめぐる自己決定について──比較法的視座からの考察』批評社, pp. 146-147, 2008.

ii　DNAR は、心肺蘇生措置のみに制限をつけるものであり、本来それ以外の生命維持の治療、すなわち抗菌薬の投与、輸血、輸液、透析、苦痛の緩和ケアや治療などは制限するものではないことに留意しなければならない。だが近年、現場では DNAR 指示のもとに基本を無視した安易な終末期医療が実践されており、救命の努力が放棄されているのではないかとの危惧が指摘されている。

するような状態になって自らの意思を表明できない状態に陥った患者が
どのような治療を受けたいかについて、あらかじめ希望する、または希
望しない治療内容（たとえば、苦しみや痛みを取り除く緩和ケアは望む
が人工呼吸器はつけないでほしいなど）を指示する文書である。

　それに対して DNAR は、心肺停止時に心肺蘇生措置をしない旨をカ
ルテや所定の文書に記録した医師の指示である。本人が記す文書か、医
師が記す文書かの違いであるが、いずれも本人の自律的な意思決定に基
づくものとして捉えられ、事前指示と深くかかわる。

　AD は 1980 年代には各州で法制化が進められたが、同時にその問題
も次第に明らかとなっていった。その問題とは、❶ AD は法的文書であ
るため一度作成すると内容を変更することは難しい、❷将来の医療内容
のことを事前に十分に把握することが困難である、❸代理人が、複雑な
臨床場面のなかで本人の気持ちを推定することは相当な負担がかかる、
❹「将来の死のことは考えたくない」など AD を作成することに抵抗が
ある、などの問題である。

　これらの問題が明らかとなってくるにつれて、AD の実効性が疑問視
され、その改善策としてのポルストが提唱されるようになった。

2 AD の改善策としてのポルストとその課題

　ポルストは、AD の改善策として 1991 年から数年をかけてオレゴン
州で開発され、2000 年半ばから普及活動が開始され徐々に普及し、各
州ごとに内容に修正・拡大が加えられ、応用されているものである。

　ポルストは、医療専門職（医師、看護師、医師助手など）が、1 年以
内に死亡しても驚かない重症・進行性疾患に罹患した患者あるいはフレ
イル状態にある患者を対象に、本人の自発的な意思に基づいて、終末期
における医療の希望を聞いて、それにそって事前ケア計画を立てるとい
うものである。それは一度作成した後でも、病態の変化や居住・入院環
境の変化があるごとに見直しをすることになっている。また本人の意識
がない場合は代理人が作成可能であり、それには DNAR も含まれる。
これらは、AD で指摘された問題に対してより柔軟に対応できるように
なり、また医療者とともに話しあうことで、医学的所見を踏まえたより
現実的な検討となることが期待された。

　しかしながら、重症者やフレイル状態以外の、健康な人、障害児・者、
高齢者などへと対象範囲が拡大されたり、極端に書式が簡素化されてし
まうケースが増加してきたことにより、本来必要な医療が制限される可

★心肺蘇生措置
心臓マッサージ、気管
内挿管、人工呼吸器、
除細動、昇圧剤の使用
などによって心肺の蘇
生を試みるもの。

★フレイル
加齢に伴うさまざまな
機能変化や予備能力低
下によって健康障害に
対する脆弱性が増加し
た状態であり、「虚弱」
「衰弱」といった日本
語訳が使われることが
ある。しかししかるべ
き介入により再び健常
な状態に戻るという可
逆性も包含されてお
り、早期発見、適切な
介入によって、生活機
能の維持・向上を図る
ことが期待される意味
が含まれる概念であ
る。

能性があるとの疑問も出されている。

 意思決定支援をめぐる諸課題

　日本の ACP は、厚生労働省のガイドラインが示されている程度であり、現場や医療者によってその解釈や方法がさまざまであるのが現状である。また、「人生会議」という愛称のもと、もしものときのために、人生の最終段階について日頃から身近な人と話しあってほしいとしていることから、その対象は終末期の近い患者ではなく無限定に広げられているといってよい。

　他方、医療経済、社会保障費の観点から医療費の高騰化が叫ばれ、医療費抑制政策のなかでますます患者とじっくり向きあう時間を確保することが難しくなっているのが医療現場の現実である。こうした現状を踏まえて、最後に意思決定支援をめぐる課題として考えられる三つの問題をみていく。

■1 事前に検討し、意思決定することの難しさ

　AD の最大の問題点は、人生の最終段階の状態ではないときにその医療・ケアについて判断しないといけないということである。将来、終末期の医療が開始されるときのことは誰も想像できない。そのときの病状、医療技術の進展状況、家族状況、介護等の社会福祉サービスの整備状況などを今から想像し、リビングウィルを作成することは困難である。

　そのため ACP では、繰り返し話しあうことの重要性が強調されている。これが意味することは、意思決定支援において結果としてのリビングウィルや DNAR 作成は強制されるべきではないということである。むしろ患者のこれまでの生き方や趣味嗜好、人生観、死生観といった価値観までを含めた物語を丁寧に聞き取り、対話を重ねていくこと。そのなかで、さらに書き換えられる（変化する）内容を共有する、そうしたプロセスの重要性である。

　そのうえで「よい死」のあり方を検討するのではなく、最期までその人らしく納得のいく人生を送れるような「よい生」とは何か、その実現のためのケアに関する選択肢を幅広く提供することが、より医療・福祉従事者に求められる。

　また、ACP において自己責任は求めていない。患者の気持ちは揺れ

やすく、心身の状況や周囲の環境の変化に応じて意思は変化していく。したがって決定したことの変更を受容することはもちろん、安易な結論を出さないように支援することが重大な意思の決定においては必要な支援である。

2 意思決定の困難な人々の支援

意思決定は本人の参加が基本である。しかし、認知機能や知的に障害がある人、あるいは自らの考えや意思を表明することが困難な人などの意思決定支援は難しい。どれほど重い認知症の人であっても、その人なりの人生を生きてきた経緯があり、その人なりの想いや判断がある。重度の心身障害がある人もその人独自の感情、意向はあり、それを可視化するための意思表明、意思疎通、意思伝達のための支援をすればその人なりの決定ができるのである。

コミュニケーションをとることが難しい認知症や寝たきりの高齢者であっても、時間をかけて繰り返しベッドサイドに通い、観察を重ねることで本人なりの意思表示の仕方があったり、本人の意思と思われることが伝わってくることがある。したがって安易に家族や代理人との話しあいに頼るのではなく、本人とじっくり向きあい、家族や知人からのエピソードに耳を傾けながら、本人の人となりや望むことに想いを馳せることも大切なプロセスである。

3 自由意志に基づく意思決定とは

意思決定支援は、自律の尊重、自己決定の尊重原則を基盤とする実践である。しかしその妥当性については、いくつかの検討すべき課題がある。一つは、終末期医療・ケアにかかわる意思決定が、どこまで本人の自由意志に基づくものなのかは実は明確ではないという点である。

同調圧力が強く、強い自己主張が必ずしも好まれない日本の文化、社会関係の取り結び方のなかでは、自由意志に基づく意思決定は難しい様相を呈する。「家族に迷惑をかけたくないから人工呼吸器をつけない」「本当は家に帰りたいけれど施設に入所する」など、本人の希望と家族への配慮の見極めが難しい選択がなされることは非常に多い。

また「お医者様にはよくしていただいたからこれ以上言えない」と、医師・患者関係もいまだ制度、慣習上対等にはなっていないという大きな課題も存在する。さらには、国を挙げてリビングウィルやDNAR作成が推進され、延命医療を選択しない人が増加するなかで、「最期までで

★延命医療
生命を延長するために役立つすべての治療法を指す。心肺蘇生法、人工呼吸器、化学療法、人工透析、輸液管理、栄養管理までが含まれることが多い。

きる限りの医療を受けたい」とは言いづらくなる、あるいは最愛の人が意識はなくても生きているだけでありがたいと思う人たちが、周囲からの無言の圧力を感じて延命医療をあきらめざるを得ない場合も考えられる。

　二つ目の課題は、自らの死を自分で決める「死の自己決定権」は本当に許容されるのかという生命倫理の問題である。この概念は、アメリカの個人主義から生まれたものであり、日本ではその妥当性については議論の途上でありいまだ解決されていない。死の自己決定権が語られるとき、「あんな姿になってまで」という発想が近くにあることがある。これは障害者差別、優生思想が根底に潜むものであり、障害者の社会的淘汰を許容する思想につながるものである。

　このような社会、文化的風土のなかでの「自己決定」とは何か、本人が決めればそれでよいのか、望ましい意思決定支援とは何か等々、その議論は医療・福祉実践者と国民がともに行っていかなければならない課題であり、それは緒についたばかりである。

◇引用文献
1）中山健夫編『これから始める！ シェアード・ディシジョンメイキング──新しい医療のコミュニケーション』日本医事新報社，p. 6，2017.
2）厚生労働省「人生の最終段階における医療・ケアの決定プロセスに関するガイドライン」解説編（改訂平成30年3月） https://www.mhlw.go.jp/file/04-Houdouhappyou-10802000-Iseikyoku-Shidouka/0000197702.pdf

◇参考文献
・会田薫子『延命医療と臨床現場──人工呼吸器と胃ろうの医療倫理学』東京大学出版会，2011.
・足立智孝「アドバンス・ケア・プランニング（ACP）とは何か」『患者・家族に寄り添うアドバンス・ケア・プランニング──医療・介護・福祉・地域みんなで支える意思決定のための実践ガイド』メヂカルフレンド社，2019.
・阿部泰之『正解を目指さない!? 意思決定⇔支援──人生最終段階の話し合い』南江堂，2019.
・日本福祉大学権利擁護研究センター監，平野隆之・田中千枝子・佐藤彰一・上田晴男・小西加保留編『権利擁護がわかる意思決定支援──法と福祉の協働』ミネルヴァ書房，2018.
・厚生労働省「人生の最終段階における医療・ケアの決定プロセスに関するガイドライン」（改訂平成30年3月） https://www.mhlw.go.jp/file/04-Houdouhappyou-10802000-Iseikyoku-Shidouka/0000197701.pdf
・日本集中治療学会倫理委員会報告「生命維持治療に関する医師による指示書（Physician Orders for Life-Sustaining Treatment, POLST）とDo Not Attempt Resuscitate（DNAR）指示」『日本集中治療医学会雑誌』第24巻第2号，2017.
・Brugger, C., Breschi, L. C., et al., 'The POLST Paradigm and Form: Facts and Analysis', Linacre. Q, SAGE Publishing, 2013.

第3章

保健医療の動向

　保健医療・福祉サービスを提供する際には、その社会にどのような疾患があり、それに対してどのような医療提供体制が構築されてきているのか、また疾患に罹患することによりどのような福祉的課題が生じるのかについて、理解したうえで取り組む必要がある。

　そこで本章では、第二次世界大戦後から現在に至るまでの保健医療の動向について、疾病構造、医療提供体制、福祉的課題の三つの側面から学んでいく。具体的には、疾病に焦点を当てた「第1節　疾病構造の変化」、医療提供体制に焦点を当てた「第2節　入院医療から在宅医療/病院完結型医療から地域完結型医療へ」、保健医療の場で生じる福祉的課題に焦点を当てた「第3節　保健医療における福祉的課題」について解説する。

疾病構造の変化

● 疾病構造とその経年的な動向について把握する

● 疾病構造の変化に伴う、保健と社会の役割について理解する

1 疾病構造とは

　　医療や福祉サービスのニーズは、その社会でいったいどのような疾患への対応が求められるか、に影響を受ける。そのため医療専門職および社会福祉専門職は、自分の働く場所の疾病構造について理解しておくことが重要である。

　　疾病構造とは、ある特定の集団の「○○する」疾病の種類とその構成割合のことである。特定の集団がどのような集団か（年代、性別、地理的条件など）と、○○に入る言葉（「死亡する」「受診する」など）によって、それを知るために使われる統計資料が異なる。たとえば、日本国民全体で、ある症状を有する者であれば国民生活基礎調査、受療率（疾病の治療のために医療施設に入院あるいは通院、または訪問診療/往診を受けた数）であれば患者調査、罹患率であれば疾病登録、死亡率であれば人口動態統計、という具合である。また集団は国民全体だけではなく、ある都道府県や市町村内、高齢者や小児、など限定する場合もある。

2 人口転換

　　上記の疾病構造の定義を踏まえると、人口構成と疾病構造は強く関連することがわかる。つまり集団の構成の経年的な変化と、疾病構造の変化とは連動するということである。

　　多くの国や地域と同様に、日本の人口動態は近代化に伴って「多産多死型」から死亡率低下（多産少死・人口爆発）を経て、出生率低下が引き続き、「少産少死型」へ変化した（図 3-1）。この現象は「人口転換（demographic transition）理論」によって説明されている。

図3-1　出生率、死亡率および自然増加率の推移（1899年〜）

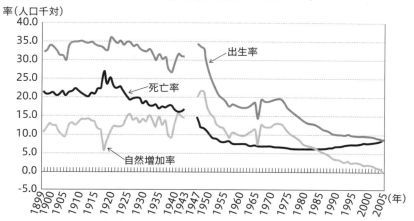

資料：厚生労働省「人口動態統計」
　注：2005年の諸率は概数である。
出典：内閣府『少子化社会白書 平成18年版』p. 17, 2006.
　注：2020（令和２）年10月現在、本白書は『少子化社会対策白書 令和２年版』が最新であるが、戦前
　　　からの出生率・死亡率・自然増加率を示したグラフを提示するため平成18年版を引用した。

3　疾病構造の変化 ——疫学転換

　人口転換における死亡率低下の過程を疾病構造の変化、特に主な死因の変化（死因構造の変化）から説明した理論が「疫学転換（epidemiologic transition）[1]」である。疫学転換には以下の３段階があるとされる。

❶疫病と飢饉の時代（the age of pestilence and famine）

　：感染症の流行・飢饉・戦乱などによる死亡率が高く、また変動が大きい時代

❷パンデミック後退の時代（the age of receding pandemics）

　：感染症の制御による、死亡率低下の時代

❸変性疾患と人為的な疾病の時代（the age of degenerative and man-made diseases）

　：脳血管疾患・心疾患など循環器系疾患や、悪性新生物（がん）による死亡率増加の時代

　疫学転換によって、最も影響を受けたのは若年層（特に乳児）である。若年死亡が大きく減少し、高齢まで生存する者の割合が増えたことで、平均寿命は大きく延伸した。さらに出産する子どもの数を減らすことができるようになった。また教育への投資効率が高まって高学歴化が進み、結婚年齢が上昇して晩婚・非婚の割合が増えたことで出生率が低下

図3-2　年齢3区分別人口及び高齢化率の推移

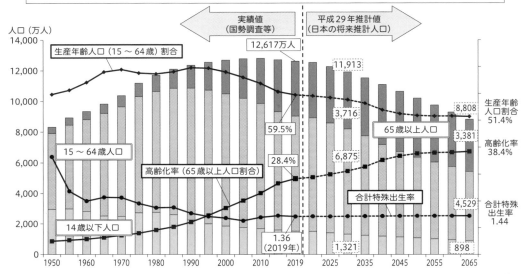

○日本の人口は近年減少局面を迎えている。2065年には総人口が9,000万人を割り込み、高齢化率は38%台の水準になると推計されている。

（出所）2019年までの人口は総務省「人口推計」（各年10月1日現在）、高齢化率および生産年齢人口割合は、2019年は総務省「人口推計」、それ以外は総務省「国勢調査」
　　　　2019年までの合計特殊出生率は厚生労働省「人口動態統計」（2019年は概数）、2020年以降は国立社会保障・人口問題研究所「日本の将来推計人口（平成29年推計）：出生中位・死亡中位推計」
出典：厚生労働省編『厚生労働白書 令和2年版 資料編』p. 5, 2020.

し、少子化が進んだ。死亡率の低下に加えて出生率が低下したことで、人口の高齢化が進行した（**図3-2**）。

日本における疫学転換

　近代化した多くの国では、社会経済の発展に伴って、主要な死因は感染症から循環器系疾患・悪性新生物へと変化した。日本でも、戦前・戦中は結核や肺炎・気管支炎などが死因の上位を占めていたが、戦後は心血管系疾患の占める割合が増加し、その後現在は悪性新生物が死因の首位となっている（**図3-3**）。

●疾患ごとの経年的な動向

① 悪性新生物（がん）

　主に高齢化の影響で、死亡率・罹患率ともに増加が続いている。人口の高齢化の影響を除いた年齢調整を行うと、がんの死亡は1990年代後半から減少しているが、罹患は1985（昭和60）年以降増加している。部位別では、胃がんは1960（昭和35）年頃には死亡の第1位であったが男女とも年々減少傾向にあり、2018（平成30）年現在は男性で第2位、女性で第3位となっている。これは水質の改善によるヘリコバク

図3-3 主な死因別にみた死亡率（人口10万対）の年次推移

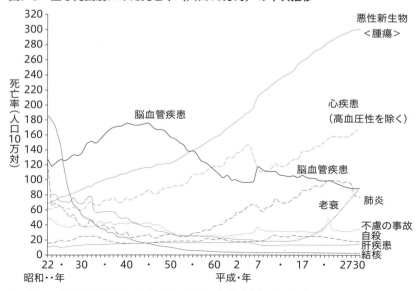

注：1）平成6年までの「心疾患（高血圧性を除く）」は、「心疾患」である。
　　2）平成6・7年の「心疾患（高血圧性を除く）」の低下は、死亡診断書（死体検案書）（平成7年
　　　1月施行）において「死亡の原因欄には、疾患の終末期の状態としての心不全、呼吸不全等は書か
　　　ないでください」という注意書きの施行前からの周知の影響によるものと考えられる。
　　3）平成7年の「脳血管疾患」の上昇の主な要因は、ICD-10（平成7年1月適用）による原死因選
　　　択ルールの明確化によるものと考えられる。
　　4）平成29年の「肺炎」の低下の主な要因は、ICD-10（2013年版）（平成29年1月適用）による
　　　原死因選択ルールの明確化によるものと考えられる。
出典：厚生労働省「平成30年（2018）人口動態統計月報年計（概数）の概況」　https://www.mhlw.go.
　　　jp/toukei/saikin/hw/jinkou/geppo/nengai18/index.html

ター・ピロリ菌への感染減少や塩分摂取量および喫煙率の低下、検診に
よる早期発見・早期治療等が影響していると考えられている。2018年
現在の死亡の第1位は、男性では肺がん・女性では大腸がんである。

② 心疾患

　粗死亡率★は1990年代後半から男女ともに増加傾向にあり、死因の第
2位となっている。ただし冠動脈疾患の粗死亡率は増加しておらず、慢
性期の心不全による死亡が増加していると考えられる。また1970年代
以降、年齢調整死亡率★は冠動脈疾患・心不全のいずれも低下傾向にあり、
心疾患で死亡する年齢がより高くなっていると考えられる。

③ 脳血管疾患

　1960年代は日本の脳卒中死亡率は極めて高かったが、その後欧米と
同程度まで低下した。2020（令和2）年現在は日本の死因の第4位と
なっている。1960年代当時は塩分摂取量が過剰であり、また喫煙率・
過剰飲酒率が高いことから高血圧の有病率が高かったが、塩分摂取量お
よび喫煙率が低下したことで死亡率が減少傾向にあると考えられる。

★粗死亡率・年齢調整
死亡率
粗死亡率は一定期間の
死亡数をその期間の人
口で割った死亡率。年
齢調整死亡率とは、仮
に人口構成が基準人口
と同じとして計算した
死亡率。集団間で粗死
亡率に差があっても、
その差が真の死亡率の
差か、集団の年齢構成
の違いによる差かが区
別がつかない。そこで
年齢構成が異なる集団
間の比較や、死亡率の
年次推移には、年齢調
整死亡率が用いられ
る。基準人口に、国内
では通例1985（昭和
60）年人口が用いられ
る。

第3章 保健医療の動向

④ 呼吸器感染症

　肺炎は戦後1947（昭和22）年には死亡原因の第2位であったが、結核とともに急速に減少した。しかし1970年代から再度増加に転じ、2018（平成30）年現在、死因の第5位になっている（2016（平成28）年までは誤嚥性肺炎もあわせて「肺炎」に分類されていたため、一時は死因の第3位になっていた）。

　なお2020（令和2）年に新型コロナウイルス（SARS-CoV-2）による感染症（COVID-19）のパンデミックが発生し、世界中が深刻な危機に陥った。今後も新興感染症の発生や大流行により、疾病構造が将来予測とは異なる変化をする可能性は十分ある。

Active Learning

新型コロナウイルスによる感染症（COVID-19）の流行によって、どのような集団で、どのような健康影響が起きたと考えられるでしょうか。直接的および間接的な影響に分けて考えてみましょう。

4 慢性疾患の増加

　古典的な疫学転換の理論では、人間の寿命には生物学的な限界が存在し、第3段階に入ると出生数と死亡数のバランスが均衡し、人口は静止状態に落ち着くとされていた。しかし実際には、日本では出生率は人口維持に必要な水準を下回り続け、生産年齢人口は1995（平成7）年をピークに減少に転じており、総人口も2008（平成20）年をピークに減少に転じている。また医療技術のさらなる革新等によって高齢死亡率の低下が進み、平均寿命はさらに延伸した。この状況を踏まえ、オルシャンスキー（Olshansky, S. J.）らは疫学転換の新しい第4段階を提唱した。[2]

❹退行性疾患遅延の時代（the age of delayed degenerative diseases）
　　：心血管疾患や悪性新生物などの退行性疾患（非感染性疾患）が慢性化し、その死亡が年々遅れていった結果、平均寿命が延び続けている

というものである。

■1 非感染性疾患（「生活習慣病」）の増加

　人口増加・高齢化と疫学転換の結果、特に中高年での動脈硬化を背景とした脳血管系疾患や心疾患、がんが死亡順位の上位を占めるようになった。これらの疾患はかつて日本では「成人病」と呼ばれていた。しかしその発症および進行の原因は加齢のみではなく、食事・運動・喫煙・飲酒などの生活習慣が深く関連し、若年からの対策が必要なことが明らかになってきた。内臓脂肪型肥満に高血圧・糖尿病・脂質異常症を複数

図3-4 メタボリックシンドロームの発症・重症化の流れ（メタボリックシンドロームとは）

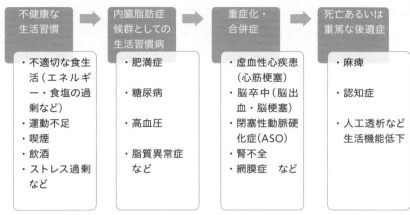

出典：厚生労働省「第1回標準的な健診・保健指導の在り方に関する検討会　資料」 https//:www.mhlw.
go.jp/shingi/2006/02/s0215-4k.html をもとに一部筆者改変

図3-5　心血管系イベントにおける健康の決定要因と早世への寄与割合

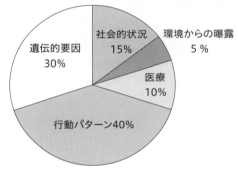

出典：Schroeder, S. A., 'We Can Do Better—Improving the Health of the American People' ,
N Engl J Med, Massachusetts Medical Society, 357, pp. 1221-1228, 2007. を筆者
和訳

合併すると（メタボリックシンドローム）、心血管系イベントのリスクが
非常に高くなることが知られている（**図3-4**）。特に心血管系イベント
による早世の要因として生活習慣が占める割合が大きいことが示されて
おり（**図3-5**）、集団の健康状態の改善には不健康につながる生活を変え
てもらうこと（行動変容）が重要と考えられた。そのため1996（平成
8）年に当時の厚生省は、「成人病」を「生活習慣病」と改称した。なお
国際的には非感染性疾患（Non-Communicable Diseases：NCDs）と
いわれている。

　NCDsの多くは、感染症のような急性疾患ではなく、年単位の長期的
な経過をとる慢性疾患である。そのため慢性疾患の増加に伴って、さま
ざまな変化が起きた。一つには治療にかかる医療費やその合併症、後遺

図3-6　社会保障給付費の推移

	1970	1980	1990	2000	2010	2019 (予算ベース)
国民所得額（兆円）A	61.0	203.9	346.9	386.0	361.9	423.9
給付費総額（兆円）B	3.5 (100.0%)	24.9 (100.0%)	47.4 (100.0%)	78.4 (100.0%)	105.4 (100.0%)	123.7 (100.0%)
（内訳）　年金	0.9 (24.3%)	10.3 (44.5%)	23.8 (50.1%)	40.5 (51.7%)	52.2 (49.6%)	56.9 (46.0%)
医療	2.1 (58.9%)	10.8 (43.2%)	18.6 (39.3%)	26.6 (33.9%)	33.6 (31.9%)	39.6 (32.0%)
福祉その他	0.6 (16.8%)	3.8 (15.3%)	5.0 (10.6%)	11.3 (14.4%)	19.5 (18.5%)	27.2 (22.0%)
B／A	5.8%	12.2%	13.7%	20.3%	29.1%	29.2%

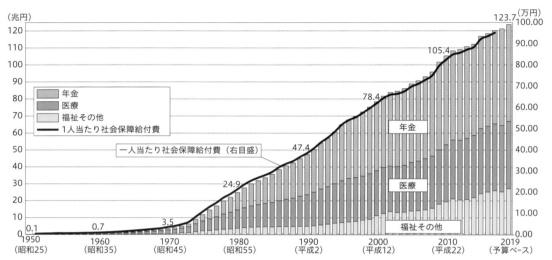

資料：国立社会保障・人口問題研究所「平成29年度社会保障費用統計」、2018〜2019年度（予算ベース）は厚生労働省推計、2019年度の国民所得額は「平成31年度の経済見通しと経済財政運営の基本的態度（平成31年1月28日閣議決定）」
（注）　図中の数値は、1950、1960、1970、1980、1990、2000及び2010並びに2019年度（予算ベース）の社会保障給付費（兆円）である。
出典：厚生労働省編『厚生労働白書 令和2年版 資料編』p. 20, 2020.

症により自立した生活が困難となった際のケアにかかる介護費等の社会保障給付費が年々増大しており、大きな社会課題となっている（**図3-6**）。
　また医療従事者と患者の関係も大きく変化している。従来は単一の疾患（感染症）をもつ患者に対し、一定期間の治療で関係は終了していた。保健医療サービスは臓器ごとの専門分化や専門職の役割分担が進んだ。しかし疫学転換に伴って複数の疾患が併存する複雑な患者が多くなり、生物医学的なアプローチから、患者中心のアプローチが必要とされるようになってきた。医療従事者は医学的対応に加え、さまざまな職種や地域の関係機関と連携して、疾患や障害を抱えながら生活する個人をチームで支援（ケア）する役割が求められるようになっている。このように地域社会全体を一つのチームとして個人の生活を支援する、という概念を示したものが日本の「地域包括ケア」「地域共生社会」である。医療従事者と患者のコミュニケーションのあり方も、従来のパターナリズム中心の形から、現在は対話のうえで方針を共有し、患者に伴走して支援する形（shared decision making[★]）が望ましいとされるようになってい

★shared decision
　making
「質の高い医療決断を進めるために、最善のエビデンスと患者の価値観・好みとを統合させるための医療従事者と患者間の協働のコミュニケーション・プロセス」と定義される。方針の選択肢が複数ある場合に有用。

図3-7　健康の社会的決定要因

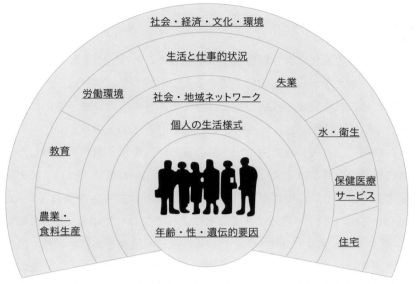

社会・経済・文化・環境

生活と仕事的状況

労働環境

失業

社会・地域ネットワーク

個人の生活様式

教育

水・衛生

保健医療
サービス

農業・
食料生産

年齢・性・遺伝的要因

住宅

出典：Dahlgren, G., Whitehead, M., Policies and strategies to promote social equity in health, Institute for Futures Studies, p. 11, 1991. を筆者和訳

る。

２ 健康の社会的決定要因

　NCDs が日本で「生活習慣病」と呼ばれるようになり、「病気になるのは個人のだらしない生活習慣のせいである」といった自己責任論が蔓延するようになった。しかし糖尿病やいくつかのがんの発症には、遺伝的素因の影響が少なくないことが知られている。また人間の健康状態や健康行動には、所得・学歴などの個人の社会経済的状況や労働環境、家族背景・地域性などさまざまな要因が影響することは、疫学転換（健康転換）の歴史が示しており、先に示した**図 3-5** でも早世の要因の一つとして挙げられている。このような個人または集団の健康状態に違いをもたらす社会的状況は健康の社会的決定要因（Social Determinants of Health：SDH）といわれる（**図 3-7**）。

　地域や社会経済状況の違いによる集団における健康状態の差が、「健康格差※」である[3)]。国ごとの平均寿命には約 40 年の差があり、日本国内でも都道府県間で 3 歳弱の健康寿命の開きがあることが示されている。このような格差を生み出す社会的な要因は個人の努力で容易に変えられるものではない。したがって、健康状態の維持・向上に自助努力は重要ではあるが、むしろ健康づくりをサポートできるような社会環境の整備

★健康格差
「地域や社会経済状況（健康の社会的決定要因：SDH）の違いによる集団間の健康状態の差」のこと。単に差があるというものではなく、縮小すべきという価値判断を含んでいる。

住んでいる地域による寿命の差のほかに、どのような「健康格差」があるか調べてみましょう。

も併せて進める必要がある。

3 疾病負荷

　疾病構造の変化により慢性疾患が増加したことは、つまり疾患罹患後に障害を抱えながら長期的に生活する人が増加した、ということである。そのため、ある特定の疾病が社会に与える影響の度合いを示すのに「死亡」のみでは限界が生じた。そこで「疾病負荷（disease burden）」という、疾病により失われた生命や生活の質の総計を示す概念が登場した。疾病負荷の計算には DALY（Disability Adjusted Life Years：障害調整生存年数）という指標が用いられる。DALY は損失生存年数（Years of Life Lost：YLL＝早死にすることによって失われた年数）と損失障害年数（Years Lost due to Disability：YLD＝健康を損ねた状態で過ごした期間）の合計である。また医療の費用対効果分析では、生活の質（quality of life）を考慮し、生存における量と質の両方を表した指標として QALY（質調整生存年：Quality-Adjusted Life Year）がよく用いられる。

　ただし DALY には計算方法やその考え方に批判がある。たとえば DALY の定義に基づくと「健康」と「死亡」の間の段階に「障害」が配置されることになるが、障害をもちながら日々を暮らしている当事者からは受け入れられない、といったものである。

　世界各国の疾病・傷害による健康損失を定量化して比較するための、体系的かつ科学的な取り組みが「世界の疾病負荷研究（Global Burden of Disease：GBD）」である。疾病負荷の活用によって、健康状態の比較・健康格差の定量化・研究開発の優先順位決定・費用効果分析における介入効果の測定などが可能になる。最近の GBD の結果によると、日本の平均寿命および健康寿命は年々延伸している。しかし、アルツハイマー病や、高齢者の感覚器（難聴・視覚障害など）や運動器（腰痛・転倒など）の障害による負荷が大きくなっており、これらの疾患による疾病負荷は今後も増加が見込まれる。またうつ病などの精神疾患は、世界的にも疾病負荷が大きく、重要な健康課題とされている。これらのことから、死亡のみをアウトカムとした疾病構造の把握には限界があり、注意が必要といえる。

◇引用文献

1）Omran, A. R., 'The epidemiologic transition. A theory of the Epidemiology of population change', *Milbank Mem Fund Q*, John Wiley & Sons 49, pp. 509-538, 1971.

2）Olshansky, S. J., Ault, A. B., 'The Fourth Stage of the Epidemiologic Transition : The Age of Delayed Degenerative Diseases', *Milbank Q*, John Wiley & Sons, 64, p. 355, 1986.

3）厚生労働省「健康日本21（第 2 次）の推進に関する参考資料」 https://www.mhlw.go.jp/bunya/kenkou/dl/kenkounippon21_02.pdf

◇参考文献

・Davis, K., 'The World Demographic Transition', *Ann Am Acad Pol Soc Sci*, SAGE Publications, 237, 1945.

・Notestein, F. W., *Population -the long view-*, Chicago University of Chicago Press, 1945.

・Nakaji, S., Matsuzaka, M., et al., 'The Decreasing Burden of Gastric Cancer in Japan', *Tohoku J. Exp. Med*, Tohoku University Medical Press, 212, 2007.

・国立がん研究センター がん情報サービス「がん登録・統計（人口動態統計）」 https://ganjoho.jp/reg_stat/statistics/stat/annual.html

・久松隆史・三浦克之「わが国における心疾患の死亡率・罹患率の動向」『日本循環器病予防学会誌』第53巻，2018.

・小久保喜弘「国内外の脳卒中の推移」『日本循環器病予防学会誌』第52巻，2017.

・M. スチュワート，山本和利訳『患者中心の医療』診断と治療社，2002.

・Charles, C., Gafnv, A., Whelan, T., 'SHARED DECISION-MAKING IN THE MEDICAL ENCOUNTER : WHAT DOES IT MEAN? (OR IT TAKES AT LEAST TWO TO TANGO)', *Soc. Sci. Med*,Elsevier, 44, 1997.

・Nomura, S., Sakamoto, H., et al., 'Population health and regional variations of disease burden in Japan, 1990-2015 : a systematic subnational analysis for the Global Burden of Disease Study 2015', *Lancet*, Elsevier, 390, 2017.

・WHO, *Metrics : Disability-Adjusted Life Year (DALY)*, Published Online First, 2014.

・Arnesen, T., Nord, E., 'The value of DALY life: Problems with ethics and validity of disability adjusted life years', *Br. Med. J.*,BMJ Publishing Group , 319, 1999.

・Dicker, D., Nguyen, G., et al., 'Global, regional, and national age-sex-specific mortality and life expectancy, 1950-2017 : A systematic analysis for the Global Burden of Disease Study 2017', *Lancet*, Elsevier, 392, 2018.

・Whiteford, H.A., Degenhardt, L., et al., 'Global burden of disease attributable to mental and substance use disorders: Findings from the Global Burden of Disease Study 2010', *Lancet*, Elsevier, 382, 2013.

・国立がん研究センター「がん統計の用語集」 https://ganjoho.jp/reg_stat/statistics/qa_words/statistics_terminology01.html

・Spatz, E. S., Krumholz, H. M., et al. 'The new era of informed consent getting to a reasonable-patient standard through shared decision making', JAMA, American Medical Association, 315, 2016.

・近藤尚己『健康格差対策の進め方——効果をもたらす 5 つの視点』医学書院，2016.

入院医療から在宅医療/病院完結型医療から地域完結型医療へ

学習のポイント

- 在宅医療推進の背景と課題について理解する
- 地域包括ケアシステムにおける医療機関の役割について理解する

1 入院医療から在宅医療へ

1 社会的入院

Active Learning

在宅医療推進に伴う医療ソーシャルワーカーの役割の変化について話しあってみましょう。

我が国の法令などにおける社会的入院の明確な定義はない。社会的入院という言葉が使用され始めた歴史をたどると、次の三つの流れがある。

一つ目は、医療扶助を受給している結核療養患者が帰る家を失い、長期入院せざるを得ない状況への対応に迫られ、1950 年代の生活保護法の医療扶助運営の指導要綱において使用された。二つ目は、精神保健福祉分野において、1961（昭和 36）年に国民皆保険制度が実施されたことにより、精神病院（当時）建設ラッシュが起こり、自宅療養から精神病院へとその療養場所が移行したことにある。三つ目としては、高齢者分野において、1973（昭和 48）年の老人医療費無料化が実施されて以降、社会的・経済的な理由で長期入院となる高齢者の急増および老人医療費の高騰が社会問題化し、社会的入院が深刻となったことにある。この背景には、高齢化の進展、受け皿となる老人福祉施設の不足、疾病構造の変化、家族介護力の低下などが指摘されている。

すなわち、社会的入院とは、医療問題、社会問題としてのコンテキストとして用いられ、入院の本来的目的から逸脱して、治療や退院を前提としない継続的入院を続ける状態のことを指す。

社会的入院は、**図 3-8** に示したように、患者側の要因、家族側の要因、医療機関側の要因、地域保健医療福祉システムの要因、地域の要因などの五つの要因が相互関連し生じている。

社会的入院、とりわけ高齢者の社会的入院に対する我が国の対策は、**図 3-9** に示す政策展開がなされてきた。1973（昭和 48）年の老人福祉法の一部改正の施行により、老人医療費支給制度が施行された。老人医療費支給制度の創設により 70 歳以上（65 歳以上の寝たきり者を含む）

図3-8 社会的入院の要因

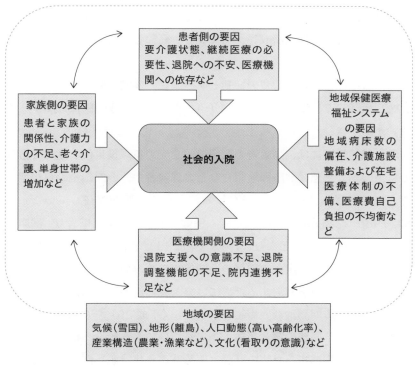

出典：筆者作成

図3-9 高齢者医療制度の変遷

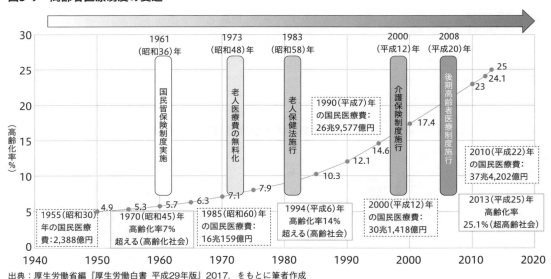

出典：厚生労働省編『厚生労働白書 平成29年版』2017. をもとに筆者作成

の高齢者の自己負担費用が、全額公費で賄われることになった。その結果、高齢者の受診が容易になったことや高齢者人口の増加、さらにオイルショックによる低経済成長と相まって、高齢者医療費の高騰が問題となった。

　増加し続ける老人医療費の抑制と財源確保、疾病予防を目的として、1982（昭和57）年に老人保健法（現・高齢者の医療の確保に関する法律）が創設された。

　老人保健制度には、高齢者の医療給付を支える現役世代と高齢者自身の負担の不公平感、健康保険組合などの保険者からの拠出金の負担増、さらに加入保険者による保険料額の差などの問題が存在していた。特に、1988（昭和63）年時点で、老人保健拠出金の負担増により、健康保険組合の77％が赤字となり、1999（平成11）年7月5日には、健康保険組合連合会は、拠出金の納付の一時停止に踏み切った。

　このような課題を解消するために、高齢者の医療の確保に関する法律に基づいた、後期高齢者医療制度が2008（平成20）年に創設された。また同年には、同法の第8条第1項に基づいて、5年を一期として医療費の適正化を推進するための計画（医療費適正化計画）が定められた。

　従来、我が国の国民皆保険は、国民健康保険と被用者保険の二本立てで実現している。しかし、被用者保険の多くが、所得が高く、医療費が低い現役世代が加入する一方、退職して所得が下がり、医療費が高くなった高齢期の世代が国民健康保険に加入するといった構造的な課題が存在している。

図3-10　前期高齢者医療制度と後期高齢者医療制度

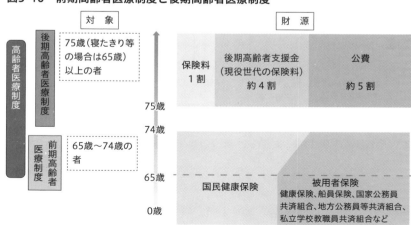

出典：筆者作成

そのため、75 歳以上については独立した医療保険とし、現役世代からの支援金と公費で約 9 割を賄うとともに、65 歳～74 歳については、保険者間の財政調整を行う仕組みが設けられた。

図 3-10 には、前期高齢者と後期高齢者の制度の概要を示している。

2 在宅医療の推進

2016（平成 28）年より開催された厚生労働省主催の全国在宅医療会議において、在宅医療は「患者の療養場所に関する希望や、疾病の状態等に応じて、入院医療や外来医療と相互に補完しながら生活を支える医療」と定義されている。[1]

在宅医療の推進の背景には、高齢者人口の割合の増加、特に急速な後期高齢者の人口割合の増加がある。また、終末期医療に関する調査において、60％以上の国民が「自宅で療養したい」と回答し、要介護状態になっても、自宅や子ども・親族の家での介護を希望する人が 4 割を超えている。

在宅医療の歴史を概観する時、そこには、治療中心の医療から慢性期患者への自宅での継続医療の提供という医療提供方法の質的転換が求められてきた経緯がある。在宅医療は、1970 年代から 1980 年代にかけて、診療所等のかかりつけ医や一部の医療機関の医師により実施されていた。その後、第 2 次医療法の改正において、「居宅」が療養の場として位置づけられた。第 5 次医療法の改正において、医療計画★制度が見直され、退院後の患者に対する適切で継続的な医療・介護を提供するための仕組み、かかりつけ医を中心とした切れ目のない医療提供を可能とするための連携体制および在宅医療を推進するための改革を行った。さらに、在宅医療の提供体制については、都道府県が作成する医療計画に、在宅医療にかかわる医療連携体制等に関する事項および目標などの記載を規定した。また、地域における医療及び介護の総合的な確保の促進に関する法律（医療介護総合確保法）が改正され、地域医療介護総合確保基金により在宅医療推進を図ることとされた。

★**医療計画**
医療法によって作成が定められている、地域の実情に応じて医療提供体制の確保を図るために各都道府県が作成する計画のこと。原則 6 年ごとに改定される。

3 在宅医療の役割と課題

在宅医療は、医療提供システムの一形態である。在宅医療の最も大きな役割は、在宅においても継続的に医療および介護を提供し続けることである。

在宅医療の今後の課題としては、❶患者本人と家族の課題、❷在宅医

具体的にはどのような課題が挙げられるか、調べてみましょう。

療体制の課題、❸在宅サービスを支える地域の社会資源の課題、❹地域医療連携および医療と介護連携の課題、❺在宅医療関連制度の課題などが考えられる。

2 地域包括ケアにおける医療機関の役割

1 地域包括ケアシステム

❶地域包括ケアシステムの概要

2000（平成12）年に施行された介護保険法は、2011（平成23）年に二度目の大きな改正がなされた。介護保険法においては、介護の社会化から予防、さらに地域包括ケアシステムの構築へとその制度目標は発展していった。特に2012（平成24）年に施行された介護保険法の改正においては、地域包括ケアシステム構想が提示され、おおむね30分以内の身近な地域（日常生活圏域：具体的には中学校区）を単位として、住まい・医療・介護・予防・生活支援が一体的に、24時間365日間のシームレスなケアサービスが提供されるシステム構築が目指されることとなった（**図3-11**）。

さらに地域包括ケアシステムについて、2014（平成26）年に改正さ

図3-11　地域包括ケアシステム

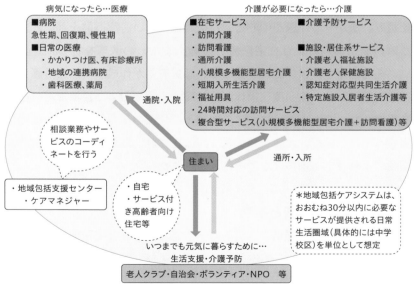

出典：首相官邸「第15回社会保障制度改革国民会議資料1（平成25年6月13日）」https://www.kantei.go.jp/jp/singi/kokuminkaigi/dai15/siryou1.pdf をもとに筆者作成

れた医療介護総合確保法でより明確化され、「地域の実情に応じて、高齢者が可能な限り、住み慣れた地域でその有する能力に応じ自立した日常生活を営むことができるよう、医療、介護、介護予防（要介護状態若しくは要支援状態となることの予防又は要介護状態若しくは要支援状態の軽減若しくは悪化の防止をいう。）、住まい及び自立した日常生活の支援が包括的に確保される体制をいう」（医療介護総合確保法第 2 条）と定義されている。

❷地域包括ケアシステムの検討経緯

地域包括ケアシステムについて検討された法制度の経緯について**表3-1** に示した。

2012（平成 24）年、社会保障制度改革推進法（推進法）が成立し、社会保障のあり方について理念的整理が行われた。具体的には、全世代対応型の制度、制度を支える基盤の強化を図るための、子育て、年金、医療、就労促進、貧困・格差対策などの幅広い具体的施策が提示された。さらに同年に、受益と負担の均衡がとれた持続可能な社会保障制度の確立を図るため、社会保障制度改革について、その基本的な考え方その他の基本となる事項を定めた。この推進法に基づき、内閣に、社会保障制度改革国民会議が設置され、「社会保障制度改革国民会議報告書──確かな社会保障を将来世代に伝えるための道筋」が 2013（平成 25）年 8 月 6 日にとりまとめられ、提出された。この報告書を受けて、政府は同年 8 月 21 日、「社会保障制度改革推進法第 4 条の規定に基づく『法制上の措置』の骨子について」（以下、「骨子」という。）を閣議決定している。政府は、骨子に基づき、社会保障制度改革の全体像および進め方を明らかにする持続可能な社会保障制度の確立を図るための改革の推進に関する法律（社会保障改革プログラム法）を制定した。

さらに、2014（平成 26）年に介護保険法の見直しがなされると

Active Learning

推進法の基本的な考え方について調べてみましょう。

表3-1　地域包括ケアシステムの検討経緯

2010（平成22）年	社会保障審議会介護保険部会設置
2011（平成23）年	介護保険法の一部改正の法律案提出
2012（平成24）年	介護保険法等の一部を改正する法律施行
	社会保障・税一体改革推進法制定
	社会保障制度改革推進法制定 ＊社会保障制度改革国民会議設置
2013（平成25）年	持続可能な社会保障制度の確立を図るための改革の推進に関する法律（社会保障改革プログラム法）制定
2014（平成26）年	介護保険制度の見直し
	地域における医療及び介護の総合的な確保を推進するための関係法律の整備等に関する法律（医療介護総合確保推進法）制定
2018（平成30）年	地域包括ケアシステムの強化のための介護保険法等の一部を改正する法律成立

出典：筆者作成

Active Learning

社会保障改革プログラム法とはどのような内容か、調べてみましょう。

表3-2　地域包括ケアシステムの強化のための介護保険法等の一部を改正する法律のポイント

1. 保険者機能の強化等による自立支援・重度化防止に向けた取り組みの推進～保険機能の抜本強化～
   - ○　地域包括ケアシステムの推進、制度の持続可能性を維持するためには、保険者が地域の課題を分析して、高齢者がその有する能力に応じた自立した生活を送るための取り組みを進めることが必要。
   - ○　全市町村が保険者機能を発揮して、自立支援・重度化防止に取り組むよう、①データに基づく課題分析と対応（取り組み内容・目標の介護保険事業（支援）計画への記載）、②インセンティブの付与を法律により制度化。
2. 新たな介護保険施設の創設（介護医療院）
     要介護者に対し、「長期療養のための医療」と「日常生活上の世話（介護）」を一体的に提供する介護医療院の創設。
3. 地域共生社会の実現に向けた取り組みの推進
   - ①　「我が事・丸ごと」の地域福祉推進の理念を規定
   - ②　この理念を実現するため、市町村が以下の包括的な支援体制づくりに努める旨を規定
     - ・地域住民の地域福祉活動への参加を促進するための環境整備。
     - ・住民に身近な圏域において、分野を超えて地域生活課題について総合的に相談に応じ、関係機関と連絡調整等を行う体制。
     - ・主に市町村圏において、生活困窮者自立相談支援機関等の関係機関が協働して、複合化した地域生活課題を解決するための体制。
   - ③　地域福祉計画の充実
     - ・市町村が地域福祉計画を策定するよう努めるとともに、福祉分野における共通事項を定め、上記計画として位置づける。
     - ・新たに共生型サービスを位置づけ。
       高齢者と障害児者が同一の事業所でサービスを受けやすくするため、介護保険と障害福祉両方の制度に新たに共生型サービスを位置づける。
4. 現役世代並みの所得のある者の利用者負担割合の見直し
     世代間・世代内の公平性を確保しつつ、制度の持続可能性を高める観点から、2割負担者のうち特に所得の高い層の負担割合を3割とする。ただし、月額44,400円の負担上限あり。
5. 介護納付金における総報酬割の導入
   - ・第2号被保険者（40～64歳）の保険料は、介護納付金として医療保険者に賦課しており、各医療保険者が加入者である第2号被保険者の負担すべき費用を一括納付している。
   - ・各医療保険者は、介護納付金を、第2号被保険者の「加入者数に応じて負担」していたが、これを被用者保険間では「報酬額に比例した負担」とする。

出典：「地域包括ケアシステムの強化のための介護保険法等の一部を改正する法律」をもとに筆者作成

ともに、同年に、社会保障改革プログラム法に基づく措置として、効率的かつ質の高い医療提供体制を構築するとともに、地域包括ケアシステムを構築することを通じ、地域における医療および介護の総合的な確保を推進するため、医療法、介護保険法等の関係法律について所要の整備等を行うことを目指した地域における医療及び介護の総合的な確保を推進するための関係法律の整備等に関する法律が制定された。

　2017（平成29）年に、地域包括ケアシステムの強化のための介護保険法等の一部を改正する法律が公布された。地域包括ケアシステムを深化・推進するために、自立支援・重度化防止に向けた保険者機能の強化等の取り組みの推進（介護保険法）、医療・介護の連携の推進等（介護保険法、医療法）、地域共生社会の実現に向けた取り組みの推進等（社会福

図3-12　地域完結型医療

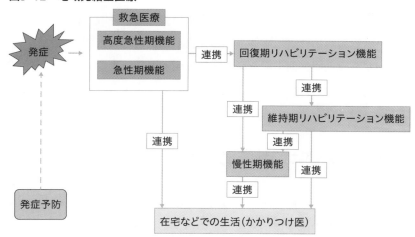

出典：首相官邸「医療評価委員会（平成20年度・第3回）資料2（平成20年10月2日）」
https://www.kantei.go.jp/jp/singi/it2/iryou/kaisai_h20/dai3/siryou2.pdf をもとに筆者作成

祉法、介護保険法、障害者総合支援法、児童福祉法）の改正が行われた。さらに介護保険制度の持続可能性の確保のために、自己負担率2割の者のうち特に所得の高い層の負担割合は3割とされ（介護保険法）、介護納付金への総報酬割（介護保険法）が導入された。具体的には**表3-2**に改正のポイントを示した。

❸地域包括ケアシステムの課題

　地域包括ケアシステムは、医療・介護サービス供給システムの地域格差、医療・介護サービス供給主体の多様化などといった地域特有の課題が存在するとともに、現時点での医療報酬および介護報酬では在宅医療・福祉サービス提供維持が困難であることが課題として挙げられる。さらに福祉・介護・看護人材などの質量の不足が本システムの浸透を阻害している要因ともなっている。

　地域包括ケアシステムを構築していくためには、多様な側面から整理、整備していく必要性がある。本節では、地域包括ケアシステムにおける医療機関の役割の視点から概観する。

2 病院完結型医療から地域完結型医療へ

　2013（平成25）年8月6日に、今後の我が国の社会保障の進むべき方向性を示した「社会保障制度改革国民会議報告書——確かな社会保障を将来世代に伝えるための道筋」が発表された。この報告書において、『病院完結型』医療から老齢期の患者が中心となる時代の医療は、病気と共存しながらQOL（Quality Of Life：生活の質）の維持・向上を目

第3章 保健医療の動向

Active Learning

地域完結型医療には
どのようなケースが
あるか、調べてみま
しょう。

指す、住み慣れた地域や自宅での生活のための医療、地域全体で支える『地域完結型』医療に変わらざるを得ない」とし、地域完結型医療にみあった診療報酬・介護報酬体系への見直しが提言された。

発症から急性期、回復期を経て在宅に至るまで、患者の病態に応じてシームレス（切れ目なく）に医療が提供されるネットワークであるともいえる（**図3-12**）。

3 地域医療連携から地域連携へ

地域完結型医療の基本となるのが、地域医療連携であり、医療提供システムが、個別の医療機関同士の医療連携といった線のネットワークから、地域の複数の医療提供施設同士の連携による、面のネットワークへ転換していく必要がある。地域医療連携において診療所や病院で診療を受けている患者を、必要に応じてより高度な医療を提供する病院へ紹介することを前方連携、入院もしくは外来通院中の患者を他の医療機関へ紹介・連携することを後方連携という。

患者の継続医療を円滑に行うために、2007（平成19）年の医療法施行規則の改正により、医療機能情報公表制度のなかで、地域連携の情報を共有するツールとして、地域連携クリティカルパスの有無が示された。診療にあたる複数の医療機関が、役割分担を含め、あらかじめ診療内容を患者に提示・説明することにより、患者が安心して医療を受けることができるようにするものである。

たとえば、地域連携クリティカルパスの提示により、転院先である回復期リハビリテーション病院では、事前に患者の状態を把握でき、重複した検査も不要となり、転院早期から効果的なリハビリテーション治療を開始することができることにより、医療連携体制に基づく地域完結型医療を具体的に実現することにつながる。

地域連携クリティカルパスは、診療報酬において、2006（平成18）年には大腿骨頸部骨折の地域連携クリティカルパス、2008（平成20）年には脳卒中地域連携クリティカルパス、2010（平成22）年にはがん地域連携クリティカルパスが評価されている。

さらに、地域医療連携から地域連携への転換は、医療提供施設同士の連携にとどまらず、地域の介護・福祉施設および在宅介護・福祉サービスとの連携を含むものであり、その実際について**図3-13**に示した。

★地域連携クリティカ
ルパス
急性期病院から回復期
リハビリテーション病
院を経て早期に自宅に
帰れるような診療計画
を作成し、治療を受け
るすべての医療機関で
共有し用いるもの。

図3-13　地域医療連携から地域連携へ

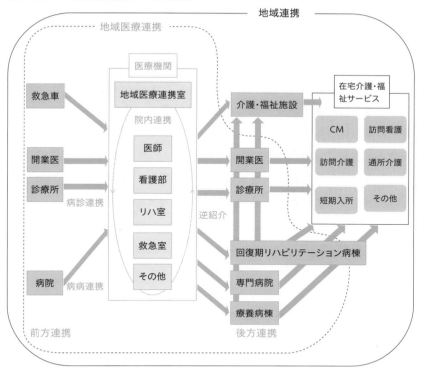

出典：筆者作成

4 地域包括ケアシステムと医療機関の役割

❶地域医療構想と地域包括ケアシステム

　2014（平成26）年6月に公布された改正により、医療法に「地域医療構想」が制度化された。2015（平成27）年3月に厚生労働省により「地域医療構想策定ガイドライン」が示され、2016（平成28）年度中に各都道府県で「地域医療構想」が策定された。

　地域医療構想は、将来人口推計をもとに2025（令和7）年の必要病床数を四つの医療機能（高度急性期機能、急性期機能、回復期機能、慢性期機能）ごとに推計し、二次医療圏を基本として設定された「構想区域」に設置される「地域医療構想調整会議」（以下、調整会議）で関係者の協議を通じて病床の機能分化と連携を進め、効率的な医療提供体制を実現する取り組みである。調整会議では、各医療機関が自主的に選択する病床機能報告制度に基づく現状の病床数と地域医療構想における2025（令和7）年の必要病床数、医療計画での基準病床数、地域の実情などを参考に協議される。

　地域包括ケアシステムは、介護が必要な状態となっても可能な限り、

★病床機能報告制度
医療法第30条の13に基づき、一般病床・療養病床を有する病院・診療所が、当該病床において担っている医療機能の現状と今後の方向性について、病棟単位で、「高度急性期機能」「急性期機能」「回復期機能」および「慢性期機能」の4区分から一つを選択し、その他の具体的な報告事項とあわせて、都道府県に報告する仕組み。2014（平成26）年度から実施されている。

第**3**章

保健医療の動向

★かかりつけ医
なんでも相談できるうえ、最新の医療情報を熟知して、必要なときには専門医・専門医療機関を紹介でき、身近で頼りになる地域医療、保健、福祉を担う総合的な能力を有する医師（日本医師会・四病院団体協議会「医療提供体制のあり方」）。日本医師会は、2016（平成28）年4月1日より、かかりつけ医機能研修制度を開始している。

★ヘルスリテラシー
健康情報を獲得し、理解し、評価し、活用するための知識、意欲、能力であり、それによって、日常生活におけるヘルスケア（医療や介護のケア）、疾病予防、健康増進について判断したり意思決定したりして、生涯を通じて生活の質を維持・向上させることができるものとされている。

★トータルヘルスプランナー
2015（平成27）年1月1日より、日本在宅ホスピス協会で始めた認定制度である。在宅医療のキーパーソンであり、患者の病状、介護力、経済状況、家族の考え方を考慮しながら、患者の希望を叶えるチームをつくる役割をもっている。認定の対象として、医療・看護・介護・福祉・保健に精通している看護師や医療ソーシャルワーカーが想定されている。

住み慣れた地域で自立した生活を営むことができるよう、医療、介護、予防、住まい、生活支援が包括的に提供されるシステム構築を目指すものであり、地域医療構想は、急性期から回復期、慢性期までの将来の医療提供システムの構築である。地域医療構想と地域包括ケアシステムは、車の両輪のような関係にあり、お互いが補完しあうことで、医療と介護の連携を推進し、住み慣れた地域で最期まで豊かに老いることの実現を目指している。

❷医療・介護の連携の促進——垂直連携から水平連携へ

これまでは、急性期病院を頂点として、かかりつけ医を底辺とする垂直連携が中心であったが、地域包括ケアシステムでは、かかりつけ医が中心となって訪問看護師や介護支援専門員、福祉施設などと協働することが求められている。水平連携においては、急性期病院はその連携の外側に存在することとなり、地域包括ケアシステムを医療的にサポートする最後の砦となることが求められる（図3-14）。

2018（平成30）年の介護報酬改定においても、ターミナル期における介護支援専門員と主治医との連携の強化（ターミナルケアマネジメント加算）、特別養護老人ホームにおける医師の配置および緊急時の対応、看取りへの加算が提示された。

かかりつけ医は、地域包括ケアシステム構築において、重要な役割を担っており、さらにかかりつけ医には、住民へのヘルスリテラシーの向上支援、トータルヘルスプランナー（地域住民の健康を全体的に支える

図3-14　垂直連携から水平連携へ

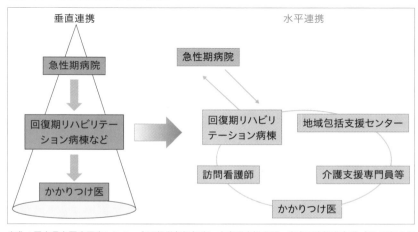

出典：国立長寿医療研究センター企画経営部認知症・在宅医療推進課・在宅医療推進会議（2016年2月4日資料）日本医師会常任理事鈴木邦彦「日本医師会の在宅医療への取り組みについて」https://www.ncgg.go.jp/zaitakusuishin/zaitaku/documents/zaitaku10_14.pdf をもとに筆者作成

人）のリーダーとしての活躍も期待される。

　地域包括ケアシステムの登場により、医療機関による医療提供のあり方は、治療中心の急性期医療から予防医療、生活を支える維持医療、緩和医療、終末期医療まで、幅を拡げることが求められることとなったといえる。

　今後の地域包括ケアシステムにおいて医療機関は、身近な地域で、患者の病態やライフコースに応じた医療提供をしていくことが最も大きな役割である。そのためには、保健・医療・介護・福祉の機関連携と人的連携が重要である。

第3章
保健医療の動向

◇引用文献
1）厚生労働省医政局「第 4 回全国在宅医療会議 参考資料 1 」 https://www.mhlw.go.jp/file/05-Shingikai-10801000-Iseikyoku-Soumuka/0000204448.pdf

◇参考文献
・高橋紘士・武藤正樹『地域連携論――医療・介護・福祉の協働と包括的支援』オーム社，2013.
・高橋紘士編『地域包括ケアシステム』オーム社，2012.
・厚生労働統計協会編『国民衛生の動向 2019/2020』2019.
・厚生労働統計協会編『国民の福祉と介護の動向 2019/2020』2019.
・日本疾病管理研究会監修，武藤正樹・田城孝雄他編『地域連携クリティカルパスと疾病とケアマネジメント』中央法規出版，2009.
・大橋謙策・白澤政和『地域包括ケアの実践と展望――先進的地域の取り組みから学ぶ』中央法規出版，2014.
・小磯明『医療機能分化と連携――地域と病院と医療連携』御茶の水書房，2013.
・二木立『地域包括ケアと地域医療連携』勁草書房，2015.
・西村周三編集委員代表『医療白書 2012年度版――地域包括ケア時代に迫られる病院"大再編"と地域医療"大変革"』日本医療企画，2012.
・医療経済研究機構監『医療白書 2004年度版――地域医療連携の可能性とその将来像–迫られる"疾病予防・管理"への環境整備–』日本医療企画，2004.
・Sorensen, K., et al., 'Consortium Health Literacy Project European. Health literacy and public health : a systematic review and integration of definitions and models', *BMC Public Health*, BioMed Central, 25(12), 2012.

保健医療における福祉的課題

学習のポイント

- 保健医療における福祉的課題の概要について学ぶ
- 疾患や状況において特徴的な福祉的課題を把握する
- 保健医療における福祉的課題の重要性を理解する

Active Learning

保健医療における福祉的課題はなぜ生じるのか、本節で取り上げた疾患や状況を整理して考えてみましょう。

保健医療における福祉的課題は、保健医療体制や社会的状況などによって異なってくるが、疾病構造の変化、医療制度改革、少子高齢化、家族形態の変化などと密接に関係している。そこで、現代社会において特徴的な疾患や状況について概観する必要がある。また、ここで取り上げる疾患や状況は、たとえば認知症は高齢者虐待の危険因子となるなど、それぞれが関連している可能性も高い。

1 難病と福祉的課題

難病とは、一般的に原因不明で治療法もない病の総称である。日本の難病は 1955（昭和 30）年頃から散発が認められ、1967（昭和 42）〜1968（昭和 43）年頃に全国規模で多発したスモン[*]が契機となり、1972（昭和 47）年に難病対策要綱が策定された。このなかで難病は、「❶原因不明、治療方針未決定であり、かつ後遺症を残すおそれが少なくない疾病、❷経過が慢性にわたり、単に経済的問題のみならず介護等に等しく人手を要するために家族の負担が重く、また精神的にも負担の大きい疾病」と定義された。また、2014（平成 26）年には、難病の患者に対する医療等に関する法律（難病法）が成立した。この法律では難病を「発病の機構が明らかでなく、かつ、治療方法が確立していない希少な疾病であって、当該疾病にかかることにより長期にわたり療養を必要とすることとなるもの」と定義している。

難病患者数については、これまでに医療受給者証を発行し、医療費助成を行ってきたため、その人数は一つの指標となる。現在、医療費助成の対象となる疾患は指定難病といわれ、難病法の定義に加え、患者数が本邦において一定の人数（人口の約 0.1％程度）に達しないこと、診断

★スモン
1970（昭和 45）年に当時よく使われていた整腸剤キノホルムによる薬害であることが判明。当初は原因不明の奇病ということで社会問題となり、いわゆる難病に対する社会的対応が要望されるようになった。

表3-3　疾患群別の難病一覧　　　　　　　2018（平成30）年度末現在

疾患群	疾患数	患者数[b]	疾患名（例）[c]
神経・筋疾患	83	267,215	パーキンソン病
代謝系疾患	43	7,207	全身性アミロイドーシス
皮膚・結合組織疾患[a]	16	49,596	全身性強皮症
免疫系疾患[a]	27	157,565	全身性エリテマトーデス
循環器系疾患	21	26,052	特発性拡張型心筋症
血液系疾患	13	29,722	特発性血小板減少性紫斑病
腎・泌尿器系疾患	13	29,418	一次性ネフローゼ症候
骨・関節系疾患	13	62,384	後縦靱帯骨化症
内分泌系疾患	16	28,139	下垂体前葉機能低下症
呼吸器系疾患	14	36,849	サルコイドーシス
視覚系疾患[a]	8	24,182	網膜色素変性症
聴覚・平衡機能系疾患	1	6	鰓耳腎症候群
消化器系疾患	20	193,133	潰瘍性大腸炎
染色体または遺伝子に変化を伴う症候群	41	1,205	オスラー病
耳鼻科系疾患[a]	2	41	好酸球性副鼻腔炎
15疾患群合計	331[d]	912,714	

a：複数の疾患群に属する疾患は、いずれかの疾患群の疾患数としてカウント
b：患者数は厚生労働省「平成30年度衛生行政報告例」をもとに記載
c：疾患群の中で最も患者が多い疾患
d：2018（平成30）年度末現在のため331疾患
出典：指定難病疾患群および厚生労働省「平成30年度衛生行政報告例」をもとに筆者作成

に関し客観的な指標による一定の基準が定まっているという２条件も満たさなければならない。2019（令和元）年現在、これらの要件を満たす疾病は333疾病ある。また、2018（平成30）年度末の厚生労働省衛生行政報告例によると特定医療費（指定難病）受給者証所持者数は91万2714人となる（**表3-3**）。

　難病の歴史を振り返ると、現在は感染症であるが、過去には原因不明で治療法もなかった結核やハンセン病も難病であった。治療法がないという恐怖、原因がわからないことから、罹患した患者や家族は迫害されてきた。現代では一口に難病といってもその症状、障害、予後、治療方法などさまざまである。また内部疾患の場合、周囲からはわからないため、いわれのない不利益を受ける可能性もある。また、指定難病に該当しない場合や制度の狭間にいる場合など支援体制は十分ではない可能性もある。そのため、現代でも新たな形で不利益が生じやすい疾患であるということを認識する必要がある。

前述した難病対策要綱の難病の定義にあるように、日本の難病対策では当初より福祉的課題も含まれていた。つまり、時代とともに難病に対する社会の捉え方や福祉的課題は変化するが、難病患者の生活を捉えることの重要性は変わらないということである。今日、難病法では患者の社会参加や共生が規定されている。現在、その具体的展開として、たとえば治療と就労の両立支援、障害者の日常生活及び社会生活を総合的に支援するための法律（障害者総合支援法）による障害福祉サービスを利用できる対象疾病の拡大検討などが行われている。

2 ターミナルケアと福祉的課題

ターミナルケアとは、日本語では終末期ケアと訳される。終末期について、日本老年医学会では「病状が不可逆的かつ進行性で、その時代に可能な限りの治療によっても病状の好転や進行の阻止が期待できなくなり、近い将来の死が不可避となった状態」と定義している[1]。終末期の期間については経過が多様であるために規定されていないが、一般的に予後6か月以内とされることが多い。ターミナルケアの類似語として、ホスピスケア、緩和ケア、サポーティブケア、エンドオブライフケアがあり、それぞれが独立したものではなく重なりあう概念とされている（表3-4）。

2018（平成30）年の人口動態統計によると、全死亡者数は136万2470人であり、死因順位1位から5位は悪性新生物27.4%、心疾患15.3%、老衰8.0%、脳血管疾患7.9%、肺炎6.9%の順であった。死亡場所は病院72%、診療所1.7%、介護医療院・介護老人保健施設2.6%、老人ホーム8%、自宅13.7%、その他2%であった。また、簡易生命表によると、男性の平均寿命は81.25歳、女性の平均寿命は87.32歳であった。

ターミナルケアの特徴は、死が避けられないということである。また、医療制度改革により治療内容や入院期間によっては、患者の状況に応じて転院や施設入所、在宅療養など医療・福祉サービスを検討する必要がある。さらに、少子高齢化、家族形態の変化により、単身高齢者や高齢夫婦による介護も増えている。急性期治療が終了した場合、患者の状況に応じた医療・福祉サービスの検討が必要となる。そのため、将来を想定した意思決定が重要な福祉的課題となる。患者の価値観を明らかに

★老衰
死亡診断書では高齢者でほかに記載すべき死亡の原因がない、いわゆる自然死の場合のみ用いている。

★老人ホーム
死亡診断書では養護老人ホーム、特別養護老人ホーム、軽費老人ホームおよび有料老人ホームが該当する。

表3-4　ターミナルケアと類似する言葉

	ターミナルケア（終末期ケア）	ホスピスケア	緩和ケア	サポーティブケア（支持療法）	エンドオブライフケア
内容	効果がなく、苦痛を与えるだけの延命治療を中止し、人間らしく死を迎えることを支える	全人的ケア（身体的・精神的・社会的・スピリチュアルな側面を捉えてケアを行う）	病気の進行度には関係なく、その人の苦痛を和らげることに焦点を当てる	治療に伴う副作用を軽減する	人生を完成させる時期に、よりよく生きることを支える
対象疾患	疾患によらない	日本ではがんを中心に発展	日本ではがんを中心に発展	主にがん	疾患によらない
病気の進行度	治癒が望めない時期〜終末期	治癒が望めない時期〜終末期	診断時〜終末期	治療中のことが多い	病気だけではなく「人生を完成させる時期」と自覚した時期から開始される。数年単位で捉えられることも多い

出典：宮下光令編『ナーシング・グラフィカ成人看護学⑥緩和ケア』メディカ出版, p.18, 2016. より一部改変

し、今後の治療やケアに関する意向、療養場所、自分で判断することが難しくなったときのことなどを共有していくプロセスをアドバンスケアプランニング（Advance Care Planning：ACP）という。

　一方、ターミナルケアというと、主に高齢者が病気の進行により死に至るまでを想起するかもしれない。実際には、若年者や事故などによる突然のターミナルケアもある。その場合は、ライフサイクルや死までのプロセスも異なるため、就学や就労、子育て、経済的な変化などの福祉的課題が顕在化する場合も多い。また、年齢などにより利用できる社会資源も制限されるため、支援体制の構築と社会資源の創出も課題となる。

3　依存症と福祉的課題

　依存症について世界保健機関（WHO）の定義では、アルコールや薬物といった物質使用の結果、渇望や離脱症状が生じる物質依存を指している（**図 3-15**）。一方、ギャンブルやゲームなどにおいても有害な結果が生じている現状がある。そのため、DSM*-5 ではギャンブル障害が物質依存と共通の疾患カテゴリーに採用された。また、2019 年に WHO

★ **DSM**
アメリカ精神医学会の精神医学診断基準。現在は DSM-5 で第 5 版。

第3章　保健医療の動向

図3-15　物質依存の形成と維持

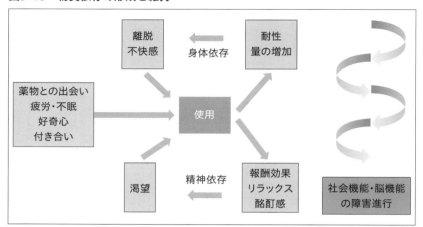

出典：伊豫雅臣「精神作用物質使用に伴う精神および行動の障害」尾崎紀夫・三村將・水野雅文・村井俊哉編『標準精神医学 第7版』医学書院, p. 509, 2018.

★ ICD
WHO による国際疾病分類。現在は ICD-10 で第 10 版。2019 年に ICD-11 が承認され、現在、日本でも適用に向けた準備がすすめられている。

★嗜癖
アメリカ精神医学会では有害な結果が生じているにもかかわらず、強迫的に使用を続けることとしている。

世界保健総会で承認された ICD-11 にもギャンブル障害に加えゲーム障害が新たに疾患として加わった。

2018（平成 30）年にはギャンブル等依存症対策基本法が成立し、日本でも広く一般に知られることになった。ただし、これらは前述した WHO の依存症の定義に基づく物質依存ではなく、行動に対するプロセス依存である。物質依存とプロセス依存を含む概念としては、嗜癖が用いられることが多い。2016（平成 28）年度の精神保健福祉資料によると、アルコール依存症の患者数は外来 9 万 5579 人、入院 2 万 5606 人、薬物依存症は外来 6458 人、入院 1431 人で増加傾向にある。

依存症である物質依存の福祉的課題を考える際には孤立の理解が重要である。物質依存により社会生活にさまざまな問題が生じ、脳機能の障害も進行する。その結果、さらに物質使用がすすみ、社会的に孤立することになる。また、依存症に対しては意志が弱いからなどといった誤解や偏見も孤立を助長させることになる。そのため、周囲の者の適切な対応によって回復が促進できるといわれている。

しかし、依存症は本人よりも先に周囲が困ることが多い。家族等周囲の相談からはじまり、本人に受診を勧めても拒否したり、治療を中断してしまうこともまれではない。また、医療機関を受診していない潜在的な依存症者も多い。こういった現状から周囲の負担感は増し、結果本人も物質使用を維持してしまう悪循環に陥るおそれもある。また、専門的医療機関も少ない現状がある。周囲に対する支援を継続することが重要で、精神保健福祉センターという社会資源も把握しておく必要がある。

　さらに依存症は、暴力、自傷、自殺、うつ病、摂食障害、アルコール性肝障害など物質使用に関連した身体疾患などの危険因子となる。そして、依存症に至る背景には生活困窮、幼少期の逆境的体験、遅刻や欠勤による就労などの社会的問題を有している可能性も高い。よって、依存症はさまざまな福祉的課題に関連、影響することを理解しておく必要がある。

4 認知症と福祉的課題

　認知症について、ICD-10 では「脳疾患による症候群であり、通常は慢性あるいは進行性で、記憶、思考、見当識、理解、計算、学習能力、言語、判断を含む多数の高次皮質機能障害を示す」と定義されている[2]。認知症の有病率は年齢が上がるにつれて高くなる。すなわち高齢化が進むことにより認知症患者が増加することになる。認知症有病者推定数は、2012（平成 24）年には国内で 462 万人であったが、2025（令和7）年には 675 万人～730 万人となり、高齢者の約5人に1人が認知症という社会になると予測されている。

　認知症には病型があり、主なアルツハイマー病、血管性認知症、レビー小体型認知症、前頭側頭型認知症が四大認知症といわれている。また症状も病型によってさまざまではあるが、大きくは中核症状と周辺症状に分けられる（**図3-16**）。周辺症状は、認知症の行動・心理症状（Behavioral and Psychological Symptoms of Dementia：BPSD）と総称され、患者のみならず介護者にも大きな負担となるため、認知症ケアにおいて特に重要となる。

　団塊の世代が 75 歳以上になる 2025（令和7）年に向けて、2015（平成 27）年には認知症施策推進総合戦略（新オレンジプラン）が策定された。また、2019（令和元）年には認知症施策推進大綱を発表し、共生と予防を目標にした。

　高齢に伴い認知症患者は増加していくが、同時にがん、心疾患、糖尿病などの身体疾患の有病率も高くなる。そして、入院に伴う環境の変化などにより認知症が悪化する可能性がある。また、認知症だからと患者本人ではなく家族の意向のみが尊重されるおそれもある。さらに、認知症は身体疾患の診断や治療にさまざまな障害をもたらし、予後にも影響を与えることが明らかになっている。そのため、新オレンジプランのな

図3-16　認知症の症状

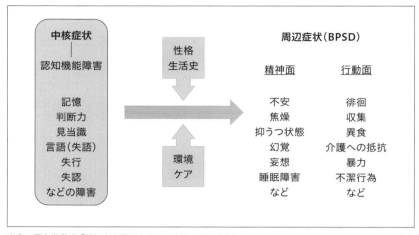

出典：厚生労働省「認知症を理解する──政策レポート」https://www.mhlw.go.jp/seisaku/19.html を参考に筆者作成

かでも一般病院での認知症患者への適切な対応が明記されている。

　福祉的課題としては、認知症や身体疾患があっても生活の質を維持することが目標となる。一方で認知症の症状や身体症状の進行によって、患者や家族の生活課題も変化する。特に財産管理や治療方針の決定については家族の負担も大きくなるため、その支援も重要となる。また、独居や高齢世帯においては、判断能力の低下などからセルフネグレクト状態になりやすい。そのため、介護保険制度や成年後見制度などを活用することで、尊厳を維持し、本人の意思を支援できる体制を整える必要がある。

★セルフネグレクト
自己放任、つまり自分自身による世話の放棄を指す。たとえば、食事を摂取しない、不衛生な環境を改善しない、受診拒否など。

5　自殺企図と福祉的課題

　自殺とは、一般的に自らの意思で生命を絶つことである。自殺の定義については、これまでさまざまな議論があり、死の意図と結果予測性が注目されてきた。これらは厳密な定義には必要となるが、保健医療では自ら自己の生命を絶つ行為を実行したという事実が重要となる。人口動態統計によると、2018（平成30）年の日本人の自殺者数は2万31人であり、自殺者数については、2010（平成22）年以降は減少傾向が続いている。この背景として、2006（平成18）年に成立した自殺対策基本法と翌年閣議決定された自殺総合対策大綱が大きな影響を与えたといわれている。

★死の意図と結果予測性
死の意図は本人に死ぬ意図があること、結果予測性とはこの行為で死ぬという結果を予測していたことを指す。

表3-5 自殺の危険因子

①自殺未遂歴	自殺未遂は最も重要な危険因子 自殺未遂の状況、方法、意図、周囲からの反応などを検討
②精神障害	気分障害（うつ病）、統合失調症、パーソナリティ障害、アルコール依存症、薬物乱用
③サポートの不足	未婚、離婚、配偶者との死別、職場での孤立
④性別	自殺既遂者：男＞女　　自殺未遂者：女＞男
⑤年齢	中高年男性でピーク
⑥喪失体験	経済的損失、地位の失墜、病気や怪我、業績不振、予想外の失敗
⑦性格	未熟・依存的、衝動的、極端な完全主義、孤立・抑うつ的、反社会的
⑧他者の死の影響	精神的に重要なつながりのあった人が突然不幸な形で死亡
⑨事故傾性	事故を防ぐのに必要な措置を不注意にもとらない、 慢性疾患への予防や医学的助言を無視
⑩児童虐待	小児期の心理的・身体的・性的虐待

出典：高橋祥友『自殺の危険 第3版——臨床的評価と危機介入』金剛出版, p. 55, 2014.

第**3**章

保健医療の動向

　自殺の背景には、複数の要因が複雑に関連していることが知られている（**表3-5**）。そのなかでも自殺未遂歴は最も重要な危険因子である。また、これまで保健医療に受診や相談経験がない場合もある。そのため、再度の自殺企図を予防するために生活をどのように支援していくかが福祉的課題となる。実際、自殺の危険因子には多様な生活問題が含まれている。そのなかで情報収集や事実関係の確認を行いながら、自殺の危険性を評価し、再企図を防止していくことになる。しかし、たとえば配偶者との死別などの危険因子は除去することができない。そのため、**防御因子**★を高めることも求められる。

　一方で、自殺を予防するためには、自殺企図者への介入だけでは十分とはいえない。自殺ハイリスク者を早期発見できるよう、地域の多機関多職種とのネットワークづくりも必要である。しかし、自殺企図者の一部は、救命できずに既遂となることもある。そのときは自殺の三次予防として、遺された人々に及ぼす心理的影響を可能な限り少なくすることを目的とした**ポストベンション**★が重要となる。

★**防御因子**
自殺を防ぐ因子。たとえば、信頼できる支援者がいること、利用できる社会資源があることなど。

★**ポストベンション**
自殺が生じてしまったあとに自死遺族に対して行うケア全般を指す。自死遺族は自殺ハイリスクな状態に置かれる可能性が高く、次の自殺を防ぐ第一歩となる。

虐待とは、犯罪となる行為をも含む人権侵害であり、ときには生命さえ奪ってしまう重大な問題である。ここでは、現在日本で法制化されている児童、高齢者、障害者の虐待について取り上げる。なお、本節では触れないが配偶者に対する暴力も同様に重要な課題である。

各法で規定する児童虐待、高齢者虐待、障害者虐待の定義を**表3-6**に整理した。このように身体的虐待や性的虐待だけに限定するのではなく、放棄や放置であるネグレクト、著しい暴言や心理的外傷を与える言動などの心理的虐待を含んでいる。また、高齢者と障害者に対する虐待においては、財産を不当に処分することや不当に財産上の利益を得る経済的虐待も含むことが特徴である。

2018（平成30）年度の虐待相談・通報件数は、厚生労働省の対応状況等に関する調査結果によると、児童15万9850件、高齢者3万4418件、障害者8577件であり、一貫して増加傾向にある。また虐待を類型別でみると、児童では心理的虐待、高齢者と障害者では身体的虐待が最も多かった。これらの虐待が発生する要因は単一的ではなく、虐待者の要因、被虐待者の要因、社会環境の要因などが複雑に関連していることが明らかになっている。

表3-6　各法における虐待の定義

	児童虐待防止法[a]	高齢者虐待防止法[b]	障害者虐待防止法[c]
成立年	2000（平成12）年	2005（平成17）年	2011（平成23）年
対象	18歳未満	65歳以上	障害者基本法規定障害者[d]
虐待者	保護者	養護者 要介護施設従事者等	養護者 障害者福祉施設従事者等 使用者
類型	①身体的虐待 ②性的虐待 ③ネグレクト ④心理的虐待	①身体的虐待 ②ネグレクト ③心理的虐待 ④性的虐待 ⑤経済的虐待	①身体的虐待 ②性的虐待 ③心理的虐待 ④ネグレクト ⑤経済的虐待

a：児童虐待の防止等に関する法律
b：高齢者虐待の防止、高齢者の養護者に対する支援等に関する法律
c：障害者虐待の防止、障害者の養護者に対する支援等に関する法律
d：身体障害、知的障害、精神障害（発達障害を含む。）その他の心身の機能の障害がある者であって、障害および社会的障壁により継続的に日常生活または社会生活に相当な制限を受ける状態にあるもの
出典：各法をもとに筆者作成

　虐待防止は児童の成長および人格形成、高齢者の尊厳の保持、そして障害者の自立および社会参加にとってきわめて重要である。また、各法では権利利益の擁護に資することを目的としている。さらに、虐待は複雑な問題を抱える家庭や従事者だけに起こるのではなく、誰にでも起こりうる問題である。そのため、虐待は社会福祉において根源的問題ともいえる。

　保健医療福祉専門職は虐待を発見しやすい立場にあることから、予防・早期発見が福祉的課題となる。病院など保健医療機関では、虐待のハイリスク要因となる心身の状況が把握しやすく、医療ソーシャルワーカーの介入により生活問題や生活困難にも対応可能となる。また、虐待が発見されるときには重篤な状況であることが予測される。被虐待者の安全確保を優先すると同時に、その後も安定した生活を送れるようになるまでの支援が求められる。これらに迅速かつ適切に対応するためには、関連法規と地域関係機関の理解、組織内でのシステムづくりが不可欠である。

◇引用文献
　1）日本老年医学会「「高齢期の終末期の医療およびケア」に関する日本老年医学会の「立場表明」2012」『日本老年医学会雑誌』第49巻第4号，p. 381, 2012.
　2）融道男・中根允文・小見山実・岡崎祐士・大久保善朗監訳『ICD-10 精神および行動の障害——臨床記述と診断ガイドライン 新訂版』医学書院，p. 57, 2005.

◇参考文献
　・厚生労働統計協会編『国民衛生の動向 2019/2020』2019.
　・厚生労働統計協会編『国民の福祉と介護の動向 2019/2020』2019.
　・水澤英洋・五十嵐隆・北川泰久・高橋和久・弓倉整監『指定難病ペディア2019』診断と治療社，2019.
　・日本医療ソーシャルワーク研究会編『医療福祉総合ガイドブック2019年度版』医学書院，2019.
　・日本医療社会福祉協会編『保健医療ソーシャルワークの基礎——実践力の構築』相川書房，2015.
　・日本緩和医療学会編『専門家をめざす人のための緩和医療学改訂 第2版』南江堂，2019.
　・高橋三郎・大野裕監訳『DSM-5精神疾患の診断・統計マニュアル』医学書院，2014.
　・日本神経学会監『認知症疾患診療ガイドライン2017』医学書院，2017.
　・尾崎紀夫・三村將・水野雅文・村井俊哉編『標準精神医学 第7版』医学書院，2018.
　・高橋祥友『自殺の危険 第3版——臨床的評価と危機介入』金剛出版，2014.
　・和田清編『依存と嗜癖——どう理解し、どう対処するか』医学書院，2013.

第4章

保健医療領域に
必要な政策・制度
およびサービスに
関する知識

　保健医療領域でソーシャルワークを行う際には、保健医療に必要な施策・制度およびサービスに関する知識が必要になる。本章では、保健医療の政策・制度について、全体像を把握し、その課題と方向性を理解する。次に保健医療サービスの提供体制について、医療提供施設、在宅医療サービスと医療提供体制の整備に関する基礎知識を学び、医療費の保障はどのようになされているのかを習得する。さらに、医療費保障制度の体系を踏まえ、医療保険、労働者災害補償保険、公費負担医療制度、無料低額診療などの基礎知識を習得する。医療費に関する社会資源と、介護に関する制度、住宅、教育、就労等の制度を理解しよう。治療の必要性がなくなっても、その人が生活していけるよう全体的包括的な支援ができるソーシャルワーカーを目指そう。

保健医療の政策・制度

1 保健医療制度の体系

　保健医療の制度は、二つの部分からなる。一つは医療提供体制であり、もう一つは医療費の保障である。前者は、保健医療に関する行政機関（保健所等）、医療提供施設（病院、診療所、薬局等）、在宅医療サービス（訪問看護等）、保健医療の専門職（医師、歯科医師、薬剤師、看護師等）などから構成される保健医療サービスを提供するための体制である。後者は、医療保険や公費負担医療など、患者がその負担能力にかかわらず必要に応じて医療を受けられるよう、高額になりがちな医療費の支払いを保障するための仕組みである。これらは相互に関連しつつ多機関・多職種の関係者によって運営されている。

　図 4-1 を見ていただきたい。ここでは、単純化のため、医療保険の加入者（被保険者）に絞ってある。被保険者は、職域または地域のいずれかの医療保険に加入し、制度の運営を行う保険者に保険料を納付しなければならない。被保険者が病気になれば、保険診療を行う医療機関を受診し、検査や治療などのサービスを受ける。その際、現役世代であれば、医療機関の窓口で医療費の 3 割に相当する一部負担金を支払う。残りの 7 割は、医療機関が審査支払機関に請求する。審査支払機関は医療機関から提出された診療報酬明細書（レセプト）を審査し、保険者に代わって診療報酬を支払う。なお、保険者は、被保険者に対し、傷病手当金などの現金給付も行う。図 4-1 では、保険医療機関の関連部分（点線で囲った部分）が医療提供体制を構成する部分であり、その他の部分が医療費保障制度となる。

　医療提供体制の基本的枠組み（医療の理念、医療提供施設に対する規制、医療計画等）は医療法に規定されており、医療費保障制度については健康保険法、国民健康保険法などによって定められている。

図4-1 保健医療制度の仕組み（保険診療の場合）

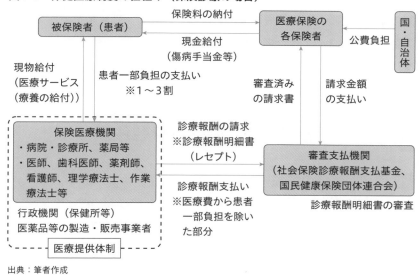

出典：筆者作成

2 保健医療制度の運営の仕組み

　国（厚生労働省）は医療提供体制や医療保険に関する制度の整備を行うが、実際に地方において医療提供体制の確保に責任を負うのは、都道府県である。都道府県は、国の法令や指針に基づき、地域の実情に応じて医療提供体制の確保を図るための医療計画（医療法）、医療費適正化を推進するための都道府県医療費適正化計画（高齢者の医療の確保に関する法律）等を策定する。そして、それらに基づき、医療機関や病床の適正な配置等を行う。

　都道府県の出先機関として、地域保健法に基づく保健所がある。保健所は、全国で472か所（2019（令和元）年度現在）設置され、対物保健と対人保健の業務を所管する。対物保健では、食品衛生や生活衛生に関係した業務のほか、病院、診療所等の医療監視（許可、立入検査等）を行う。対人保健では、感染症対策、エイズ・難病対策、精神保健対策、母子保健対策などを実施し、市町村の保健サービスに対する技術的援助や助言も行う。たとえば、新型コロナウイルスの感染拡大に対しては、都道府県は、病床や人工呼吸器の確保など入院医療の提供体制の整備に取り組み、保健所は、患者や濃厚接触者の調査等を行っている。

　他方、医療費の保障については、分立した多数の保険者が医療保険制度を運営している。国民皆保険の理念の下、国民はいずれかの保険に加

入する義務がある。しかし、所得が低く保険料を負担できない場合や長期の療養を必要とし医療費が高額となるため患者一部負担を支払えない場合もある。そのような場合には、国や自治体が税財源で医療費の保障を行っている。

3 保健医療政策・制度の方向性

1 国民医療費の増加

　2017（平成 29）年度の国民医療費は約 43 兆円で、国民所得（国内総生産）に対する割合は、10.7（7.9）％であった（図4-2）。国民医療費は、2000 年代初頭以降、厳しく抑制された結果、産科・小児科の不足、救急患者のたらい回しといった事態が生じ、社会問題となった。このため、2007（平成 19）年以降、方針転換がなされ、医療費が再び増加を始めた。国民医療費のうち後期高齢者医療費（75 歳以上の医療費）が占める割合は 37％であり、その金額および割合は年々増加している。近年における国民医療費の主な増加要因は、技術革新（新薬や新医療技術の登場）と高齢化の進行である。診療報酬が引き上げられれば国民医療費も増加するが、厳しい財政事情が続くなか、引き上げられることはまれである。

　国民医療費が増加すると、それを賄うための財源が必要となる。現在、国民医療費の約 5 割が保険料、約 4 割が公費負担、約 1 割が患者負担で賄われている。公費負担である国庫負担・地方負担の割合は年々増加しているが、その背景には、医療費の半分が公費負担される後期高齢者医

★公費負担
税金によって賄われる財源のこと。国が負担する国庫負担と自治体が負担する地方負担がある。

図4-2　国民医療費の動向

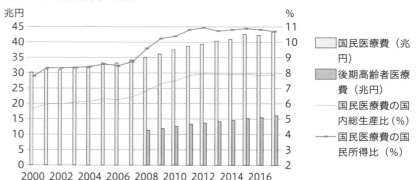

出典：筆者作成

療制度の医療費が増加していることがある。公費負担が増加すると、国の一般会計歳出が増加し、財政赤字を増加させる一因になる。また、高齢者の医療費が増加すると、高齢者の保険料だけでなく、それを支える現役世代の負担も増え、財政面から医療保険制度全体が不安定化するおそれがある。このため、近年の保健医療政策は、医療費適正化（医療費の抑制）と財政運営の安定化が中心となっている。

2 保健医療政策・制度の課題

❶医療費適正化

医療費を抑制するための方策には、短期的なものと中長期的なものがある。短期的方策には、診療報酬引き下げ、患者負担引き上げ、医療保険がカバーするサービスの縮小などがある。これらは、医療保険制度の改正によって行われるが、医療機関の減収や患者の負担増に直接つながるため、医療関係者や患者団体が反対する場合が多く、改革には政治的な困難を伴う場合が多い。

他方、中長期的方策としては、保険者機能の強化のほか、医療提供体制の効率化がある。各保険者は、それぞれが運営する医療保険の財政運営に責任を有しており、特定健診・特定保健指導の強化、糖尿病等の重症化予防対策の推進といった生活習慣病予防対策、後発医薬品（ジェネリック）の使用促進などに取り組んでいる。また、都道府県では、効率的な医療提供体制を整備する観点から、医療提供施設や病床の機能の分化・連携を推進している。

❷医療保険制度運営の安定化

後期高齢者の医療費が増加すると、後期高齢者支援金[★]が増加し、健康保険や国民健康保険などに加入する現役世代の保険料負担が増加する。また、人口減少と過疎化が進み、低所得世帯が増加するなかで、国民健康保険の財政は厳しい状況にある。このため、国民皆保険を支える医療保険制度の財政運営の安定を図るため、後期高齢者医療制度や前期高齢者医療費の財政調整制度などを通じた保険者間の財政調整が行われるとともに、公費負担投入の拡大が行われている。また、2018（平成30）年度からは、それまで市区町村が保険者であった国民健康保険の運営の広域化（都道府県単位化）が行われ、都道府県と市区町村が共同して運営することとなった。さらに、健康保険の財政も厳しくなっているため、後期高齢者医療費の抑制強化が議論されている。

Active Learning
医療提供体制について、近年、医療費適正化の観点からどのような制度改正が行われているのか整理してみましょう。

★後期高齢者支援金
後期高齢者の医療費の財源は、高齢者自身が負担する保険料や患者一部負担では賄えないため、公費負担の投入に加え、現役世代を対象とする各医療保険（健康保険、国民健康保険等）の保険料から後期高齢者医療制度に納付している。

第4章 保健医療領域に必要な政策・制度およびサービスに関する知識

学習のポイント
● 保健医療サービスの提供体制の体系を理解する
● 医療提供施設、在宅医療サービスと医療提供体制の整備に関する基礎的知識を得る

1 医療法の概要

1 医療法の目的

　医療法は、医療を受ける者の利益を保護し、良質かつ適切な医療を効率的に提供する体制を確保して、国民の健康の保持に寄与することを目的とする。このため、医療提供の理念、医療を受ける者（患者）による医療に関する適切な選択の支援、医療安全の確保、病院や診療所などの開設・管理、医療提供施設の整備や医療連携体制などについて定めている。

2 医療提供の理念

　まず、医療提供の理念からみていこう。理念は二つある。

　第一は、医療における生命の尊重と個人の尊厳の保持である。医療は、医師や看護師などの医療の担い手と患者との信頼関係に基づいて、患者の心身の状況に応じて行われなければならない。医療の内容も、治療のみならず、疾病予防やリハビリテーションを含めて、良質で適切なものである必要がある。

　第二は、医療提供の効率性と福祉サービスなどとの連携である。医療は、病院や診療所などの医療提供施設や在宅において、その機能に応じ効率的に、かつ、福祉サービスなどとの有機的な連携を図りつつ提供されなければならない。その際には、患者の意向を十分に尊重することが求められる。

　国民としても、自ら、健康を保持増進するように努力することが重要である。

3 医療法の内容

こうした医療提供の理念を踏まえ、医療法に基づき多様な制度が設けられている。❶医療に関する選択の支援、❷医療の安全の確保、❸病院や診療所の開設や管理、❹医療提供体制の確保、❺医療法人、❻地域医療連携推進法人などである。

このうち、❸については「2　医療提供施設」で、❹、❻については「4　医療提供体制の整備」で説明するため、ここでは、そのほかの内容についてみておこう。

❶医療に関する選択の支援

患者が受診する医療提供施設を選ぶときには、それぞれの病院や診療所において提供される医療について、正確で適切な情報が必要である。このため、医療法は、二つの規制を設けている。第一は、医療に関する情報の提供、第二は、広告の制限である。

①　医療に関する情報の提供

まず、医療に関する情報の提供は、二つのルートで行われる。一つ目は、病院や診療所での医療機能を記載した書面の閲覧である。病院や診療所は、情報提供をインターネットによって行うこともできる。

二つ目は、医療機能情報提供制度である。病院などに対して、その医療機能に関する情報を都道府県知事に報告するよう義務づけ、報告を受けた都道府県知事がその情報をインターネットで公表するものである（医療情報ネット[★]）。情報提供の内容は、診療科目、診療日、診療時間などの基本情報に加え、その施設で対応できる疾患の種類や治療内容などである。

このほか、病院や診療所の管理者には、入院患者に対し治療内容などの情報を記載した書面を交付して、説明することも義務づけられている。担当医の氏名、傷病名や主な症状、入院中に行われる検査、手術、投薬など、治療計画などの情報である。

②　広告の制限

また、広告も医療情報を知るのに有益である。ただし、広告の内容が不適切であれば、かえって、医療に関する選択の妨げになってしまう。このため、広告に対する規制が行われている。

その一つ目は、虚偽の広告の禁止である。何人も、医業や歯科医業、病院・診療所に関して、方法を問わず、虚偽の広告をしてはならない。

二つ目は、広告の内容や方法の基準である。他の病院や診療所に比べて優良である旨の広告をしないこと、誇大な広告をしないこと、公の秩

★医療情報ネット
病院や診療所の医療機能に関する情報が整理されて掲載されている都道府県のホームページである。地域や施設名、診療科目や疾患によって病院や診療所を検索できる。厚生労働省のホームページ（URL は節末の「参考文献」を参照）からもアクセスすることができる。

Active Learning
身近な地域にある病院について、承認や指定を受けている病院の種類や類型、医療機能を、医療情報ネットを利用して調べてみましょう。

第4章　保健医療領域に必要な政策・制度およびサービスに関する知識

序や善良の風俗に反する内容の広告をしないことなどである。

　三つ目は、広告が認められる事項の法定である。診療科名、施設の名称、電話番号・所在地、診療日・診療時間、予約診療の有無、病床数、医師や看護師などの従業者の員数、施設・設備、当該病院または診療所において提供される医療の内容などである。

　このうち、診療科名については、原則として、一定の範囲の診療科名に限って広告が認められている。内科、外科、精神科、小児科、皮膚科、内科または外科と臓器、特定の領域、病態等の用語を組み合わせた名称などである。これら以外の診療科名については、診療に従事する医師・歯科医師が厚生労働大臣の許可を受ければ広告できるとされている。ただし、現在、許可の対象になっているのは、麻酔科のみである。

❷医療の安全の確保

　医療の安全の確保では、事故防止のため、病院等の管理者に医療の安全を確保するための措置が義務づけられている。勤務環境改善マネジメントシステムの努力義務もある。事故発生後の対応としては、医療事故調査制度が設けられている。

① **医療安全確保措置**

　医療安全を確保する措置は、医療安全管理全般、院内感染対策、医薬品の安全使用、医療機器の安全確保などの分野について、具体的に定められている（**表4-1**）。

　こうした医療安全確保の取組みを支援する機関として、医療安全支援センターがある。患者・家族の苦情への対応、患者・家族、関係病院等の管理者に対する助言、病院等の管理者や従業者に対する医療安全研修

表4-1　医療安全確保措置

分野	具体的な措置
医療安全管理全般	医療安全管理指針の整備、医療安全に関する問題の調査等を担う医療安全管理委員会の設置、職員研修、医療機関内における事故報告など
院内感染対策	院内感染対策指針の策定、院内感染対策委員会の開催、院内感染対策研修など
医薬品の安全使用	医薬品安全管理責任者の配置、医薬品安全使用研修、医薬品安全使用のための業務に関する手順書の作成、未承認医薬品の使用や適応外使用等についての情報収集など
医療機器	医療機器安全管理責任者の配置、医療機器の安全使用のための研修の実施、医療機器保守点検計画の策定、保守点検の適切な実施、未承認医療機器の使用等に関する情報収集など

出典：筆者作成

の実施などを行う。都道府県等には医療安全支援センターを設置する努力義務がある。

② **勤務環境改善マネジメントシステム**

医療事故の原因や背景には、不適切な勤務環境での医療従事者の疲弊があることもあり、勤務環境を改善することも重要である。このため、病院等の管理者には、医療従事者の勤務環境の改善その他の医療従事者の確保に資する措置を講ずる努力義務が課されている。

改善措置としては、改善方針の表明、多様な部門および職種の構成員からなる協議組織の設置、勤務環境に関する現状の定量的・定性的把握、客観的分析、改善目標の設定、改善計画の作成、改善計画の実施、改善および評価などがある（「医療勤務環境改善マネジメントシステムに関する指針」）。

③ **医療事故調査**

医療事故が発生した場合には、再発防止のため、事故の原因を明らかにする医療事故調査を行う必要がある。このため、病院等の管理者には、医療事故調査の実施が義務づけられている。その際、管理者は、医学医術に関する学術団体などに対し、医療事故調査を行うために必要な支援を求めるものとされている。さらに、医療事故調査・支援センターに対し、事故発生時に日時、場所、状況等を報告し、調査終了時、結果を報告しなければならない。

医療事故調査・支援センターは、厚生労働大臣による指定法人であり、一般社団法人日本医療安全調査機構が指定されている。医療事故が発生した病院等の管理者や遺族から調査依頼があったときに調査を行うほか、医療事故の再発防止に関する普及啓発を業務としている。

❸ **医療法人**

病院や診療所の開設主体は、さまざまである。国、地方公共団体、日本赤十字社、恩賜財団済生会、厚生（医療）農業協同組合連合会（厚生連）、医療法人、個人などである。

これらのうち最も多いのが**医療法人**である。病院総数の約7割、一般診療所の約4割を占め、それぞれ1位である（2018（平成30）年。なお、歯科診療所は、個人が最も多く約8割を占める）。医療法人は、病院、医師や歯科医師が常時勤務する診療所、介護老人保健施設または介護医療院を開設しようとする社団または財団であり、一定の非営利性を備えた法人である。医師が開設する医療機関を法人化することにより、経営の安定性や永続性を確保するのが目的である。医療法人を設立するに

表4-2　医療法の変遷

暦年（改正の通称）	摘要
1948年　医療法制定	病院や診療所の開設や管理
1950年	医療法人の創設
1985年（第1次医療法改正）	医療計画の導入、老人保健施設の創設
1992年（第2次医療法改正）	特定機能病院、療養型病床群の創設
1997年（第3次医療法改正）	地域医療支援病院の創設
2000年（第4次医療法改正）	病床区分の見直し、広告規制の緩和
2006年（第5次医療法改正）	医療計画の見直し（4疾病5事業の導入）、医療安全確保に関する制度の整備
2014年（平成26年改正）	病床機能報告制度・地域医療構想の導入
2015年（平成27年改正）	地域医療連携推進法人の創設
2018年（平成30年改正）	医師確保対策の充実、外来医療の偏在や不足への対応

出典：筆者作成

は、都道府県知事の認可が必要である。

4 医療法の変遷

　医療法は、1948（昭和23）年に制定され、当初は、病院や診療所の定義、開設の許可や届出、病院の人員や設備の基準などを規定しており、1950（昭和25）年、医療法人制度が加わった。1980年以降になると、おおむね数年おきに改正され、現在では、医療に関する選択の支援、医療の安全の確保、医療提供体制の確保など、幅広い分野を含む法律になっている（**表4-2**）。

---

i　2012（平成24）年には5疾病5事業に拡大された。5疾病とは、がん、脳卒中、心筋梗塞等の心血管疾患、糖尿病、精神疾患の五つの疾病をいう。5事業とは、救急医療、災害医療、へき地医療、周産期医療、小児医療の五つの医療の領域を指す。

表4-3 医療提供施設

医療提供施設	定義
病院	医師または歯科医師が、公衆または特定多数人のため医業または歯科医業を行う場所であり、20床以上の病床がある施設
診療所	医師または歯科医師が、公衆または特定多数人のため医業または歯科医業を行う場所であり、病床のないもの（無床診療所）または19床以下の施設（有床診療所）
介護老人保健施設	心身の機能の維持回復を図り、居宅における生活を営むことができるようにするための支援が必要な要介護者に対し、看護、医学的管理の下における介護および機能訓練その他必要な医療ならびに日常生活上の世話を行う施設
介護医療院	長期にわたり療養が必要な要介護者に対し、療養上の管理、看護、医学的管理の下における介護および機能訓練その他必要な医療ならびに日常生活上の世話を行う施設
薬局	薬剤師が販売または授与の目的で調剤の業務を行う施設（医薬品の販売に必要な場所を含む。病院、診療所等の調剤所を除く）

出典：筆者作成

2 医療提供施設

1 医療提供施設の種類と開設手続き

　医療提供施設とは、病院、診療所、介護老人保健施設、介護医療院、調剤を実施する薬局その他の医療を提供する施設のことをいう。医療法や介護保険法、医薬品、医療機器等の品質、有効性及び安全性の確保等に関する法律に定義が置かれている（**表 4-3**）。これらのうち、病院と診療所を一般に、医療機関という。介護老人保健施設と介護医療院は、指定介護老人福祉施設（特別養護老人ホーム）とともに、介護保険法の施設サービスを担当する介護保険施設に位置づけられている。

　病院、介護老人保健施設、介護医療院、薬局を開設する際には、都道府県知事の許可を受けなければならない。診療所は、原則として届出で足りるが、有床診療所の場合などでは都道府県知事の許可が必要である。

2 病院類型と病床区分

❶医療法による名称独占の制度

　病院には、医療法上、名称独占[★]の承認を受ける仕組みの下で、地域医療支援病院、特定機能病院、臨床研究中核病院といった種類が設けられている。それぞれの病院の医療機能を明確にしようとするものであり、

★名称独占
承認を受けなければその名称をつけられない制度をいう。

表4-4　病院の名称独占の制度

名称／承認	医療機能	主な承認要件
地域医療支援病院 都道府県知事の承認	地域医療の確保のための必要な救急医療、地域の診療所等からの紹介患者の診療、医療機器共同利用を実施	原則、200床以上、一定の紹介率等の充足（①紹介率80％以上、②紹介率65％以上＋逆紹介率40％以上、③紹介率50％以上＋逆紹介率70％以上）、救急医療を提供する能力
特定機能病院 厚生労働大臣の承認	高度の医療の提供、高度の医療技術の開発および高度の医療に関する研修を実施	400床以上、原則として定められた16診療科の標榜、紹介率50％以上＋逆紹介率40％、通常の病院の2倍程度の医師の配置、集中治療室、無菌病室、医薬品情報管理室の設置、医療安全管理体制の整備
臨床研究中核病院 厚生労働大臣の承認	革新的な医薬品・医療機器の開発に必要な質の高い臨床研究や治験を実施	400床以上、定められた10診療科の標榜、臨床研究支援・管理部門における一定数の医師、薬剤師、看護師、臨床研究コーディネーター、データマネージャーなどの配置、臨床検査施設、集中治療室等の設備、一定の臨床研究実施件数の充足

出典：筆者作成

病床数や診療科、人員設備などに関する承認基準がある（**表4-4**）。

❷通知に基づく病院指定の制度

　また、医療法に規定はないが、厚生労働省の通知に基づき一定の医療機能をもつ病院を指定する制度があり、それらに基づく病院の種類も多い。たとえば、救命救急センターや災害拠点病院、総合周産期母子医療センター、地域がん診療連携拠点病院などである。救急医療や災害時の医療の確保、専門的な医療の質の向上や普及などを目的とする。それぞれの医療機能を反映した施設設備や人員などに関する基準が設けられている（**表4-5**）。

❸病床区分

　病床については、医療法上、5種類の区分が設けられている。そのうち、**精神病床**、**感染症病床**、**結核病床**は、それぞれの疾病の患者を対象とする。**療養病床**は、主として長期にわたり療養を必要とする患者を入院させる病床である。**一般病床**は他の4種類以外の病床である。

　それぞれ、入院患者に対して一定の比率の医療従事者を配置しなければならないこととされている。たとえば、一般病院の一般病床では患者：医師が16：1、患者：薬剤師が70：1、患者：看護師・准看護師が3：1などと定められている。療養病床では、患者：医師が48：1、患者：薬剤師が150：1、患者：看護師・准看護師が4：1などである。

❹診療報酬による評価と診療報酬上の類型

　診療報酬制度（第3節「5　診療報酬制度」参照）においては、ここ

表4-5　通知に基づく病院指定の制度の例

病院の種類／指定	医療機能	主な基準
救命救急センター 厚生労働大臣の指定	重症および複数の診療科領域にわたるすべての重篤な救急患者の24時間体制での受入れ	救急医療などに精通した医師の配置、内科、外科、循環器科、脳神経外科、心臓血管外科等の医師を適時確保できる体制、緊急手術のための動員体制、専用病床・集中治療室
災害拠点病院 都道府県の指定	災害時の重篤救急患者の救命医療、被災地からの重傷病者の受入れ、広域搬送	救急医療に必要な部門、患者多数発生に対応可能なスペース、自家発電機
総合周産期母子医療センター 都道府県の指定	リスクの高い妊娠に対する医療および高度な新生児医療等の周産期医療	母体胎児集中治療室（MFICU）を含む産科病棟、新生児集中治療室（NICU）を含む新生児病棟、MFICU 6床以上、NICU 9床以上、24時間体制の産科担当医の勤務、麻酔科医の配置
地域がん診療連携拠点病院 厚生労働大臣の指定	がん医療均てん化の促進、がん診療の質の向上	集学的治療や標準的ながん治療の提供、緩和ケアチーム等の設置、手術療法、放射線療法、薬物療法等の常勤医師の配置、一定の悪性腫瘍手術件数、薬物療法患者数、放射線治療患者数等の充足

出典：筆者作成

第 **4** 章　保健医療領域に必要な政策・制度およびサービスに関する知識

まででみてきた病院の種類や病床における保険診療について、診療報酬の算定区分が設定されている。それぞれの医療機能を評価するものである。

病院では、その種類に対応して、入院基本料や入院基本料等加算、特定入院料などで算定区分が置かれている。特定機能病院入院基本料、地域医療支援病院入院診療加算、総合周産期特定集中治療室管理料などである。

一般病床や療養病床などについては、原則として 60 床以下を標準とする看護単位である「病棟」を対象として、入院基本料に多段階の算定区分が置かれている。一般病棟入院基本料、療養病棟入院基本料などである。病棟での実際の看護職員の配置などを算定要件として、人員配置が手厚いほど高い点数が設定されている。

加えて、診療報酬制度では、病床や病院の医療機能に応じて独自の類型も設け、そこで行われる保険診療について算定区分を設定している。回復期リハビリテーション病棟入院料、地域包括ケア病棟入院料、専門病院入院基本料などである（**表 4-6**）。

表4-6　診療報酬上の類型の例

類型	医療機能
回復期リハビリテーション病棟	主として脳血管疾患、大腿骨頸部骨折などの患者に対し、日常生活動作の向上による寝たきり防止と家庭復帰のためのリハビリテーションを集中的に実施
地域包括ケア病棟	急性期治療を経過した患者や在宅療養患者などの受入れ、患者の在宅復帰支援等を実施
特殊疾患病棟	主として長期療養が必要な重度肢体不自由児者、脊椎損傷等の重度障害者、筋ジストロフィー患者、神経難病患者などに療養を提供
専門病院	主として悪性腫瘍患者、循環器疾患患者に高度で専門的な医療を提供

出典：筆者作成

3 ▶ 在宅医療サービス

■1 在宅医療の位置づけ

　医療法が定める医療提供の理念では、居宅や養護老人ホーム、特別養護老人ホーム、有料老人ホームなども医療が提供される場として位置づけられている。これら居宅等における医療を在宅医療という。在宅医療は、住み慣れた地域で入院医療、外来医療、介護・福祉サービスなどと補完しあいながら、患者の日常生活を支える医療である。公的医療保険（第3節2「1　医療保険制度」参照）においても、在宅医療は、「居宅における療養上の管理およびその療養に伴う世話その他の看護」として、療養の給付の対象になっている。

　在宅医療の担い手や種類は多岐にわたる。主なものとして、在宅療養支援診療所、訪問診療、訪問看護、訪問リハビリテーション、居宅療養管理指導をみておこう。

■2 在宅療養支援診療所と在宅療養支援病院

　在宅療養支援診療所は、地域における退院後の患者に対する在宅療養の提供に主たる責任を有する診療所をいう。保険医療機関（第1節「1　保健医療制度の体系」、第3節2　1「❷保険給付」参照）としての診療報酬制度における施設類型であり、一定の基準に適合し、地方厚生局長への届出が必要である。24時間連絡を受ける体制、24時間の往診体制、24時間の訪問看護体制、緊急時に自院または他の保険医療機関

に入院できる体制の確保や連携する医療機関等への情報提供などが基準になっている。

　在宅療養支援病院は、その地域に在宅療養支援診療所がない場合に、在宅療養支援診療所の役割を担うものである。原則 200 床未満、過疎地域では 280 床未満の病院でなければならない。

3 訪問診療

　訪問診療は、診療報酬制度において、在宅で療養を行っている患者であって、疾病、障害のために通院が困難な者に対して、保険医療機関から定期的に訪問して診療を行うことをいう。ここにいう在宅で療養を行っている患者とは、保険医療機関、介護老人保健施設または介護医療院で療養を行っている患者以外の患者をいい、有料老人ホームなどに入居している患者も含まれる。

　訪問診療は、往診とは異なる。往診は、診療報酬制度では、患者または家族などから電話などで直接訪問の求めがあった場合に、保険医療機関から患家に赴き診療を行うことをいう。

4 訪問看護

　訪問看護は、看護師などが患者の居宅において、療養上の世話または必要な診療の補助を行うことをいう。訪問看護には、次の 3 種類がある。
・公的医療保険において、保険医療機関が行い、療養の給付の対象になるもの（在宅患者訪問看護・指導料など）。
・公的医療保険において、**指定訪問事業者（訪問看護ステーション）**が行い、訪問看護療養費が支給されるもの。
・介護保険において、指定居宅サービス事業者が行い、居宅介護サービス費が支給されるもの。

　これらの間では、訪問看護の提供主体について相互乗り入れが認められている。介護保険法に基づく指定居宅サービス事業者などの指定を受けると、健康保険法に基づく指定訪問看護事業者の指定もされたとみなされる。一方、保険医療機関は、訪問看護を行う指定居宅サービス事業者とみなされる。

　なお、介護保険の要介護認定または要支援認定を受けた者については、原則として、介護保険による給付が優先されるため、公的医療保険による訪問看護の対象にはならない。

表4-7　居宅療養管理指導の内容

担当者	内容
医師、歯科医師	居宅介護支援事業者などに居宅サービス計画の策定などに必要な情報提供を行い、要介護者や家族にサービスを利用するうえでの留意点や介護方法などについて指導・助言を行う。
薬剤師	医師・歯科医師の指示などに基づき、要介護者の居宅で、薬学的な管理・指導を行う。
歯科衛生士、看護師など	歯科医師の指示などに基づき、要介護者の居宅で、口腔内の清掃、有床義歯の清掃に関する指導を行う。
管理栄養士	医師の指示に基づき、要介護者の居宅で、栄養指導を行う。

出典：筆者作成

5 訪問リハビリテーション

　訪問リハビリテーションは、理学療法士、作業療法士または言語聴覚士が居宅において、理学療法や作業療法などのリハビリテーションを行うことである。訪問リハビリテーションには、次の2種類がある。

・公的医療保険において、保険医療機関が行い、療養の給付の対象になるもの（在宅患者訪問リハビリテーション指導管理料）。

・介護保険において、指定居宅サービス事業者が行い、居宅介護サービス費が支給されるもの。

　なお、保険医療機関は、訪問リハビリテーションを行う指定居宅サービス事業者とみなされる。

6 居宅療養管理指導

　居宅療養管理指導とは、居宅要介護者に対し、病院、診療所または薬局の医師、歯科医師、薬剤師、歯科衛生士、管理栄養士などが療養上の管理および指導を行うことをいう（表4-7）。居宅療養管理指導には、介護保険から居宅介護サービス費が支給される。

　保険医療機関と保険薬局は、居宅療養管理指導を行う指定居宅サービス事業者とみなされる。

4　医療提供体制の整備

1 医療提供体制の確保の意義と制度

　医療提供体制とは、医療法上、良質かつ適切な医療を効率的に提供す

る体制をいう。医療提供体制の確保のため、医療法は、

・厚生労働大臣が定める基本方針

・都道府県知事が定める医療計画

・医療計画に位置づけられる5疾病5事業や地域医療構想、病床規制

・地域医療構想の策定や推進にかかわる病床機能報告や地域医療連携推進法人

・医療従事者の確保

・公的医療機関[★]

などのさまざまな制度を設けている。なかでも、医療計画、5疾病5事業、病床規制、地域医療構想、病床機能報告や地域医療連携推進法人に焦点を当ててみていく。

2 医療計画

医療計画は、都道府県がその都道府県における医療提供体制の確保を図るために定めるものである。その内容は、医療圏の設定、5疾病5事業に関する事項、病床規制、地域医療構想など、多岐にわたる。ここの項目では、まず、医療圏の設定と5疾病5事業、病床規制をみておこう。地域医療構想については、病床機能報告や地域医療連携推進法人とともに、次の項目で説明する。

❶医療圏

はじめに、医療圏は、5疾病5事業に関する事項などを定め、病床規制を行う際の地域的な単位となる区分である。医療圏には、一次医療圏、二次医療圏、三次医療圏の3種類がある。

・一次医療圏は、一般に、日常的な疾病や外傷などの診療、疾病の予防や健康管理などのプライマリケアを提供する圏域である。市町村の区域が単位となる。

・二次医療圏は、高度・特殊な専門医療以外の一般の入院医療を一体の区域として提供する圏域である。地理的条件や交通事情、受療動向などを踏まえ、都道府県内に複数設定される。

・三次医療圏は、高度・特殊な専門医療を提供する圏域である。たとえば、臓器移植などの先進的技術を必要とする医療、高圧酸素療法など特殊な医療機器を使用する医療、発生頻度が低い疾病に関する医療、広範囲熱傷や急性中毒などの特に専門性の高い救急医療である。都府県の区域を単位として設定され、北海道では六つの三次医療圏が置かれている。ただし、長野県では必要に応じ全県一つの三次医療圏を4

圏域に区分することができるとされている。

❷5疾病5事業の医療連携体制

5疾病5事業の5疾病とは、がん、脳卒中、心筋梗塞等の心血管疾患、糖尿病、精神疾患の五つの疾病をいう。5事業とは、救急医療、災害医療、へき地医療、周産期医療、小児医療の五つの医療の領域である。

医療計画では、計画の基本的な考え方や地域の現状に加え、これら5疾病5事業と在宅医療のそれぞれについて、一定の圏域を定め、医療連携体制を記載することとされている。記載内容は、

・受療動向や医療資源などに関する現状
・急性期、回復期、維持期といった病期ごとに必要な医療機能
・課題や数値目標を達成するための施策
・それぞれの医療機能を担う具体的な医療機関の名称

などである。

それぞれの圏域は、地域の医療資源などの実情に応じて弾力的に設定することなどが求められているが、二次医療圏を単位として利用してきたケースが多い。

❸病床規制

病床規制は、それぞれの医療圏における病床数が一定の基準を超えないようにする制度である。病床を病床過剰地域から不足する地域に誘導して、病床の地域偏在を是正することや医師誘発需要によって無用な医療費が発生するのを抑制することが目的である。

その仕組みは、基準病床数の設定と基準を超える場合の規制から構成される。まず、療養病床と一般病床に係る基準病床数が二次医療圏ごとに、精神病床、結核病床、感染症病床それぞれに係る基準病床数が三次医療圏ごとに設定される。既存の病床数が基準病床数にすでに達している場合や新たな病院の開設や既存の病院の増床によって基準病床数を超過する場合、都道府県知事は、公的医療機関などに対して、開設等の許可を与えないことができる。それ以外の医療法人などに対しては、開設等の中止や病床数の削減を勧告することができる。勧告に従わない病院に対しては、厚生労働大臣が保険医療機関の指定を拒否することができる。

★**医師誘発需要**
医療機関に受診するかどうかは患者が決めるが、受診した後は医師の診断により、医療機関側が入院で治療するかどうかや、どの治療方法を採るかについて誘導できるから、医療需要が誘発されるという仮説がある。少なくとも、「医療の分野においては、供給が需要を生む傾向があり、人口当たりの病床数が増加すると1人当たりの入院費も増大するという相関関係がある」(最高裁判決平成17年9月8日)といわれている。

3 地域医療構想

❶地域医療構想

① 地域医療構想の目的

地域医療構想は、2025（令和7）年に向け、病床の機能分化と連携を推進することを目的として、同年の医療需要と病床の必要量を医療機能（高度急性期、急性期、回復期、慢性期の四つの病床の機能区分）ごとに定めるものである。2025年には、団塊の世代がすべて75歳以上の後期高齢者になり、3人に1人が65歳以上、5人に1人が75歳以上となる。このため、医療を必要とする高齢者も大きく増加すると見込まれるから、医療機能ごとに医療需要に対応できる医療提供体制を確保しなければならないのである。

② 地域医療構想の内容

地域医療構想は、都道府県が策定し、医療計画の中に位置づけられる。その内容は、2025年の医療需要と病床の必要量と同年のあるべき医療提供体制の将来像を実現するための施策であり、二次医療圏を基本とした構想区域を単位として策定する。医療需要と病床の必要量は、医療機能ごとに推計される。

❷病床機能報告と構想策定の手順

こうした推計に必要なデータは、病床機能報告によって集められる。まず、一般病床および療養病床を有する病院と診療所は、病棟単位で、病床の機能区分、構造設備、人員配置、具体的な医療内容に関する現状と将来の予定を都道府県知事に報告しなければならない。

都道府県は、これらのデータを踏まえ医療需要を推計し、病床の機能区分ごとに、2025年における病床の必要量を算定する。そして、病床の必要量と現状を比較して、同年までに目指すべき医療提供体制とその実現方策を検討する。このため、医療関係者、保険者などが参加する地域医療構想調整会議での協議が行われる。会議では、病床機能の分担や連携についての検討や調整を行うこととされている。

❸地域医療連携推進法人

地域医療構想を実現するための方策の一つに、都道府県知事が地域医療連携推進法人を認定する制度がある。複数の医療法人などの非営利法人が参加する一般社団法人であり、傘下の医療機関の間で病床機能の分担や連携を進めることが期待される。

Active Learning

住所地や地元の都道府県の医療計画と地域医療構想をインターネットで見て、二次医療圏や構想区域がどのように設定されているか確認しましょう。また、関心のある二次医療圏や構想区域の現状などについて書かれた部分を読んでみましょう。

Active Learning

病院などの医療機関のありようは国によって大きく異なります。関心のある国の医療機関について、加藤智章編『世界の病院・介護施設』法律文化社, 2020. などの書籍を読んで、調べてみましょう。

◇**参考文献**
・厚生労働省「医療機能情報提供制度（医療情報ネット）について」https://www.mhlw.go.
jp/stf/seisakunitsuite/bunya/kenkou_iryou/iryou/teikyouseido/index.html
・西村淳編『入門テキスト 社会保障の基礎』東洋経済新報社，2016.
・厚生労働統計協会編『保険と年金の動向 2019/2020』2019.
・厚生労働省「平成30（2018）年医療施設（動態）調査・病院報告の概況」2019.
・社会保険研究所『介護保険制度の解説 法令付 平成30年 8 月版』2018.

●**おすすめ**
・加藤智章編『世界の病院・介護施設』法律文化社，2020.
・宇佐見耕一他編『新 世界の社会福祉（全12巻）』旬報社，2019-2020.

第3節 医療費の保障

1 医療費保障制度の概要

　高額になりがちな医療費を保障し、すべての国民が必要な医療を受けることができるようにするための制度として、さまざまな医療費保障制度がある。この節では、その体系を理解するとともに、医療提供施設に支払われる診療報酬の制度を概観する。

　医療費を保障するための制度としては、**表4-8**のとおりさまざまなものがあるが、大きく社会保険と公費負担医療に分けることができる。

　社会保険は、対象者を強制加入させ、保険料の拠出と引き換えに受給権を付与する仕組みである。社会保険による医療費保障制度としては、医療保険と労働者災害補償保険（以下、労災保険）がある。

　医療保険は、民間企業のサラリーマンや公務員を対象とした被用者保険（職域保険）と地域住民を対象とした地域保険に大きく分けられる。国民皆保険の理念の下、国民は職域、居住地または年齢に応じていずれかの制度に加入する義務がある。

　被用者保険には、大企業が単独で、または同一業界の企業が集まって設立する健康保険組合（以下、健保組合）による組合管掌健康保険、健保組合の設立が困難な中小企業等の被用者が加入する全国健康保険協会管掌健康保険（以下、協会けんぽ）、公務員や私立学校教職員が加入する共済組合がある。

　地域保険としては、都道府県と市区町村が共同して運営する国民健康保険がある。国民健康保険の被保険者は、被用者保険や後期高齢者医療制度の加入者、生活保護世帯に属する者などを除く当該都道府県の住民である。被用者保険ではないため、保険料の事業主負担はない。また、国民皆保険における最後の砦として、退職者、非正規労働者、長期療養者など低所得層が多く加入しており、財政状況は厳しい。このため、被

用者保険との間で、65〜74歳の前期高齢者の医療費の負担について財政調整が行われるとともに、多額の公費が投入されている。なお、国民健康保険には、医師国保組合など同種同業の従事者が組合員となって設立した国民健康保険組合（以下、国保組合）もある。

　75歳以上（一定程度の障害をもつ場合、65歳以上）の高齢者については、後期高齢者医療制度が設けられている。低所得で医療費が高い者が加入するため財政状況は厳しく、被用者保険や国民健康保険から後期高齢者支援金が納付されるとともに、多額の公費が投入されている。

　他方、労災保険は、労働災害が生じたときの事業主の損害賠償責任を確実に履行させるために設けられた、いわば事業主のための保険である。原則としてすべての労働者は、保険料を払うことなく労災保険に加入し、自己負担なしに医療を受けることができる。

　医療費保障制度のもう一つの柱は、公費負担医療である。社会保険と比べると規模は小さいが、国や自治体が特別な政策目的を実現するため、

表4-8　医療費保障制度の概要　　　　　　　　　保険者数は2018（平成30）年6月時点

			制　度	実施者	対象者	主な財源
社会保険	医療保険	75歳未満	組合管掌健康保険（組合健保）	健保組合（1,399）	大企業等の被用者とその被扶養者	保険料（被保険者と事業主）
			全国健康保険協会管掌健康保険（協会けんぽ）	全国健康保険協会（1）	中小企業の被用者とその被扶養者	
			国家公務員共済組合、地方公務員等共済組合、私立学校教職員共済制度	共済組合等（85）	公務員、私立学校教職員等とその被扶養者	
		地域保険	国民健康保険	都道府県と市区町村の共同実施	自営業者、無職者、非正規労働者等	保険料（被保険者）、公費
			国民健康保険組合	国保組合（163）	同一業種の自営業者	
		75歳以上	後期高齢者医療制度	市区町村の広域連合（47）	75歳（一定の障害がある場合は65歳）以上の者	
	労災補償		労働者災害補償保険	国	民間被用者	保険料（事業主）
			国家（地方）公務員災害補償制度	国（自治体）	国家（地方）公務員	
公費負担医療			個々の法律に基づく制度	自治体	特定の者	公費
			生活保護（医療扶助）	自治体	被保護者	
無料低額診療			第二種社会福祉事業	社会福祉法人等	生活困難者	自己資金

注：表の実施者の欄の括弧内の数字は、保険者の数。
出典：筆者作成

社会保険がカバーしていない医療費の一部または全部を税財源で負担している。

表4-8の最下欄の無料低額診療は、医療機関が自らの財源で低所得者を無料で診療したり、一部負担を免除したりする仕組みである。

2 社会保険制度 ——医療保険と労災保険

1 医療保険制度

❶保険料

① 保険料の納付

被用者保険の保険料は、被保険者の給与、賞与等の報酬に応じた額が課される。保険料率は保険者によってばらつきがあるが、おおむね10%前後であり、原則として被保険者と事業主が労使折半し、事業主に納付義務がある。被保険者の被扶養者は、保険料を払う必要はない。

都道府県等が行う国民健康保険の場合、市区町村が国民健康保険料または国民健康保険税を徴収する。保険料（税）の算定方法、賦課額などは市区町村の条例で定められる。被用者保険と異なり、国民健康保険には扶養の概念がなく、加入者は皆被保険者となる。保険料（税）は世帯単位で算定され、世帯主に納付義務がある。

後期高齢者医療制度でも、加入者はすべて被保険者となるが、保険料は世帯単位ではなく、加入者ごとに算定され、それぞれが市区町村に納付する義務を負う。

なお、国民健康保険や後期高齢者医療の保険料は、市区町村に直接支払う。65歳以上で老齢基礎年金等が年額18万円以上であるといった要件に該当すれば、特に普通徴収を希望する場合などを除き、住民税や介護保険料とともに年金から特別徴収される。

② 低所得者等に対する保険料の減免

国民健康保険や後期高齢者医療制度には低所得者が多数加入しており、保険料を負担できない者も多いため、所得水準に応じた減免が行われている。また、災害や事業廃止等で生活が困難になった者への減免措置、解雇や雇い止めで失業した者などへの軽減措置もある。

③ 保険料の滞納に対する措置

被用者保険や後期高齢者医療制度では、保険料収納率は100%に近いが、国民健康保険では90%程度である。特別な事情なく、納期限を過ぎ

第4章 保健医療領域に必要な政策・制度およびサービスに関する知識

Active Learning

自分が加入している医療保険制度はどれか、保険料をどのように払っているのか調べてみましょう。

★普通徴収と特別徴収
普通徴収は、保険料や税金の納付義務がある個人が自ら納める方法（市区町村窓口での納付書による納付、口座振替、コンビニ納付など）。特別徴収では、保険料や税金が公的年金から控除（天引き）される。

Active Learning

自分が住んでいる自治体の国民健康保険の保険料を滞納している人はどれくらいいるのか調べてみましょう。

★被保険者資格証明書
被保険者資格証明書が交付されると、患者は医療機関窓口で医療費の全額を払う必要がある。市区町村に払い戻しを申請したとしても、本来保険者が負担すべき部分（一部負担金以外の部分）は払い戻されることなく、滞納保険料（税）に充当される。

ても保険料（税）を納付しない者に対しては、市区町村は督促状等により催告をする。それでも納付しなければ、通常の被保険者証に代え、短期被保険者証（有効期間が短い被保険者証）や被保険者資格証明書を交付するほか、給付の差し止めや滞納処分（差し押え等）を行う。

❷保険給付

　医療保険の給付には、法律で種類や要件が定められた法定給付と健保組合などが任意に給付を行う付加給付（国保組合では任意給付）がある（**表4-9**）。法定給付には、医療費を保障する医療給付と治療期間中の所得保障などを目的とする現金給付がある。付加給付については、協会けんぽや都道府県等が行う国民健康保険には制度がないが、健保組合や国保組合は、規約に基づき一部負担金の軽減などを行っている。

① 医療給付

　医療給付は、療養の給付と療養費に区分される。給付の基本となるのは、現物給付である療養の給付である。患者は医療機関で医療サービス（療養の給付）を受けるが、その際、医療機関の窓口で一部負担金を負担するだけで済む。一部負担金を除く残りの医療費は、保険者が審査支払機関を通じて医療機関に支払う。このように、現物給付には、患者が受診前に多額の現金を用意する必要がないというメリットがある。なお、療養の給付を受けられるのは、健康保険法に基づき厚生労働大臣が指定した保険医療機関のみである。

　療養費は、療養の給付が受けられない場合の金銭の支給であり、家族療養費、入院時食事療養費、高額療養費などがある。健康保険法では、被保険者の家族（被扶養者）の場合、窓口でいったん医療費の全額を支

表4-9　医療保険の保険給付の概要

	法定給付				付加給付（任意給付）
	医療給付			現金給付	
	現物給付	療養費払い			
被用者保険	療養の給付	家族療養費 入院時食事療養費 入院時生活療養費 訪問看護療養費 保険外併用療養費 高額療養費 高額医療・高額介護合算療養費	現物給付化（一部を除く）	傷病手当金 出産手当金 出産育児一時金 埋葬料(葬祭費) 移送費	健保組合のみ実施（一部負担金の軽減等）
国民健康保険				出産育児一時金 葬祭費	国保組合のみ実施(傷病手当金等)
後期高齢者医療制度				葬祭費	なし

出典：筆者作成

払い、後日、保険者に申請し、療養の給付に相当する現金である**家族療養費**を受け取るのが本来の仕組みである（**療養費払い**）。しかし、患者の利便性を考え、実際には、現物給付の扱いがなされている。この現物給付化は、入院時食事療養費や高額療養費の一部などでも行われている。

医療保険の対象となる給付は、疾病等に対する有効性・安全性が認められる治療に限られており、治療でないもの、安全性等が確認されていないもの、個人の快適さを追求するものなどは給付対象とならない。また、必要な医療はすべて医療保険で行われるべきであり、有効性・安全性が未確認の治療法には保険財源を使うべきではないといった考えから、保険診療と保険外診療（自由診療）を併用して治療を受ける場合、保険診療の部分を含め、医療費の全額が自己負担となる（**混合診療の禁止**）。ただし、厚生労働大臣が認めた一定の医療については、入院基本料など、その例外として**保険外併用療養費**の対象となるものがある。近年、患者選択の拡大等の観点から、その対象範囲を拡げる方向で規制改革が行われている。

② 現金給付

現金給付には、医療給付の対象とならない費用の補填と休業補償の性格をもつものがあり、被保険者に対して支給される。前者については、**出産育児一時金**と埋葬料・葬祭費がある。出産育児一時金は、被保険者や被扶養者が分娩した場合に支給され、2020（令和2）年度の額は39万円（産科医療補償制度加入病院での分娩では42万円）である。埋葬料等は、被保険者や被扶養者が死亡した場合に支給される（5万円）。

休業補償の性格をもつ現金給付には、**傷病手当金**と**出産手当金**がある。傷病手当金は、被用者保険の被保険者が療養のため就労できない場合、その間の所得保障として支給される。支給期間は、同一傷病につき支給開始日から最長1年6か月である。国民健康保険は自営業者等のための保険であるため、国保組合を除き、一般的には傷病手当金は支給されていない。出産手当金は、被用者保険の被保険者が産前産後休暇を取得し、この間賃金の支払いを受けなかった場合に支給される。支給額は、両手当金とも標準報酬日額の3分の2である。休業・休暇中に賃金が支払われれば、その分が減額される。

❸一部負担金と高額療養費制度

① 一部負担金

患者は、医療機関や薬局の窓口で、医療サービスを受ける対価として**一部負担金**を支払う。その負担額は医療費の一定割合（定率負担）とさ

★**医療保険の給付対象とならないもの**
正常な妊娠・分娩の費用、健康診断、予防接種、美容整形、眼鏡、補聴器、義眼、義肢など治療でないもの、先進医療など有効性・安全性が確認されていないもの、入院時室料差額（差額ベッド代）、金歯など個人の選択によるもの、一般用医薬品（大衆薬）など。

★**保険外併用療養費の対象となるもの**
先進医療、治験に係る診療等の「評価療養」、差額ベッド代、金歯、大病院の初診等の「選定療養」のほか、2016（平成28）年に患者の希望により未承認医薬品等を使用する場合の「患者申出療養」の制度が創設。

★**出産育児一時金**
被保険者は、分娩費用を病院に支払った後、保険者に申請して出産育児一時金を受け取るが、分娩施設との合意により、分娩施設が分娩費用（出産育児一時金の額が限度）を保険者から直接受け取る形にすることも可能。

★**国民健康保険における傷病手当金**
国民健康保険加入の被用者に対して傷病手当金を支給するかどうかは、市町村が条例で定めることができるが、厚生労働省は、市町村に対し、新型コロナウイルスに感染した被用者に対する支給を検討するよう促している。

第**4**章 保健医療領域に必要な政策・制度およびサービスに関する知識

表4-10　医療保険の一部負担金

	一般・低所得者	現役並み所得者
75歳以上	1割負担	3割負担
70歳以上75歳未満	2割負担	
義務教育就学後から70歳未満	3割負担	
義務教育就学前	2割負担	

出典：筆者作成

れており、年齢区分や所得水準によりその割合は異なる（**表4-10**）。

②　高額療養費制度

　定率負担の場合、一部負担金の額は医療費に比例することから、その額によっては、低所得者はもちろん中高所得者であっても負担できない場合が生じる。このため、自己負担に限度額を設定する高額療養費制度が設けられている。高額療養費は、1か月に支払う一部負担金が高額となった場合、自己負担限度額を超えた分を保険者が払い戻す給付である。一つの医療機関の窓口負担が限度額を超えなくても、別の医療機関での負担を合算した額が限度額を超えれば、高額療養費が支給される。なお、保険者から事前に交付された限度額適用認定証を医療機関に提示すれば、窓口での支払いは限度額までで済む。

　高額療養費制度における自己負担限度額は、年齢や所得水準により細かく設定されている（**表4-11**）。低所得者や高齢者の場合、一般の現役世代と比べ、限度額は低い。また、高額な治療が長期にわたって続く人工透析を行う慢性腎不全、血友病および血液凝固因子製剤の投与に寄因するHIV感染症の場合、原則として月額1万円とされている。具体的な算定の例を**図4-3**に示す。

　高額療養費制度には、さらに負担を軽減する仕組みとして多数回該当や世帯合算がある。多数回該当は、窓口負担が過去12か月以内に3か月（回）以上限度額に達した場合、4回目から限度額が「多数回該当」欄に記載された金額まで引き下げられる仕組みである。また、世帯合算では、1人分の窓口負担では限度額を超えない場合でも、同じ世帯の同一の医療保険に加入している家族の窓口負担を1か月単位で合算することができ、その合算額が一定額を超えた場合、高額療養費が支給される。なお、自己負担の合算・軽減の仕組みは、介護保険との間にも設けられている（高額医療・高額介護合算療養費制度）。

★高額医療・高額介護
　合算療養費制度
世帯内の同一の医療保険の加入者について1年間にかかった医療保険と介護保険の自己負担を合計し、それが基準額を超えた場合、その超えた金額を支給する制度。

表4-11 高額療養費制度の自己負担限度額

＜70歳未満の者＞

所得区分	1月の上限（世帯ごと）	多数回該当
約1160万円〜	252,600円＋（医療費−842,000円）×1%	140,100円
約770〜約1160万円	167,400円＋（医療費−558,000円）×1%	93,000円
約370〜約770万円	80,100円＋（医療費−267,000円）×1%	44,400円
〜約370万円	57,600円	44,400円
住民税非課税者	35,400円	24,600円

＜70歳以上の者＞

所得区分		外来（個人ごと）	1月の上限（世帯ごと）	多数回該当
現役並み所得	年収約1160万円〜	252,600円＋（医療費−842,000円）×1%		140,100円
	年収約770〜約1160万円	167,400円＋（医療費−558,000円）×1%		93,000円
	年収約370〜約770万円	80,100円＋（医療費−267,000円）×1%		44,400円
一般	年収156〜約370万円	18,000円（年144,000円）	57,600円	44,400円
住民税非課税等	Ⅰ 住民非課税世帯	8,000円	24,600円	—
	Ⅱ 住民税非課税世帯（年金収入80万円以下等）		15,000円	—

出典：厚生労働省の資料により筆者作成

図4-3 高額療養費の算定の例

自己負担限度額80,100円＋（1,000,000円−267,000円）×1%＝87,430円

高額療養費300,000円−87,430円＝212,570円

注：70歳未満、年収約370〜770万円、医療費100万円の場合
出典：筆者作成

2 労働者災害補償保険制度

　労災事故が発生すると、事業主に災害補償責任が生じるが、事業主の労働者に対する補償を迅速かつ確実なものにするために設けられた仕組みが労災保険である。事業主は、国（保険者）に保険料を拠出し、国が個々の事業主に代わって給付を行う。労災による傷病には医療保険は適用されず、労災保険で医療を受けなければならない。

　労働災害には、**業務災害**と**通勤災害**がある。業務災害とは、労働者が

業務上被った負傷、疾病、障害または死亡をいい、過失の有無を問わず、事業主の責任である。通勤災害とは、通勤中の事故により労働者が被った傷病等をいい、事業主に補償責任はないが、給付の対象とされている。労働災害が生じ、労働者が労災給付を受けるためには、労働基準監督署に申請し、その認定を受けなければなならない。業務災害による傷病の治療のための医療費を保障するのは、療養補償給付（通勤災害では療養給付）である。被災した労働者が労災病院（独立行政法人労働者健康安全機構が直営）や労災指定医療機関等（都道府県労働局長が指定）に受診した場合、現物給付がなされる。しかし、その他の医療機関に受診した場合、労働者は窓口でいったん医療費の全額を払わねばならず、後日、現金で償還される。療養補償給付では、事業主の責任であるため患者負担はないが、療養給付では若干の負担が求められる。

3 公費負担医療制度

　公費負担医療は、特別な政策目的を達成するため、税財源で医療費を負担する制度である。その仕組みには、公費優先と保険優先がある（図4-4）。公費優先では、医療費の全額を公費で賄う。保険優先ではまず医療保険が適用され、一部負担金を公費が肩代わりする。いずれの場合も、患者や家族の所得に応じて費用徴収がなされる場合がある。

　公費負担の仕組みや制度創設の理由は、多様である。公費優先の医療

図4-4　公費優先と保険優先の仕組み

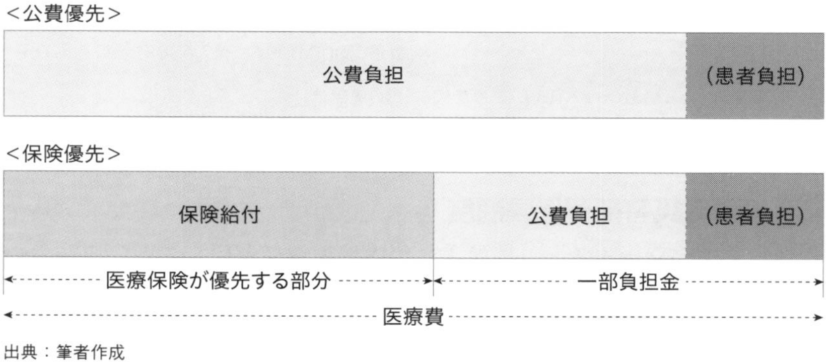

<公費優先>

公費負担	（患者負担）

<保険優先>

保険給付	公費負担	（患者負担）

←---- 医療保険が優先する部分 ----→　←---- 一部負担金 ----→

←------------------------ 医療費 ------------------------→

出典：筆者作成

---

i　労災保険では、事業所ごとに業務災害件数の多寡に応じて保険料率が上下するため、業務災害による傷病であっても、事業主が労働者に健康保険で受診させる違法な行為がみられる。

表4-12 主な公費負担医療制度

	法律		公費負担医療の対象	公費負担医療の内容	自己負担
公費優先	戦傷病者特別援護法		療養の給付	軍人軍属等であった者の公務上の傷病の医療	なし
	原爆被爆者援護法[a]		認定疾病医療費	原爆症の医療	
	心身喪失者等医療観察法[b]		医療の実施	重大な他害行為を行い、心神喪失で不起訴になった者等の入院等	
保険優先	国家補償被害救済	原爆被爆者援護法[a]	一般疾病医療費	原爆症以外の傷病の医療	
		予防接種法	医療費	法定予防接種を受けたことによる疾病の医療	
		医薬品総合機構法[c]	医療費	適正に使用した医薬品の副作用による疾病の医療	
	障害福祉	障害者総合支援法	自立支援医療 — 育成医療	障害児の障害の除去・軽減	制度上、所得等に応じて自己負担が生じることがある。ただし、自治体の医療費助成事業により無料化されている場合もある。ただし、生活保護が医療扶助のみの単給である場合、収入が増えれば、負担を求められることがある。
			自立支援医療 — 更生医療	身体障害者の障害の除去・軽減	
			精神通院医療	精神障害者の通院医療	
		精神保健福祉法	措置入院	自傷他害のおそれがある者の入院措置	
	児童福祉	児童福祉法	療育の給付	児童の結核医療	
		母子保健法	養育医療	未熟児の入院医療	
	疾病対策	難病法	特定医療費	指定難病患者の医療	
		児童福祉法	小児慢性特定疾病医療費	小児慢性特定疾病の治療	
	公衆衛生	感染症法[d]	結核患者の適正医療	化学療法等の治療	
			一類感染症患者の入院	勧告等による入院医療	
		麻薬及び向精神薬取締法	入院措置	麻薬中毒者の入院措置	
	公的扶助	生活保護法	医療扶助	被保護者の医療	

a：原子爆弾被爆者に対する援護に関する法律
b：心神喪失等の状態で重大な他害行為を行った者の医療及び観察等に関する法律
c：独立行政法人医薬品医療機器総合機構法
d：感染症の予防及び感染症の患者に対する医療に関する法律
出典：各種資料により筆者作成

には、戦傷病者の傷病、被爆者の原爆症の治療等国家責任の観点から全額公費で行われているものがある。保険優先の場合も、障害福祉、疾病対策、公衆衛生、国家補償や健康被害の救済などさまざまな観点から公費が投入されている。以下、代表的なものをあげる（**表 4-12**）。

1 障害者総合支援法による自立支援医療

　障害者の日常生活及び社会生活を総合的に支援するための法律（障害者総合支援法）による自立支援医療のうち、更生医療、育成医療は、それぞれ障害者、障害児の身体障害を除去・軽減する手術等について患者負担を軽減することを目的としている。また、精神通院医療は、通院医療を継続的に要する病状にある者の負担を軽減するための制度である。これらの医療は、都道府県知事が指定する指定自立支援医療機関で行われる。

　自立支援医療では、対象者はまず医療保険で医療を受ける（保険優先）。その際、一部負担金に対して公費負担がなされ、自己負担は1割となる。ただし、対象者の属する世帯（対象者と同一の医療保険に加入する者のみが世帯構成員）の所得水準に応じて自己負担限度額が定められており、1割負担が限度額を超えた場合、その超えた部分も公費負担となる。限度額は、複数の医療機関の自己負担額を合算したものに適用される。また、腎臓機能障害、統合失調症など高額な治療を長期にわたり継続する場合、さらに自己負担が軽減される。

2 難病法による特定医療費

　難病患者は、障害者総合支援法に基づき福祉サービスを受けることができるが、医療には、自立支援医療ではなく、難病の患者に対する医療等に関する法律（難病法）が適用される。指定難病※の患者で病状が一定の基準を満たす者等は、まず医療保険の対象となる（保険優先）。その際、一部負担金に対して特定医療費が支給され、患者負担は2割となる。ただし、所得水準に応じた自己負担限度額があり、患者負担がその限度額を超えた場合、その超えた部分も公費負担となる。

3 精神保健福祉法による措置入院

　精神保健及び精神障害者福祉に関する法律（精神保健福祉法）による入院には、任意入院、措置入院、医療保護入院などがある。任意入院や医療保護入院は本人や家族の同意によるため、公費負担の対象ではない。他方、措置入院は、入院しなければ自傷他害のおそれがある場合に都道府県知事が指定病院等に入院させる制度であり、医療保険の一部負担金は公費で負担される（保険優先）。ただし、強制的措置であっても治療に必要な医療・保護であるため、低所得者を除き月2万円を限度に費用徴収が行われる。

4 生活保護法による医療扶助

　生活保護の被保護者が病気になると、福祉事務所に医療扶助を申請する。福祉事務所は医療の要否を判定し、医療券を発行する。被保護者は指定医療機関に医療券を提示し、公費で医療を受ける。指定医療機関への診療報酬の支払いは、保護を行った自治体が行う。

　被保護者が国民健康保険や後期高齢者医療制度の被保険者であった場合、保護を受けるとその資格を喪失し、医療費全体が医療扶助の対象となるが、被用者保険の場合、被保険者資格は失われず、一部負担金のみが医療扶助の対象となる（保険優先）。また、被保護者が他の公費負担医療を受けることができる場合、他の制度が優先適用される（他法優先）。この場合、患者負担があれば、その部分が医療扶助の対象となる。

5 自治体による医療費助成事業

　多くの自治体では、地方単独事業として、条例に基づき、子ども、ひとり親家庭、障害者等の医療保険の一部負担金を公費で助成している（保険優先）。なお、一部負担金は、医療保険制度における負担の公平や受診の適正化の観点から設けられているものであるため、この趣旨にかかわらず一部負担金を減免している自治体に対し、国は国民健康保険の補助金の減額を行っている（子どもの場合を除く）。

★地方単独事業
国の法令や補助制度に基づくものでなく、自治体独自の判断により、その一般財源で行われる事業をいう。

Active Learning
自分が住んでいる自治体では、地方単独事業としてどのような医療の患者負担の軽減を行っているか調べてみましょう。

4　無料低額診療

　無料低額診療は、社会福祉法に基づき、生計困難者のために無料または低額な料金で診療を行う第二種社会福祉事業である。生活保護を受けていないが、事実上医療費を支払うことができない者、たとえば、低所得者、要保護者、ホームレス、ドメスティック・バイオレンス被害者、人身取引被害者などが対象となる。

　無料低額診療は、診療施設と社会福祉協議会・福祉事務所との間で、対象者の要件（収入等）や医療費の減免方法を決めておき、患者に診療券を発行する。診療券を持った患者が診療施設の窓口に来ると、支払いが減免され、それを診療施設が肩代わりする。

　無料低額診療事業を行うためには、都道府県に届出を行う必要がある。その際、診療施設において医療費の減免方法を明示すること、生活保護受給者と無料または診療費の 10% 以上の減免を受けた者の延数が取扱

患者の総延数の 10% 以上であること、生活相談に応じるため医療ソーシャルワーカーを置くこと、生計困難者に対し定期的に無料の健康相談、保健教育等を行うことなどが求められる。社会福祉法人、医療生協、公益社団・財団法人、医療法人など 703 施設（2018（平成 30）年度）がこの事業を行っており、固定資産税の非課税など税制上の優遇がなされている。

5 診療報酬制度

1 診療報酬制度の体系

❶診療報酬とは

保険医療機関は、医療保険加入者に対し保険診療を行うが、そのサービスに対する対価は、一部負担金部分を除き、厚生労働大臣が定める公定価格により診療報酬として保険者から支払われる。この支払いのため、国は診療報酬点数表などにより個々の医療技術、サービスや医薬品ごとに点数を定めており、全国一律に 1 点 10 円で計算される。

なお、医療保険の診療報酬点数表などは、他の制度でも利用されている。労災保険の診療報酬も、基本的にはこれに従って算定される。ただし、労災診療の特殊性を考慮し、1 点 12 円などとされているほか、労災独自の算定基準が定められている。公費負担医療でも診療報酬点数表を使うが、その特殊性に配慮した基準が設けられている場合がある。

❷診療報酬の決定

診療報酬の改定は 2 年に一度行われる。診療報酬は、国民医療費の動向や医療機関の経営に大きな影響を及ぼすため、まず予算編成過程において内閣が診療報酬改定率を決定する。個々の点数設定や算定要件などは、厚生労働省の社会保障審議会がまとめた基本方針に基づき、中央社会保険医療協議会への諮問・答申を経て、厚生労働大臣が決定する。

❸点数表と薬価基準

診療報酬は、医療保険で使われる技術・サービスの評価と物の価格の評価から構成される。技術・サービスの料金を定める点数表には、医科診療報酬点数表、歯科診療報酬点数表、調剤報酬点数表があり、物の価格は薬価基準や材料価格基準によって定められている。

医科診療報酬点数表は、基本診療料と特掲診療料からなる。基本診療料は、①外来診療の初（再）診料、②入院時の基本的な医学管理、看護、

療養環境等の一連の費用を評価する入院基本料、③人員配置、特殊な診療の体制等に応じて算定する入院基本料等加算、④集中治療、回復期リハビリテーション等の特定の機能を有する病棟や病床に入院した場合に算定される特定入院料、⑤日帰り手術等の環境、術前術後の管理等を評価する短期滞在手術等基本料からなる。特掲診療料には、医学管理等、在宅医療、検査、画像診断、投薬、注射、リハビリテーション、精神科専門療法、処置、手術、麻酔、放射線治療、病理診断の 13 分野がある。調剤報酬点数表は、保険薬局の調剤に対する報酬の価格表である。薬価基準は保険診療に使用できる医薬品の銘柄と価格を定め、材料価格基準は特定保険医療材料（ペースメーカー、人工関節等）の価格を定めている。

❹診療報酬の支払方式

診療報酬支払方式は、**出来高払い**が原則である。出来高払いは、個々の診療行為の点数を積み上げて算定する方式であるが、検査や投薬をすればするほど点数が積み上がり、医療機関の利益が増加するため、過剰診療のおそれが指摘されている。このため、急性期入院医療については、**DPC による包括払い**★が導入されている。

❺診療報酬の審査支払制度

保険医療機関や保険薬局は、医療に要した費用を定められた方法に従って算定し、患者から徴収する一部負担金等の額を控除して、保険者に請求し、支払いを受ける。具体的には、**診療報酬明細書（レセプト）**に月単位の医療費を記載し、診療翌月に保険者に請求する。ただし、保険者は、レセプトの審査・支払いの事務を**審査支払機関**★に委託しているため、保険医療機関はレセプトを審査支払機関に直接送付する。

審査支払機関は、記載ミスなどのチェックに加え、医師等から構成される審査委員会により治療内容の医学的妥当性を判断する。審査が終われば保険者に支払いを請求し、保険者から納付されれば、診療翌々月に保険医療機関等に支払いを行う。審査支払機関には、特別民間法人である**社会保険診療報酬支払基金（支払基金）**と国民健康保険の保険者が都道府県ごとに共同設立した**国民健康保険団体連合会（国保連）**がある。

★**診断群分類別包括評価（DPC/PDPS）**
傷病名と診療行為の組み合わせによって分類された診断群分類（DPC）ごとに 1 日当たりの入院費を包括的に評価し、在院日数に応じて定額で支払いを行う仕組み。

★**審査支払事務の委託**
保険者は支払基金と国保連のいずれにも事務を委託できるが、実際には、被用者保険は支払基金、国民健康保険や後期高齢者医療広域連合は国保連に委託している。

その他の政策・制度

学習のポイント

● 保健医療の隣接領域のさまざまな政策・制度およびサービスに関する基礎的な知識を得る
● 保健医療領域と隣接領域の関係を理解する

1 介護に関する制度

　介護は保健医療の隣接領域であり、対象者の状態の変化に応じて連続性をもち、密接な関係にある。このため、医療関係者も介護制度の特徴や利用手続きを十分理解しておく必要がある。現在、高齢者の介護には介護保険法、障害児・者の介護には障害者の日常生活及び社会生活を総合的に支援するための法律（障害者総合支援法）が対応している。以下では、これらの関係を含め、介護に関する制度を概説する。

1 介護保険制度

❶介護保険への加入

　介護保険の保険者は市区町村であり、被保険者はその市区町村に住む40歳以上の者である。65歳以上は**第1号被保険者**、40歳以上65歳未満は**第2号被保険者**といわれる。被保険者には介護保険料の納付義務があり、医療保険に似た仕組みで徴収される。医療保険と異なり、生活保護の被保護者であっても介護保険に加入し、保険料を納める必要がある。ただし、その保険料は、生活保護制度が負担する。

❷要介護認定

　介護サービスの利用に当たっては、**要介護認定**を受けておく必要がある。医療保険ではこのような手続きなしに自由に受診できるが、介護保険では要介護認定を受けた者のみがサービスを利用できる。市区町村に要介護認定の申請を行えば、認定調査員が自宅を訪問して申請者の状況を調査し、その結果と主治医の意見書をもとに、コンピュータによる一次判定が行われる。さらに、その結果を受けて、介護認定審査会が二次判定を行う。審査会は申請者の状態を審査し、国が定めた基準に基づき、

自立、要支援1・2、要介護1～5のいずれに該当するか判定を行う。第1号被保険者の場合、要介護状態になった原因は問われない。しかし、第2号被保険者では、加齢に起因する特定疾病（末期がん、初老期の認知症等）による場合に限定される。ほかの原因により要介護状態になったのであれば、ほかの制度の対象となる。

❸保険給付

保険給付には、要介護者に対する介護給付と要支援者に対する予防給付がある。介護給付は施設サービス、居宅サービス、地域密着型サービス、居宅介護支援（ケアマネジメント）であり、予防給付には介護予防サービス、地域密着型介護予防サービス、介護予防支援（ケアマネジメント）がある。

介護給付である施設サービスには、介護老人福祉施設（特別養護老人ホーム）、介護老人保健施設のほか、2018（平成30）年度に創設された介護医療院がある。介護医療院は、廃止の方針が決まっている介護療養型医療施設に代わるものとして設けられた。日常的な医学管理、看取り・ターミナル等の機能と生活施設としての機能を兼ね備えた新たな介護保険施設であり、医療法上の医療提供施設でもある。

居宅サービスには、訪問介護（ホームヘルプサービス）、訪問看護、通所介護（デイサービス）、通所リハビリテーション（デイケア）、短期入所生活（療養）介護（ショートステイ）などがあり、地域密着型サービスには、小規模多機能型居宅介護、認知症対応型共同生活介護（グループホーム）などがある。居宅サービスの利用にあたっては、介護支援専門員(ケアマネジャー)による居宅介護支援が行われる。ケアマネジャーは居宅介護サービス計画（ケアプラン）を作成し、市町村やサービス事業者との連絡調整を行う。なお、居宅サービスでは、要介護度に応じて月単位での支給限度額が定められており、それを超えて利用する場合、全額自己負担となる。

予防給付の対象サービスの利用にあたっては、介護給付と同様、ケアマネジャーによる介護予防支援が行われ、介護予防サービス計画（ケアプラン）が作成される。

❹利用者負担

介護保険のサービスは、医療保険と同様、現物給付化されており、利用者はサービス事業者に利用者負担のみ払えばよい。第1号被保険者は介護費用の1割を負担する必要があるが、一定以上の所得のある者は2割負担、所得の高い者は3割負担となる。第2号被保険者は一律1割負

表4-13　高額介護サービス費の負担限度額（月額）

利用者負担段階区分	世帯の限度額	個人の限度額
現役並みの所得者に相当する者のいる世帯の者	44,400円	44,400円
世帯内の誰かが市町村民税を課税されている者	44,400円	44,400円
世帯全員が市町村民税を課税されていない者	24,600円	24,600円
前年の合計所得金額と公的年金収入額の合計が年間80万円以下の者等	24,600円	15,000円
生活保護の受給者等	15,000円	15,000円

注：「世帯」は世帯内の介護サービスを利用した者全員の負担の合計であり、「個人」は介護サービスを利用した本人の負担である。
出典：厚生労働省の資料により筆者作成

担である。なお、ケアプラン作成には利用者負担はない。介護費用が高額になれば、**高額介護サービス費**が支給される（**表4-13**）。高額療養費制度と同様、月単位の負担限度額が定められており、負担がこれを超えると、保険者から払い戻される仕組みである。

❺介護報酬

市区町村は、事業者が介護サービス提供に要した費用のうち利用者負担を除いた部分に対し、介護報酬を支払う。その審査支払事務は、国民健康保険団体連合会が市区町村から委託を受けて実施している。介護報酬は3年に1回改定される。全国一律の単価である医療保険と異なり、人件費など地域の実情に応じて金額は異なっている。

❻介護予防・日常生活支援総合事業

市区町村は、その実情に応じてさまざまな方法で**介護予防・日常生活支援総合事業**（以下、総合事業）を行う。要支援者や基本チェックリストにより判断された対象者に対する訪問型サービス、通所型サービスや生活支援サービス（配食、見守り等）のほか、第1号被保険者全体に対する介護予防の普及・啓発などを実施している。

2 障害者総合支援法による介護給付

障害者総合支援法では、自立支援給付として、前述の自立支援医療のほか、**介護給付**を行う。介護給付には、居宅介護（ホームヘルプサービス）、重度訪問介護、同行援護、行動援護、短期入所（ショートステイ）、療養介護、生活介護、施設入所支援などがある。

介護給付の対象者は、児童も含む、身体障害者、知的障害者、精神障害者（発達障害者を含む）および難病患者である。介護給付の利用にあたっては、介護保険と似た手続きを踏む。障害者等は、まず市区町村に

設置された審査会で障害支援区分（その障害者に必要な支援の度合）の判定を受ける。市区町村が支給を決定すると、サービス等利用計画が作成され、障害支援区分に応じたサービスの利用が可能になる。利用者負担には、所得段階に応じた負担上限額が設定されており、上限額に達するまでは1割負担となる。この結果、市町村民税非課税世帯は無料となるなど、負担は低く抑えられている。

3 制度間の関係

介護サービスの利用に際しては、同種の給付を行う他制度との関係に注意が必要である。介護保険と医療保険の両方にある訪問看護や訪問リハビリテーションのサービスを利用する場合、要介護（支援）認定を受けていれば介護保険が優先され、受けていなければ医療保険が適用される。ただし、要介護（支援）者であっても、厚生労働大臣が定める疾病等（末期の悪性腫瘍、多発性硬化症等）に該当する場合は、医療保険が適用される。

介護保険と障害者総合支援法との関係については、同種のサービスが介護保険にない場合、障害者総合支援法のサービスを利用できるが（同行援護、行動援護等）、介護保険に同種のサービスがある場合には、原則として介護保険が優先される（ホームヘルプサービス等）。他方、介護保険に同種のサービスがあったとしても、定員に空きがないなどにより介護保険サービスを利用できない場合には、障害者総合支援法のサービスを利用することができる。

また、労働者が労災事故により介護を要する状態にあり、親族等から介護を受けているときは、労災保険から介護（補償）給付が支給されるが、特別養護老人ホーム、医療機関等に入所または入院している間は支給されない。

2 住宅・教育・就労などに関する制度

1 退院支援における生活の場・住居確保

保健医療領域でのソーシャルワークは、病院や診療所、施設などの中だけでなく、患者が暮らす生活の場、住居などとの間で展開される。入院治療を終えた患者の中には、入院前と同じ生活には戻れない人もいる。そもそも住まいがない状態から入院や受診に至る人もいる。

日本は住宅福祉政策を欠いて福祉国家となったため、住居に関する施策と経験が圧倒的に不足している。そこで近年、法制度が整えられつつある。生活の場・住居確保に困る患者を援助する場合に必要な知識、活用すべき社会資源を知っておこう。

　住生活基本法により、国民が住まいを安定して確保できるよう国や地方公共団体に必要な施策を講じるために、住宅確保要配慮者に対する賃貸住宅の供給の促進に関する法律が定められ、2017（平成29）年より住宅セーフティネット制度を開始した（図4-5）。公営住宅に加え、民間の空き家・空き室を活用する制度である。住宅確保要配慮者の入居を拒まない賃貸住宅の登録制度も開始された。

　住宅確保要配慮者とは、低所得者、被災者、高齢者、障害者および子ども（18歳に達する日以後の最初の3月31日までの間にある者）を養育している者、その他住宅の確保に特に配慮を要する者として国土交通省令で定める者となっている。低所得の基準は、公営住宅法に定める算定方法によっており、2020（令和2）年2月現在は、月収15万8000円を超えないものとしている。現在、その他特に配慮を要すると定められているのは、外国人等である。地方公共団体が供給促進計画を定めることにより、たとえば、新婚世帯などを追加することもできる（セーフティネット住宅情報提供システムホームページ）。

　登録された住宅は、「セーフティネット住宅情報提供システム」ホームページから検索・閲覧ができる。また都道府県が、居住支援活動を行うNPO法人等を居住支援法人として指定できるようになった。居住支援

図4-5　住宅セーフティネット制度

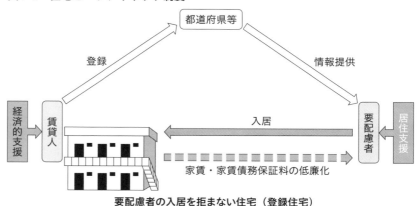

出典：国土交通省「新たな住宅セーフティネット制度について」　https://www.mlit.go.jp/jutakukentiku/house/jutakukentiku_house_tk3_000055.html

法人は、賃貸住宅への入居に関する情報提供や相談、見守りなどの生活支援、登録住宅の入居者への家賃債務保証等の業務を行う。

　生活保護受給者には、代理納付に関する新たな手続きが設けられた。家賃債務保証業にも、適正に業務を行うことができるものとして、一定の要件を満たす業者を国に登録する制度が創設され（**家賃債務保証業者登録制度**）、家賃債務保証業者や居住支援法人が、登録住宅に入居する住宅確保要配慮者に対して家賃債務を保証する場合、住宅金融支援機構がその保証を保険する仕組みも 2017（平成 29）年に開始された（住宅金融支援機構による家賃債務保証保険）。

　登録できる住宅は、一定の基準に適合している必要がある。登録においては、入居を拒まない住宅確保要配慮者の範囲を限定でき、たとえば、障害者の入居は拒まない、高齢者・低所得者・被災者の入居は拒まない、などの限定した登録ができる。登録住宅の改修や入居者負担の軽減として経済的支援がなされており、家賃と家賃債務保証料を低廉化するために国や地方公共団体が補助することになっている。

　保護者による養育が難しい等の理由で社会的養護を必要とする子どもの入所施設として乳児院、児童養護施設がある。近年これらの施設入所理由に、親からの虐待や育児放棄が増えている。児童虐待の背景に、子ども自身がもつ障害や病気などの育てにくさが指摘されている。また虐待により被虐待児の脳の成長が障害されることも報告されており、児童養護施設入所児に障害をもつ子の割合も増えている。近年、養育の場として、里親制度や**小規模住居型児童養育事業（ファミリーホーム）**が注目されている。

　施設で養育される子どもたちは、15 歳で義務教育を終え、18 歳に達すると成年とみなされて施設を退所しなければならない。しかし親の支えを期待できない 18 歳が、社会のなかで、ひとり生きていくのは厳しすぎる。そこで施設を退所した 20 歳未満の子どもの自立生活を支えるために**児童自立生活援助事業（自立援助ホーム）**がある。

　ひとり親は、子育てにおいてさまざまな困難を抱えることが多い。親が女性の母子世帯は多くが経済的困窮に陥っている。男女平等を謳う施策はあるが、男女性別役割分業という日本文化がある。日本には女性福祉という枠組みが法制度上ないため、女性は子どもと常に一体として援助対象とされる。それを端的に示す施設が、児童福祉法を根拠とする母子生活支援施設であり、売春防止法を根拠とする婦人保護施設である。いずれの施設でもドメスティック・バイオレンスという入所理由が増加

Active Learning

障害児者に対してはさまざまな入所施設（施設入所支援）、グループホーム（共同生活援助）などが提供されています。障害者福祉制度と併せて復習しましょう。

Active Learning

児童虐待の背景、社会的養護について、児童福祉を復習しましょう。

傾向にあり、**配偶者からの暴力の防止及び被害者の保護等に関する法律、ストーカー行為等の規制等に関する法律**によって、被害女性への支援を援助内容に位置づけて、補完している。

　高齢者や生活困窮者など、住宅の確保が難しい人たちは現金を準備しても住居をなかなか確保できないことがある。そこで社会福祉法には、福祉的居住施設として**無料低額宿泊所**が定められている。本来は、一時的な居住の場だったが、近年、無料低額宿泊所に定住化する高齢者が増えた。また金銭管理や毎日の生活を自ら組み立てることが難しい人たちも多く、これらの人たちは住居を提供しても、またホームレスに戻ってしまうことが多い。そこで、住居を提供するだけでなく、安心して住み続けることを支える**ハウジング・ファースト**という先駆的な取り組みが始まっている。

　ところが同様の支援を謳い、生活保護費を管理・搾取する大規模な無料低額宿泊所が登場した。これらは支援とはいえない貧困ビジネスであり、大きな社会問題となったことから、入居者の権利を守るために、2019（令和元）年6月生活保護法および社会福祉法が改正された。2020（令和2）年4月には無料低額宿泊所の規制強化が施行され、新たに必要な日常生活支援を提供する仕組み（日常生活支援住居施設）が導入された。

▌2 教育を受けて成長する権利、就労・社会参加の保障

　病院に入院した患児は院外の学校に登校できない。短期間なら個人的な努力で学習の遅れを補えるかもしれないが、長期入院になると難しい。学校教育法は、知的障害者、肢体不自由者、身体虚弱者、弱視者、難聴者、その他障害のある者で特別支援学級において教育を行うことが適当な児童と生徒のために、特別支援学級を置くことができると定めている。特別支援学校の**分教室**を病院内に設置することで、病室から通うことができる。分教室がない場合は、教員が病院を訪問する訪問教育を受けられる。

　また、**インクルーシブ教育**を支援することも重要である。2006（平成18）年12月に国連総会で採択された**障害者の権利に関する条約**を、日本も2013（平成25）年に批准、翌年発効した。それに先立ち、2011（平成23）年8月、障害者基本法が改正されて、障害のある子どもが、ほかの子どもと平等に教育を受ける権利を享有・行使するために、学校教育において**合理的配慮**を提供することが義務となった。

Active Learning

介護を要する高齢者に対しては、どのような居住の場があるでしょうか。高齢者福祉サービス、介護付き有料老人ホームや住宅型有料老人ホーム、高齢者向け優良賃貸住宅、シルバーハウジング、サービス付き高齢者向け住宅等、調べてみましょう。

Active Learning

生活困窮者に対して、生活保護法と生活困窮者自立支援制度が活用できます。どのような施設、サービスがあるか、調べてみましょう。

しかし、この合理的配慮は、体制面、財政面において、障害者の権利に関する条約にいう「均衡を失した又は過度の負担を課さない範囲での義務」となっているので、均衡または過度の程度の判断において、関係者個々人の主観による偏りが生じやすい。子どもやその家族だけに任せず、医療従事者やソーシャルワーカーが介在して、助言などをすることが子どもやその家族、学校関係者にも大きな助けとなることができる。学校との連携に関する基礎知識をもっておこう。

教育は大人にも必要である。大人の場合、高等学校以上の学校教育や職業訓練、社会教育が該当する。高等学校卒業の採用基準も多いので、高等学校中退の患者などには、本人が希望するならば高等学校卒業を支援することができる。高校退学前に修得した単位に追加して通信課程で高校課程を修了できる。2020（令和2）年より高等教育の修学支援新制度が実施されている。また雇用保険の受給者であれば公共職業訓練として、離職者訓練、学卒者訓練、在職者訓練などの対象となれる。雇用保険を受給できない求職者にも、求職者支援制度が活用できる。

大学卒業者であっても専攻した大学での教育内容では就労を見込めない場合がある。インターネット教育環境も格段の速さで準備され、生涯教育がまさに必要な時代である。教育を受けて成長することは、就労や社会参加の可能性を広げる。大学卒業者にも上記教育を受けるための制度が活用でき、これらの制度は大学院教育にも活用できる。

2020（令和2）年新型コロナウイルス感染予防のため、急速にICT機器を活用した遠隔教育が普及した。また学生や職員によるボランティア教育などの支援策も有効だろう。

第5章

保健医療領域における専門職の役割と連携

　保健医療領域には、さまざまな医療従事者が働く。その多くが専門職である。多様な専門職が連携することで、複雑で困難な課題にもよりよい解決の糸口を見出せる。ソーシャルワーカーが連携することとなる、さまざまな専門職について学び、医療チームにはタイプがあることを理解する。そのうえで、ソーシャルワーカーはどのように連携にかかわることができるのか、地域における関係機関との連携を、事例を通して学ぶ。また、スーパービジョン、管理体制、組織マネジメントに関しても概観する。医療機関の内部において、ソーシャルワーカーがどのように各関係部門に働きかけ、橋わたしをし、よりよいソーシャルワーク・サービスを提供できるのかを考えよう。

保健医療領域における
専門職と院内連携

学習のポイント

- 連携する医療の専門職とチーム医療の例を知る
- チームのタイプによる特徴と機能を知る
- 連携（IPW）におけるコンフリクト変容に必要な知識を学ぶ

1 連携する医療の専門職と医療チーム

❶医療機関の専門職

　医療機関には多数の専門職が働いており、それらの専門職がチームを組んで働くことが多い。そこで保健医療領域でのソーシャルワーカーが連携することになる他の専門職に関して知っておきたい。

　表5-1に、連携することの多い主な医療の専門職とその業務内容を根拠法とともに示した。

❷医療チーム

　医療チームにおいては、医師と歯科医師が、それぞれ医療と歯科医療に大きな責任を担っている。資格には、その資格をもつ者にしか許されない業務を法に定める業務独占のものがあるが、医師、歯科医師、看護師などがそれにあたる。保健師と助産師は、看護師の資格（受験資格を含む）が養成課程の入学要件で、看護師と同じ保健師助産師看護師法により定められている資格である。

❸連携のあり方

　経済のグローバル化が進み、インターネットによる情報伝達スピードは加速した。新型コロナウイルスの感染対策では、対応におけるスピードがいかに大切かを世界が痛感した。働く人のグローバル化により外国籍をもつ患者支援の必要性は今後さらに増えるだろう。これらのニーズに応えるには、従来から指摘されている連携の要点、チームが目標を共有し、目標達成に向かうことが欠かせない。ICT診療がはじまり、コミュニケーション手段にもITが加わった。これまでにない新しいチーム連携のあり方も模索する必要があるかもしれない。

Active Learning

チーム医療を推進する、チーム医療推進協議会があり、現在19の職能団体が参加しています。表5-1中には掲載していない専門職もあるので、ホームページにアクセスして、どのような専門職が働いているのかを調べてみましょう（URLは節末の「参考文献」を参照）。

Active Learning

チーム医療推進協議会のホームページを見て、どのような医療チームがあるのか調べてみましょう。

表5-1　チーム医療で連携する主な医療等の専門職

資格名	専門とする業務内容（根拠法）
医師	医療および保健指導により公衆衛生の向上および増進、国民の健康な生活を確保する（医師法）
歯科医師	歯科医療および保健指導により公衆衛生の向上および増進、国民の健康な生活を確保する（歯科医師法）
薬剤師	調剤、医薬品の供給その他薬事衛生をつかさどることにより、公衆衛生の向上および増進、国民の健康な生活を確保する（薬剤師法）
保健師・助産師・看護師	医療および公衆衛生の普及向上を図ることを目的とし、保健指導に従事する・助産または妊婦、じょく婦もしくは新生児の保健指導を行う・傷病者もしくはじょく婦に対する療養上の世話または診療の補助を行う（保健師助産師看護師法）
診療放射線技師	医療および公衆衛生の普及および向上に寄与することを目的とし、放射線を人体に対して照射する（診療放射線技師法）
臨床検査技師	医療および公衆衛生の向上に寄与することを目的とし、人体から排出され、または採取された検体の検体検査および生理学的検査を行う（臨床検査技師等に関する法律）
理学療法士	医療の普及および向上に寄与することを目的とし、身体に障害のある者に対し、基本的動作能力の回復を図るため、治療体操その他の運動を行わせる、電気刺激、マッサージ、温熱その他の物理的手段を加える（理学療法士及び作業療法士法）
作業療法士	医療の普及および向上に寄与することを目的とし、身体または精神に障害のある者に対し、応用的動作能力または社会的適応能力の回復を図るため、手芸、工作その他の作業を行わせる（理学療法士及び作業療法士法）
言語聴覚士	医療の普及および向上に寄与することを目的とし、音声機能、言語機能または聴覚に障害のある者の機能の維持向上を図るため、言語訓練その他の訓練、必要な検査および助言、指導その他の援助を行う（言語聴覚士法）
歯科衛生士	歯科疾患の予防および口腔<ruby>口腔<rt>こうくう</rt></ruby>衛生の向上を図ることを目的とし、歯牙および口腔の疾患の予防処置を行う（歯科衛生士法）
管理栄養士	傷病者に対する療養のため必要な栄養の指導、個人の身体の状況、栄養状態等に応じた高度の指導ならびに特定多数人に対して継続的に食事を供給する施設における利用者の身体の状況、栄養状態、利用の状況等に応じた特別の配慮を必要とする給食管理およびこれらの施設に対する栄養改善上必要な指導等を行う（栄養士法）
義肢装具士	医療の普及および向上に寄与することを目的とし、義肢および装具の装着部位の採型ならびに義肢および装具の製作および身体への適合を行う（義肢装具士法）
救急救命士	医療の普及および向上に寄与することを目的とし、症状が著しく悪化するおそれがあり、またはその生命が危険な状態にある傷病者が病院または診療所に搬送されるまでの間に、当該重度傷病者に対して救急救命処置を行う（救急救命士法）
臨床工学技士	医療の普及および向上に寄与することを目的とし、生命維持管理装置の操作および保守点検を行う（臨床工学技士法）
公認心理師	保健医療、福祉、教育その他の分野において、心理学に関する専門的知識および技術をもって、心理に関する支援を要する者の心理状態を観察し分析する、心理に関する相談に応じ、助言、指導その他の援助を行う（公認心理師法）

出典：筆者作成

2 多職種の連携と協働

1 組織としての特徴

病院の多くは、**マトリクス構造**の組織をもっている。マトリクス組織とは二つ以上の指示系統が組み合わさる組織で、**プロジェクト型組織**と**機能型組織**を融合させた組織であることが多い。

図 5-1 に示すとおり、多くの医療機関は、医師たちの組織：診療部門、看護師の組織：看護部門、ソーシャルワーカーの所属組織：SW 部門など、職能に基づいた横の組織をもち、それぞれに所属長を置いている。同時に、病棟、外来、手術室など、その病院独自のプロジェクトのためにプロジェクトチームが組まれており、各部門のプロジェクトに適した専門的スキルをもつ人材から編成される。ソーシャルワーカーはほかの部門に比べると少人数の場合が多いため、一人のソーシャルワーカーがいくつものプロジェクトを担当して、複数のプロジェクトに所属することが多い。

マトリクス構造の組織では、所属部門の所属長と各プロジェクトのプロジェクトリーダーという複数の**指揮命令系統**下で仕事をする。

Active Learning

組織について関心がある人は、さらに自分で調べてみましょう。

このように複数の指揮命令系統があるため混乱を生じやすいというデメリットがある。それはほかのスタッフも同じだが、ソーシャルワーカーの場合には複数のプロジェクトに所属することが多いので、さらに責任者や最終的な意思決定者は誰なのかを明確にし、混乱しないためのルールを理解しておくこと、認識していることが重要である。

2 関連機関における多職種との連携・協働

ソーシャルワークの業務は、院内連携といっても医療機関のなかだけ

図5-1　医療機関の組織とマトリクス構造

医療機関の組織とマトリクス構造

例	病棟	外来	手術室	医療チーム	委員会
診療部門					
看護部門					
SW部門					
薬剤部門					
事務部門					

二重の指揮命令系統

出典：筆者作成

で完結しない。その理由は第4章第4節2でも述べたとおりである。で
は、院外のどのような職種と連携することになるのだろう。

福祉施設や機関には、ソーシャルワーカー（社会福祉士・精神保健福
祉士）とともに、福祉の事務を担う職員がいる。生活困窮者支援など一
部の事業を企業やNPO（特定非営利活動）法人に委託している福祉事
務所もある。受託した組織には、社会保険労務士やファイナンシャルプ
ランナー、キャリアコンサルタントなど多様な専門職が働いている場合
があり、彼らとも連携することになる。成年後見や法的な支援では、弁
護士、司法書士ら法の専門家と連携する。介護施設では介護福祉士やケ
アマネジャー、保育施設では保育士らのケアワーカーとの連携が必要に
なる。

院内の職員で構成される医療チームとは異なり、院外のさまざまな職
種と連携する際には、異なる専門性だけではなく、所属する組織の特徴、
その組織内における立場なども考慮しなければならない。同じソーシャ
ルワーカーであっても所属と立場が違えば目指す目標が異なる場合もあ
る。たとえば、成年後見人のソーシャルワーカーは、本人の代理権者な
ので本人の意向を主張する。そのため医療機関に所属するソーシャル
ワーカーが最善と考える案とは、相対する意見を主張するかもしれない[i]。

医療機関で遭遇することの多いドメスティック・バイオレンスや性被
害者保護の場合にも、警察、弁護士に加えて、院外のフェミニストカウ
ンセラー、公認心理師などのさまざまなカウンセラーと連携する。児童
虐待が疑われる患者に対しては、地域の医師・開業医、保健師や助産師、
保育士や教育関係者・養護教諭ら、地域の住民組織とも連携しなければ
未然に防止したり、再発を防ぐことはできない。

医療と司法、教育など、多様な場をつなぐ必要性が高まっている。立
場は違っても、理念を共有できるソーシャルワーカー同士が連携すれば、
異なる職種よりもスムーズに連携できる。他職種だけでなく同職種にお
いても、お互いに、どのような立場で、どのような業務を担っているの
かを知っておくことが連携の助けとなる。

---

i 近年、日本の子どもたちを取り巻く社会問題は深刻化している。子どもをもつ世帯
の貧困問題、ヤングケアラーや日本語を母語としない親をもつ子への必要な支援（通
訳、国際教育、ビザの取得方法など）は多岐にわたる。このような子どもを取り巻く
生活問題に取り組むために、チーム学校というチームアプローチが始まっている。
すでにある制度だけでなく、まだ定められていない制度や法の隙間にある支援の必
要性を発見し援助する。非政府組織（NGO）や非営利特定法人（NPO）との連携も
有効であろう。

▌3 チームモデルとその特徴

チームのタイプには、大きく三つのタイプがある。マルチディシプリナリモデル（multi-disciplinary）、インターディシプリナリモデル（inter-disciplinary）、そしてトランスディシプリナリモデル（trans-disciplinary）のチームである。

表5-2 チームのモデルと特徴

モデル	役割の開放
マルチディシプリナリチーム	ほとんど無し
インターディシプリナリチーム	部分的にあり
トランスディシプリナリチーム	あり

出典：筆者作成

マルチディシプリナリチームは、医師や歯科医師などのリーダーのもと、指揮命令系統を明確にして機敏に連携するときに用いられることが多い。専門職は、それぞれに役割が決まっており、リーダーの指揮のもと迅速にそれぞれの役割をこなす。スピードを必要とする急性期医療、救急医療チーム、災害派遣チームなどは、このモデルで連携する。

インターディシプリナリチームは、チームメンバーの合議に重点を置き目標をすりあわせながら方針決定する。慢性期やリハビリテーションチーム等によくみられる。当事者の患者や家族のニーズを踏まえ、マルチディシプリナリチームより時間をかけて治療方針を決定する過程に特徴がある。縦の指示系統よりも水平な合議を重視して目標をすりあわせる。

インターディシプリナリチームでは、患者やその家族がより主体的に意思表明することを奨励する。各専門職はお互いの専門性の重なりや異なりを認めながら目標に向かい役割を果たす。専門性の違いや価値観の差に加えて、各人のパーソナリティもチーム内に感情的な葛藤を引き起こす。チームメンバーに対し、役割だけでなく個々のパーソナリティにも配慮して、よりよい協働、コミュニケーションの方法と経路を探す。

トランスディシプリナリチームは、医療専門職と患者、その家族の関係がさらに対等に近づくチームで、地域医療や慢性期リハビリテーション、精神科医療によくみられる。インターディシプリナリチームよりも、さらに患者や家族にはチームメンバーとしての役割が期待される。患者と家族は専門職から治療方針の説明を受けて承諾する受動的なあり方から、主体的に医療チームに対して意見を述べるよう促され、関与する専門職もまた目標達成の過程において、その専門性にとらわれず個々人のもつリソースもチームに活用して目標達成を目指す。そのため専門職は本来の役割だけではなく、専門職間での役割の開放や交代、たとえば、

看護師が買い物に行く、ソーシャルワーカーが料理をする等をよしとする。当事者とともに専門職も対等で水平的な関係性を形成する。

患者の意思決定を最重視することは、どの医療チームにおいても同じだが、災害時など時間的な制約があるときは、医療は命を救うことを第一優先とする。医師は、患者が取り返しのつかない結果、すなわち死に至らないようリスクをアセスメントして患者の意思を尊重する。同様にソーシャルワーカーは、患者の生活における取り返しのつかない失敗の可能性をアセスメントして患者の自己決定を助ける。

連携は、医療においても、教育においても、組織の重要なキーワードになっている。上述したモデルは、どのような状況に多いか例示したが、実は定まったものではなく状況によりケースバイケースで用いることが肝要である。

ところでチームはシステムでもある。医療チームが形成され、そのあり方が常態化すると、そのシステムはいったん安定するので、システムは変更されそうになると、その機能を維持しようとして変更への抵抗力が働く。したがってチームのあり方を変更しようとすると、意見の対立やコンフリクト（葛藤）が大きくなる。また医療チームは専門職間に存在するヒエラルキー（階層）に影響を受けることがある。最終的な責任をもつ医師には、その権限があり、医師とほかの医療専門職間のヒエラルキーが意見の対立やコンフリクトを強める場合もある。

3 保健医療領域での連携（IPW）に必要な知識

1 組織学習・開発、知識創造

医療チームとして連携をよりよくする際に注目されているのは、**心理的安全性**である。エドモンドソン（Edmondson, A. C.）は、医療機関を対象に調査し、人材を流動的に配置しながら、境界や領域を超えて協働するためのチーム活動をチーミングといい、よい成果を得る際に重要な鍵となるのは、その組織の心理的安全性だと結論した。コンフリクトを変容させる際のキーワードである。

チームの構築において「組織学習・開発、知識創造」の考え方は有効である。以下に、専門職連携教育で用いられる理論や方法、スキル等を紹介する。

デューイ（Dewey, J.）は、『経験と教育（experience and education）』

の中で、伝統的な教育から進歩的な方法に進むためには、学習者の経験が重要で、その経験の連続性と相互作用により再構成されていく、としている。この考えはコルブ（Kolb, D. A.）の『経験と経験学習』に引き継がれていく。今日、インタープロフェッショナルワーク（IPW）で広く使用されている、ショーン（Schön, D. A.）の組織学習理論「省察的実践（reflective practitioner）★」へと発展した。

組織学習理論は経営学において発展が目覚ましく、センゲ（Senge, P. M.）は『学習する組織』のなかで、組織が学び、変化していくための五つのディシプリン★を示した。

組織開発では、マズロー（Maslow, A. H.）の欲求段階説をもとに、マクレガー（McGregor, D. M.）がX理論（人間は管理しないと怠けるという考えを基本とする）とY理論（人間は本来、自己実現のために自ら働くという考えを基本とする）を提唱した。マクレガーはY理論が望ましいとしたが、社会環境が整っていない場合にはY理論では解決できないとして、1980年代に日本の組織経営に注目したオオウチ（Ouchi, W. G.）がZ理論にまとめている。Z理論の特徴は、年功序列的な長期雇用、組織へのコミットメントの高さ、士気と仕事の満足度の高さ、組織内の同僚との親密な関係などが挙げられる。

組織経営におけるこれらの一連の研究は、グローバリゼーションとインターネットの登場により顕著になった社会変化と不安定さから、安定的な持続可能性への研究に向かうようになった[ii]。

シャーマー（Scharmer, C. O.）は、東洋の思想家である西田幾多郎の「場所の論理★」に着目し、「場」とは物理的な意味だけではなく、社会的、精神的意識的な場所を表すことに注目し、「U理論」にまとめた。このU理論は、野中郁次郎にも影響を受けている。

野中は、知識創造理論で国際的に有名な経営学者で、ポランニー（Polanyi, M.）による「暗黙知（tacit knowledge）」をもとに、知識創造理論、ナレッジマネジメントを開発した。SECIモデルは、その知識創造プロセスを示している（**図5-2**）。

個人のもっている暗黙知は、他者と対話することで表出化されて形式知へと変化する。その形式知は他者と共有（共同化）されることで結合

★**省察的実践**
実践における自分の経験や自分自身のなかに生じた感情などを安全な対話のなかで振り返り、自分自身の変化につなげること。反抑圧的実践において重視される。

★**五つのディシプリン**
学習する組織づくりを実現するために必要なものとして、①システム思考、②事故マスタリー、③メンタルモデル、④共有ビジョン、⑤チーム学習をあげたもの。

★**場所の論理**
西田幾多郎の哲学用語で、自らの参禅体験をもとに場所の哲学、東洋の哲学を説明する。純粋経験や絶対意志という直観的な概念を論理化したもの。

ii　心理学者のシャイン（Schein, E. H.）は、やはり組織開発、組織文化の研究から、個人や組織の行動に影響を与える組織文化の影響を、「組織文化とリーダーシップ」にまとめた。さらに援助関係を築くことに関する研究成果を著書「プロセス・コンサルテーション」という組織開発の実践書にまとめている。

図5-2　SECI モデル

SECIモデル

暗黙知 →	暗黙知
共同化 Socialization	表出化 Externalization
内面化 Internalization	結合化 Combination
形式知	形式知 →

出典：野中郁次郎・紺野登『知識経営のすすめ――ナレッジマネジメントとその時代』，筑摩書房，p.111，1999.を一部改変

化すると、さらなる形式知に変換される。この変換された形式知は、個人にとっては、新たな暗黙知にほかならない。こうして個人の暗黙知が他者との対話を通して形式知化され、他者と共有（共同化）されることで新たな知識（暗黙知）を創造するプロセスを、SECI モデルは図示している。

2 コンフリクトマネジメントに関する知識

　修復的対話[*]は、近代司法の限界を超えるために登場した対話だが、今日では葛藤変容の対話として実践されるようになった。スキルとしては、アンデルセン（Andersen, T.）の「リフレクティング・プロセス[*]」を用いる。対話は、会話、議論と区別されることが多い。親しい関係の中でお互いにあまり説明せず交流するのが会話、お互いの考えをぶつけあいながら一つの答えに到達するのが議論、意識的に傾聴しお互いの価値や信念を語りあうのが対話である。

　葛藤変容の対話では、葛藤は解決せず変容させることを重視する。葛藤を解決したことにすると、その解決策や行動計画がうまくいかなかったときに、再度その葛藤を取り上げることが難しくなるからである。うまくいかないことを前提として対話を継続し、トライ・アンド・エラーを繰り返して、目標を達成しようとする。医療チームメンバーが目標を共有しているか、ビジョンに向かっているか、目標達成の方向性を間違っていないかを継続的に確認することが重要で、常態化すると陥りがちな目的と手段の置き換えにも注意を向ける必要がある。

　エドモンドソンが指摘した心理的安全性を安定して確保できるのが修復的対話のトーキングサークルである。これは安全なコミュニティを形

★修復的対話
人間関係で生じる葛藤を、よい方向に変容させるもので、心理的に安全な場を形成し、被害者の権利擁護に優れている。平和構築・葛藤変容学の対話。

★リフレクティング・プロセス
アンデルセンらが開発した家族療法。セラピストと観察者、クライエントがチームとなって、お互いに意見を反響させ、異なった循環を生みだすことで解決を図る。

Active Learning
さまざまな対話に関する研究があります。どのような対話研究があるのか調べてみましょう。

第5章　保健医療領域における専門職の役割と連携

★アンティシペーショ
ン・ダイアローグ
フィンランド発祥の早
期予防の対話。学校に
おける早期の家族支援
などで活用されてい
る。

★WHOヨーロッパ
レポート
WHOが発信する
ニュースの一つ。ヨー
ロッパでの先駆的で有
効と思われるさまざま
な試みが、世界に報告
される。

★ソリューション
フォーカスアプロー
チ
クライアントの問題に
関する語りを傾聴し、
コンプリメントと例外
探しから、解決の手が
かり（リソース）を探
す。

★フューチャーセッ
ション
多様な立場の人と問題
そのものを、多様な角
度から見つめ、考察し、
新たな関係性とアイデ
アを生みだす試み。

★ヒューマニスティッ
クアプローチ
マズローの提唱した人
間性心理学から発展し
た、人間性、人間愛な
ど人としての道を重ん
じる接近方法。

Active Learning

ほかに、ノンバイオ
レンスコミュニケー
ション（NVC）、ア
ンガーマネジメン
ト、コンフリクト
コーチング等、多々
開発されているの
で、調べてみましょ
う。

成するための対話で、構造的な約束事がある。国際的には学校のいじめ
予防、職場のハラスメント予防で実践されている。医療チームが用いれ
ば、医療チームのコミュニティにも心理的安全性を生みだすことができ
る。

　フィンランドのアーンキル（Arnkil, T. E.）らが開発したアンティシ
ペーション・ダイアローグ★（AD）は修復的対話とその理念や方法が大き
く重なっており、世界保健機関（WHO）ヨーロッパレポート★で、地域に
おけるIPWフィンランド対話アプローチとして紹介された。膠着状態
を抜け出すために、現在ではなく未来にいると想定した問いを立てる。
こうした問いの立て方は、ソリューションフォーカスアプローチ★や組織
開発のフューチャーセッション★の問いの立て方にもみられる。

　修復的対話でもADでも、対話の進行役に求められる態度は、人とし
ての共通性を探そうとする深い傾聴と共感である。修復的対話の国際的
権威アンブライト（Umbreit, M. S.）[iii]は、専門職としてでなく、ひとりの
人としてともに居ること、ヒューマニスティックアプローチ★を強調する。

　葛藤は、アイデンティティ・価値観や信念などの人が人として成り立
つうえでなくてはならないものがぶつかりあうときに最も激しくなる。
利用者のために、患者のために、それぞれの専門職がもつ使命感が専門
職間の葛藤の源にある。京極真は、その観点から信念対立解明アプロー
チを開発し、保健医療領域の多職種連携スキルとしてまとめた。

---

iii　〔Mark S. Umbreit〕1949-　ミネソタ大学ソーシャルワーク部、修復的正義と平和構
　　築センター長。国際的な修復的正義の対話指導者として有名。著書に、M. S. アンブ
　　ライト，藤岡淳子監訳『被害者―加害者調停ハンドブック――修復的司法実践のた
　　めに』誠信書房，2007.

◇参考文献

・チーム医療推進協議会「協議会とは」 http://www.team-med.jp/team_introduction
・日本医療社会福祉協会編『保健医療ソーシャルワークの基礎——実践力の構築』相川書房，2015.
・日本医療社会福祉協会・日本社会福祉士会編「保健医療ソーシャルワーク——アドバンスト実践の為に」中央法規出版，2017.
・K. K. K. Ashman，宍戸明美監訳『マクロからミクロのジェネラリストソーシャルワーク実践の展開』筒井書房，2007.
・A. C. エドモンドソン，野津智子訳『チームが機能するとはどういうことか——『学習力』と『実行力』を高める実践アプローチ』英治出版，2014.
・J. デューイ，市村尚久訳『経験と教育』講談社，2004.
・Kolb, D. A., *Experiential Learning: Experience as the Source of Learning and Development*, FT Press, 1984.
・D. A. ショーン，佐藤学・秋田喜代美訳『専門家の知恵——反省的実践家は行為しながら考える』ゆみる出版，2001.
・P. M. センゲ，枝廣淳子・小田理一郎他訳『学習する組織——システム思考で未来を創造する』英治出版，2011.
・E. H. シャイン，稲葉元吉・尾川丈一訳『プロセスコンサルテーション——援助関係を築くこと』白桃書房，2012.
・C. O. シャーマー，中土井僚・由佐美加子訳『U理論——過去や偏見にとらわれず，本当に必要な「変化」を生み出す技術』英治出版，2010.
・野中郁次郎・廣瀬文乃・平田透『実践ソーシャルイノベーション——知を価値に変えたコミュニティ』千倉書房，2014.
・M. ポランニー，高橋勇夫訳『暗黙知の次元』筑摩書房，2003.
・G. R. ブッシュ & R. J. マーシャク，中村和彦訳『対話型組織開発——その理論的系譜と実践』英治出版，2018.
・T. アンデルセン，鈴木浩二訳『リフレクティング・プロセス 新装版——会話における会話と会話』金剛出版，2015.
・D. ボーム，金井真弓訳『ダイアローグ——対立から共生へ，議論から対話へ』英治出版，2007.
・M. ブーバー，植田重雄訳『我と汝・対話』岩波書店，1979.
・梅崎薫『修復的対話トーキングサークル実施マニュアル』はる書房，2019.
・T. E. アーンキル & E. エーリクソン，高橋睦子訳『あなたの心配ごとを話しましょう——響きあう対話の世界へ』日本評論社，2018.
・京極真『信念対立解明アプローチ入門——チーム医療・多職種連携の可能性をひらく』中央法規出版，2012.
・M. S. アンブライト，藤岡淳子訳『被害者—加害者調停ハンドブック——修復的司法実践のために』誠信書房，2007.
・Umbreit, M. S. & Armour, M. P., *Restorative Justice Dialogue an Essential Guide for Research and Practice*, Springer Publishing Company, 2011.
・Umbreit, M. S., *Dancing with the Energy of Conflict and Trauma: Letting Go, Finding Peace In Families, Communities, & Nations*, CreateSpace Independent Publishing Platform, 2013.
・Umbreit, M. S., Blevins, J., et al., *The Energy of Forgiveness: Lessons from Those in Restorative Dialogue*, Cascade Books, 2009.

地域の関係機関との連携の実際

学習のポイント

- 医療を取り巻く社会環境を理解し、地域の関係機関との連携の必要性を学ぶ
- 医療機関で働くソーシャルワーカーが実践する地域の関係機関との連携を学ぶ
- 事例を通じて、地域の関係機関との連携に必要な知識を習得する

1 医療を取り巻く社会環境

1 地域包括ケアシステムと地域共生社会

Active Learning

地域包括ケアシステムの構築や地域共生社会の実現に向けた全国の取り組みについて、厚生労働省や各自治体のホームページなどを参考に調べてみましょう。

　我が国では、少子高齢化による、要介護者、単独世帯、認知症高齢者の増加などを背景に、地域の実情に応じて、高齢者が可能な限り住み慣れた地域で、自立した生活が送れるように、住まい・医療・介護・予防・生活支援が一体的に提供される地域包括ケアシステムの構築が推進されている。特に、傷病を抱える場合には、地域の医療・介護従事者が連携して、包括的かつ継続的な在宅医療・介護の提供を行う必要がある（第3章第2節参照）。

　昨今では、個人や世帯を取り巻く環境の変化、生きづらさやリスクの多様化・複雑化、共同体機能の脆弱化などを背景に、更なる政策展開として地域共生社会の実現を掲げている。地域共生社会は、制度・分野の枠や、「支える側」「支えられる側」という関係を越えて、人と人、人と社会がつながり、一人ひとりが生きがいや役割をもち、助けあいながら暮らしていくことのできる包摂的な地域や社会をつくるという考え方を理念としている。地域共生社会の実現には、地域包括ケアシステムの概念を、高齢者だけでなく、生活困窮者・障害者・子どもなどにおいても普遍化し、既存の制度では解決が困難な生活課題を抱える方への包括的な支援体制を構築することが必要となる。

　医療は地域包括ケアシステムや地域共生社会を構成する重要な要素である。地域包括ケアシステムや地域共生社会の実現には、医療と地域の関係機関との連携が必要となる。

図5-3　病院完結型医療から地域完結型医療への転換

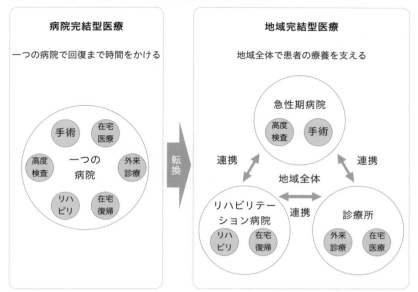

出典：筆者作成

2 病院完結型医療から地域完結型医療への転換

　医療提供体制は、治療医学によって一つの病院で回復まで時間をかける病院完結型医療から、地域全体で患者の療養を支える地域完結型医療へと転換が図られている。

　限られた地域の医療資源を有効活用するために、手術や高度検査などを行う急性期病院、リハビリテーションを集中的に行うリハビリ病院、外来診療や在宅医療などを担う診療所など、それぞれの医療機関の得意分野を活かした機能分化が推進されている。昨今では、さらに病床機能報告制度や診療報酬制度による病床の機能区分の再編が図られている（第4章第2節参照）。地域において切れ目のない地域完結型医療を実現するためには、機能分化された医療機関の連携が不可欠となる（**図5-3**）。

3 地域連携クリティカルパス

　地域連携クリティカルパスとは、一つの病院だけではなく、複数の病院や在宅医療などを担う診療所、介護サービス事業所などが連携して、その地域の関係機関があらかじめ役割分担を定め、頻度の高い疾患の治療、検査、ケアに関する診療計画を患者に示すもので、標準化・可視化させた地域連携診療計画書のことを指す。地域完結型医療の流れを具体

Active Learning

日本医療マネジメント学会のホームページを見て、全国のさまざまな地域連携クリティカルパスを閲覧してみましょう。

的に患者に示し、実現させるものである。地域連携クリティカルパスの活用によって、医療の質の向上、医療安全の確保、チーム医療の確立などのさまざまな効果が期待される。

　また、地域連携クリティカルパスは、作成後においても、地域の関係機関が相互に、定期的に評価をし、よりよいものに改善させていく必要がある。それには、計画どおりに進まなかったケースとそれに伴う情報（バリアンス[*]）を分析することが重要となる。

　代表的なものに、大腿骨頸部骨折、脳卒中、がん、糖尿病などの地域連携クリティカルパスがあり、疾患ごとに作成されている。たとえば、脳卒中の場合、患者の病態に応じて、点滴や手術といった急性期治療を提供する救命救急センターや脳卒中ケアユニット、ADL（Activities of Daily Living：日常生活動作）の向上による寝たきりの防止と家庭復帰を目的としたリハビリテーションを集中的に行う回復期リハビリテーション病棟、退院後に再発予防を担う在宅医療、自立した日常生活を支える訪問介護や通所介護などを提供する介護サービス事業所などのケアが必要となる。脳卒中医療においては、これらの地域の関係機関が連携して、継続した診療やケアが実施される診療計画を脳卒中地域連携クリティカルパスという（**図 5-4**）。

★**バリアンス**
バリアンスは、地域連携診療計画から逸脱し、計画どおりに進まなかった場合の情報群。バリアンスには、予測以上に進み目標達成した正のバリアンスと目標達成に至らなかった負のバリアンスがある。

図5-4　脳卒中地域連携クリティカルパスの様式例

地域連携診療計画書（脳卒中地域連携クリティカルパス）
患者氏名：　　　性別：　　生年月日：　　　（年齢　）病名：　　　説明日：　年　月　日

経過	急性期病院 （　　月　　日～　　　月　　　日）	リハビリ病院 （　　月　　日～　　　月　　　日）	在宅医療 （　　月　　日～　　　　）
目標	□急性期治療が終了している □重篤な合併症がない □入院リハビリの継続が必要	□リハビリ病院に適応できる □ADL 拡大と退院先に適した ADL を獲得できる □退院に向けた準備ができる	□再発予防
説明	□病状説明 □介護保険の説明 □転院先の説明	□病状説明　□リハビリ説明 □介護保険の説明・申請 □介護指導 □退院後の受診医療機関・リハビリ継続先の確認	□病状説明
リハビリ	□離床 □活動範囲の拡大	□補装具の検討　□院内の環境設定 □家屋調査・環境整備 □退院後のリハビリ指導	
排泄	□尿便意 □尿カテーテル管理 □排尿訓練	□尿便意 □尿カテーテル管理 □おむつ　□尿器 □トイレ	□尿便意 □尿カテーテル管理 □おむつ　□尿器 □トイレ
清潔	□清拭　　□機械浴 □シャワー浴　　□一般浴	□清拭　　□機械浴 □シャワー浴　　□一般浴	□清拭　　□機械浴 □シャワー浴　　□一般浴 □一般浴
食事	□嚥下評価・嚥下訓練 □経口摂取 □経管栄養 □飲水・塩分制限 □栄養管理・指導	□嚥下評価・嚥下訓練 □経口摂取 □経管栄養 □飲水・塩分制限 □栄養管理・指導	□嚥下評価・嚥下訓練 □経口摂取 □経管栄養 □飲水・塩分制限 □栄養管理・指導
検査	□CT　□MRI □PT-INR	□PT-INR	□PT-INR
治療 使用薬剤	□抗血小板薬　□降圧剤 □抗凝固薬　□インシュリン	□内服管理・指導	□内服管理・指導
全身管理	□合併症（　　　　　） □酸素　□気管切開		
バリアンス	□あり（　　　　　） □なし	□あり（　　　　　） □なし	□あり（　　　　　） □なし
退院時情報 主治医サイン	日付：　　年　　月　　日 退院時の患者状態： 主治医：	日付：　　年　　月　　日 退院時の患者状態： 主治医：	日付：　　年　　月　　日 受診時の患者状態： 主治医：

出典：筆者作成

2 医療機関で働くソーシャルワーカーが実践する地域の関係機関との連携

1 医療ソーシャルワーカー業務指針

　病院や診療所をはじめとした医療機関で働くソーシャルワーカーは、患者を生活主体者と捉え、社会福祉の立場から相談支援を行うソーシャルワーク専門職である。医療ソーシャルワーカー業務指針（厚生労働省

健康局長通知 平成 14 年 11 月 29 日健発第 1129001 号）では、医療機関で働くソーシャルワーカーの標準的な業務を定めている（pp. 171-174 参照）。業務の方法の一つに「他の保健医療スタッフ及び地域の関係機関との連携」があり、特に、地域の関係機関との連携では、以下の点に留意が必要と示されている。

・医療ソーシャルワーカーは、地域の社会資源との接点として、広範で多様なネットワークを構築し、地域の関係機関、関係職種、患者の家族、友人、患者会、家族会等と十分な連携・協力を図ること。
・地域の関係機関の提供しているサービスを十分把握し、患者に対し、医療、保健、福祉、教育、就労等のサービスが総合的に提供されるよう、また、必要に応じて新たな社会資源の開発が図られるよう、十分連携をとること。
・ニーズに基づいたケア計画に沿って、さまざまなサービスを一体的・総合的に提供する支援方法として、近年、ケアマネジメントの手法が広く普及しているが、高齢者や精神障害者、難病患者等が、できる限り地域や家庭において自立した生活を送ることができるよう、地域においてケアマネジメントに携わる関係機関、関係職種等と十分に連携・協力を図りながら業務を行うこと。

2 生活課題の顕在化と支援の継続性の担保

　医療機関は、潜在化しやすい生活課題が傷病を機に顕在化する場でもある。たとえば、自殺企図や虐待による受傷、医療費の支払いが困難な場合、患者の抱える生活課題の解決には、傷病の治療と並行したソーシャルワークが不可欠であり、地域の関係機関との連携が必要となる。それは医療機関だけではなく、福祉事務所や児童相談所などの行政機関、借金や離婚などの法的トラブルの解決に向けた日本司法支援センター（法テラス）、仕事と治療の両立に向けた産業保健総合支援センター、復職に向けた公共職業安定所（ハローワーク）、学校問題の解決や復学に向けた教育機関など、さまざまな関係機関との連携が必要となる。

　ソーシャルワーカーは、患者・家族のこれまでの取り組みや工夫を尋ね、その独自性を認め、患者・家族がもつ解決方法により生活課題を解決できるように、人々やさまざまな構造に働きかける。特に、医療機関で働くソーシャルワーカーは、地域を舞台に、住まい・医療・介護・予防・生活支援、そして教育、雇用などの分野にも留意し、医療機関から効果的に地域の社会資源をつなぎ、支援の継続性を担保させる役割を担っている。

事例1

傷病を機に顕在化した生活課題の解決に向けた連携事例

Active Learning

事例1を読んで、医療機関で働くソーシャルワーカーが実践する地域の関係機関との連携について理解を深めましょう。

基本情報

Aさん 53歳 男性

病名・既往歴	熱中症・糖尿病
生活歴	日雇い労働者、車上生活
家族状況	独身。両親は20年以上前に他界し、それ以降、妹とは連絡をとっていない
健康状況	3年前に糖尿病を指摘されたが、未治療
ADL	自立
IADL[iv]	自立

エコマップ

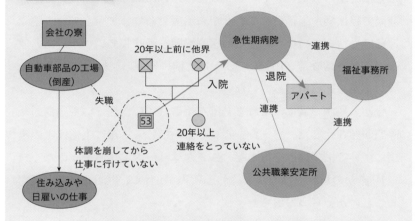

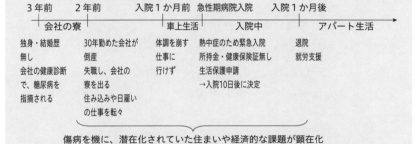

傷病を機に、潜在化されていた住まいや経済的な課題が顕在化

事例経過

　真夏日にエンジンを止め、コンビニエンスストアの駐車場に長時間駐車している車を店員が不審に思い、**警察**へ通報。警察官は車内で意識朦朧としているAさんを発見し、救急要請した。Aさんは、

---

iv　Instrumental Activities of Daily Living：手段的日常生活動作

救命救急センターを有する急性期病院へ救急搬送され、熱中症の診断で緊急入院となった。

　救急外来の医師・看護師は、Ａさんに健康保険証や所持金がなく、連絡のとれる親族がいないことから、ソーシャルワーカーに介入依頼をした。数時間後には、Ａさんは意識清明となったため、ソーシャルワーカーはＡさんからこれまでの生活歴や家族歴を確認した。

　Ａさんは、2年前に約30年間務めた会社（自動車部品を扱う工場）が倒産し、失職した。住まいが会社の寮であったため、住まいも失った。その後は、住み込みや日雇いの仕事を転々としながら、最近では車上での生活をしていた。しかし、1か月前から体調を崩し、日雇いの仕事に行けなくなった。所持金もなく、ここ数日は食事や水分を十分にとれていなかった。Ａさんは3年前に会社の健康診断で糖尿病を指摘されていたが未治療であり、失職してから健康保険証を持っていなかったため医療機関を受診していなかった。独身で結婚歴はなく、両親は20年以上前に他界し、妹とは両親が他界してから連絡をとっていない。

　今回の傷病を機に、これまで潜在化されていた住まいや経済的な課題が顕在化した。ソーシャルワーカーは、Ａさんに生活保護の申請について情報提供を行った。Ａさんは「他人に迷惑をかけたくない」「誰かの世話にはならない」との思いが強く、生活保護を申請することにためらいがあった。ソーシャルワーカーは、Ａさんの思いを傾聴し、これまでにＡさんが懸命に生きてきたことをねぎらった。また、Ａさんが必要な医療を継続して受けられるように、まずは医療費の問題を解決することが必要であり、そのために福祉事務所と連携することを提案した。同日、福祉事務所のケースワーカーが来院し、Ａさんはケースワーカーと面談のうえ、生活保護の申請をした。

　入院10日後、生活保護の受給が決定し、Ａさんも安心した様子であった。Ａさんは「1日も早く仕事を見つけて、生活保護に世話にならないで暮らしたい」と話し、ソーシャルワーカーはＡさんの生活の再構築に向けて、退院後の復職や住まいの確保に向けた支援計画を立てた。ソーシャルワーカーは、Ａさんが早期から復職に向けた準備をはじめられるように、入院中に公共職業安定所（ハローワーク）と連携した。また、福祉事務所のケースワーカーと連携し、

Aさんと不動産会社をまわり、退院後に生活するアパートを探した。

> **結果**

入院1か月後、Aさんは、退院後に必要な家電や日用品などを準備し、アパートへ退院した。退院後しばらくは、急性期病院の外来に通院することになった。退院6か月後の外来時に、Aさんはソーシャルワーカーに「これまでの経験を活かした仕事に就職することができました。来月からは生活保護の世話にならないで生活できそうです。いろいろとありがとうございました」と報告した。ソーシャルワーカーは、これまでのAさんの努力をねぎらい、Aさんとこれまでの支援内容を振り返り、支援を終結した。

3 入退院支援の実際

退院支援は、傷病や障害のある患者が自らの人生をどのように歩むかを選択し、適切な医療や介護などを受けながら、住み慣れた地域で生活を送るための支援である。医療ソーシャルワーカー業務指針の「退院援助」「社会復帰援助」では、ソーシャルワーカーは、社会福祉の専門的知識や技術に基づき、生活と傷病や障害の状況から退院・退所に伴い生ずる心理的・社会的問題の予防や早期の対応などを行うことが示されている。

医療機関で働くソーシャルワーカーの多くは、所属組織から退院や社会復帰にかかわる支援を期待されている。これは、退院や社会復帰にかかわる部門（地域連携室、退院支援室など）に配置されるソーシャルワーカーが増えていること、ソーシャルワーカーの業務の多くを退院支援が占めていることにも表れている。「退院」は、患者・家族にさまざまな課題を生じさせる局面となる。ソーシャルワーカーは、単に次の療養先を探すのではなく、患者の揺れ動く心身に寄り添い、療養の選択を支援する役割をもっている。

また、急性期病院では限りある病床を有効活用するために、入院期間を短縮して効率化を図る一方、患者に質の高い入院医療を提供するために、入院早期もしくは入院前からの退院支援が重要となっている。昨今では、入院を予定している患者の情報を入院前に把握する部門（入退院センター、入院センターなど）を設置し、必要に応じて多職種による支援介入を行い、入院前から退院後までの流れをマネジメントするPFM

（Patient Flow Management）に取り組む病院が増えている。患者は、入院前より入院後の治療過程や退院後の生活を見据えた支援を受けることで、安心・安全な入院生活を過ごすことができる。

　また、診療報酬制度は原則2年に1度改定され、昨今の診療報酬改定では入退院支援に関する取り組みが重点的に評価されている。具体的には、「入退院支援加算」「入院時支援加算」「介護支援等連携指導料」「退院時共同指導料」などがある。

■4 保健医療福祉システムづくりへの参画

　医療ソーシャルワーカー業務指針の「地域活動」では、ソーシャルワーカーは、患者のニーズに合致したサービスが地域において提供されるように、関係機関や関係職種等と連携し、地域の保健医療福祉システムづくりに参画することが示されている。

　ソーシャルワーカーは、地域の医療機関をはじめとしたさまざまな社会資源間を取り結び（ネットワーキング）、保健医療福祉システムを構築する役割を担っている。それは、組織・地域（メゾレベル）への介入を行い、制度・政策（マクロレベル）に展開させることで、個別・集団（ミクロレベル）で生じる課題に対処できるシステムづくりとなる。

　また、保健医療福祉システムを効果的に機能させるためには、目標達成に向けて活動を推進させる（タスク機能）だけではなく、集団の人間関係を良好に保ち、チームワークを維持・強化させる（メンテナンス機能）ことも求められている。

Active Learning

事例2を読んで、医療機関で働くソーシャルワーカーが参画する保健医療福祉システムづくりについて理解を深めましょう。

事例2

■ソーシャルワーカーが参画する自殺未遂者支援ネットワーク

自殺の現状

　我が国の自殺者数は、さまざまな自殺対策が講じられ、平成24（2012）年に3万人を下回り、令和元（2019）年には2万169人となっている。しかし、我が国の自殺死亡率はほかの先進国と比べても高い。特に若年層の自殺は国際的にみても深刻な状況であり、自殺対策は公衆衛生上の最大かつ喫緊な課題である。

自殺未遂者支援

　自殺の多くは多様かつ複合的な原因・動機があり、多様な要因が連鎖するなかで起きている。また、自殺には、さまざまな危険因子（自殺につながりやすい因子）があるが、最も明確な因子は「過去の自殺企図・自傷行為歴」である。そのため、自殺未遂者の再度の自殺企図を防ぐことが自殺対策の主要課題となる。自殺未遂者は身体的治療を要することが多く、はじめに急性期病院へ救急搬送されることが多い。そのため、急性期病院は自殺の再企図予防を行うフロントラインとなる。

　再企図予防では、自殺の危険因子を減らし、心身の健康、安定した社会生活、利用可能な社会制度などの防御因子（自殺を防ぐ因子）を高めることが重要となる。急性期病院では、再企図予防に向けて時間的・機能的に限界があり、精神科医療機関、行政機関、教育機関などの地域の関係機関と連携し、社会復帰に結びつける支援ネットワークを構築することが必要となる。

問題意識

　B病院は人口約40万人の医療圏にあり、救命救急センターを有する急性期病院である。年間の救急搬送件数は約5000件であり、そのうち自殺企図による救急搬送は100件以上にのぼる。B病院では自殺の再企図予防に向けて、平日の日勤帯に自殺企図者が救急搬送されると、救急外来の医療スタッフから、ソーシャルワーカーに連絡が入り、再企図予防に向けた情報収集と支援介入が行われていた。

　ある日のソーシャルワーク部門のグループ・スーパービジョンで、自殺未遂を繰り返すケースについて共有された。そこでは、多くのソーシャルワーカーがこれまでにも同様なケースを経験していることがわかった。ソーシャルワーク部門では、組織や地域に向けたさらなる取り組みを行うことにした。そこで、ソーシャルワーカーは、B病院へ救急搬送された自殺企図者について調査すると、スタッフ数が限られた土日・深夜帯に救急搬送される自殺未遂者は多く、再企図予防に必要な情報収集と支援介入ができていないこと、自殺未遂者のライフステージに合った福祉事務所や児童相談所などの関係機関と連携がなされていないことが明らかになった。

取り組みの概要

　ソーシャルワーク部門では検討を重ね、B病院のソーシャルワーカーを事務局に、自殺の再企図予防に向けた院内の支援体制の構築（チームワーク）を行い、それを基盤に、地域の支援体制の構築（ネットワーク）をした。院内の支援体制の構築では、土日・深夜帯において他職種による情報収集ができるように「情報収集シート」を作成し、他職種による支援介入ができるように「院内勉強会」を開催した。そして、地域の支援体制の構築では、連携する医療機関との情報伝達が標準化・可視化されるように「地域連携クリティカルパス」の作成をし、支援内容のモニタリングや連携上の問題のフィードバックが得られるように「多機関カンファレンス」を開催した。

　また、B病院のソーシャルワーカーの行政機関への働きかけにより、さまざまな地域の関係機関を対象とした「自殺未遂者支援ネットワーク研修会」も開催された。研修内容の検討にはB病院のソーシャルワーカーも参画した。研修会では、地域の関係機関が自殺未遂者への介入の契機を捉えて対応する重要性や、地域の関係機関が連携することの必要性を理解することを目的に「地域の自殺の現状」「自殺未遂者へのかかわり方」「事例検討」などを行った（**図5-5**）。

図5-5　ソーシャルワーカーが参画する自殺未遂者支援ネットワークの概要

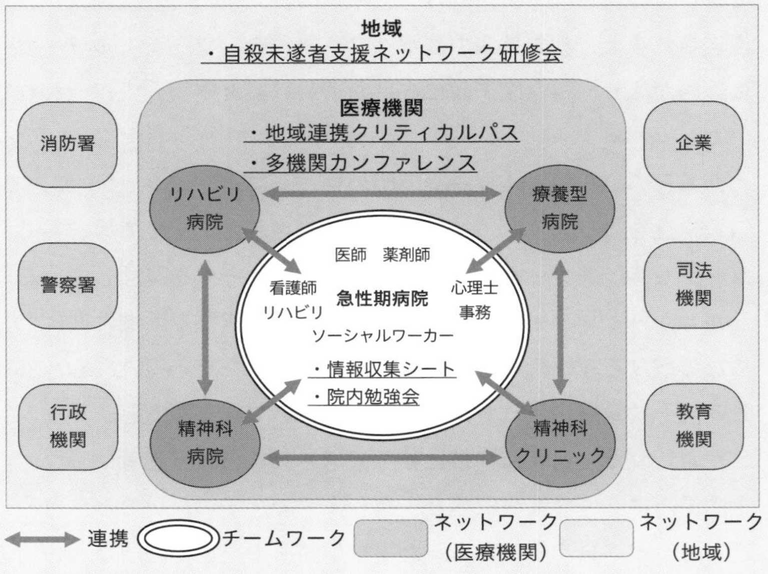

出典：筆者作成

取り組みの結果

　院内の支援体制の構築により、ソーシャルワーク部門だけではなく、病院組織全体での支援課題として共有され、土日・深夜帯においても多職種による情報収集や支援介入をすることが可能となった。また、地域の支援体制の構築により、地域の医療機関との連携が標準化・可視化され、支援内容のモニタリングや連携上の問題のフィードバックが可能となった。研修会では、これまで連携することがなかったさまざまな地域の関係機関と研修会を通じて出会うことができた。また、事例検討などでの学びを通じて双方の役割や機能を理解することで、「何かあったときの連携」ではなく、「日頃からの支援体制」が構築された。

◇参考文献
・厚生労働省「『地域共生社会』の実現に向けて」https://www.mhlw.go.jp/stf/seisakunitsuite/bunya/0000184346.html
・平成14年11月29日健発第1129001号厚生労働省健康局長通知「医療ソーシャルワーカー業務指針」2002.
・日本医療社会福祉協会編『保健医療ソーシャルワークの基礎──実践力の構築』相川書房，2015.
・救急認定ソーシャルワーカー認定機構監『救急患者支援　地域につなぐソーシャルワーク──救急認定ソーシャルワーカー標準テキスト』へるす出版，2017.
・篠原純史「多職種で取り組む最前線の集中治療──MSW がかかわる患者・家族ケアと集中治療後のサポート」『救急医学』第43巻第 2 号，2019.
・厚生労働省「自殺総合対策大綱──誰も自殺に追い込まれることのない社会の実現を目指して」https://www.mhlw.go.jp/stf/seisakunitsuite/bunya/hukushi_kaigo/seikatsuhogo/jisatsu/taikou_h290725.html
・厚生労働省「令和元年中における自殺の状況」　https://www.mhlw.go.jp/content/R1kakutei-01.pdf
・篠原純史・若林チヒロ・梅崎薫「急性期病院における自殺未遂者情報の把握に関する実態と地域連携プログラムの改善点の評価」『日本臨床救急医学会雑誌』第22巻第 5 号，2019.

第5章　保健医療領域における専門職の役割と連携

医療機関におけるソーシャルワーカーが所属する部門の構築

● 医療機関におけるソーシャルワーカーが所属する部門の位置づけを学ぶ
● 医療機関におけるケース発見・情報共有の仕組みを学ぶ
● ソーシャルワーカーの組織における管理体制と実践を学ぶ

1 医療機関における所属部門の位置づけ・周知と相談アクセス

1 医療機関における所属部門

　医療機関におけるソーシャルワーカーは、社会福祉士・精神保健福祉士の配置が拡大している。病院では、配置人数が増加し、在宅療養支援診療所などの診療所でも、配置する機関が増えている。

　ソーシャルワーカーが所属する部門の位置づけや、実践の理解にあたっては、第1節にもある病院組織の特性を理解することが必要である。

　部門の周知は、患者・家族らが抱える不安が困難感に変化する前の適切な時期に、相談アクセスを可能とするために欠かせない。パンフレットやホームページ、チラシやポスターなどさまざまな方法で、「医療費・生活費」「人間関係」「退院後の生活」「仕事への影響」「介護」など疾病や事故に伴う相談内容や「誰に相談してよいかわからないこと」などの相談機能、場所、時間、方法を周知し、相談アクセスにつなげていく。

　また、多職種への周知も重要である。新人職員研修会でのソーシャルワーカーの役割の説明や、関係部門への地域社会から寄せられるニーズの定期報告などの周知により、理解の促進が目指される。

　多職種への教育や周知は、縦のラインである部門や部署の責任者と協議して進め、組織の仕組みとしていくことが重要となる。

2 相談アクセスとケース発見の仕組み

　ソーシャルワーカーが所属する部門への相談アクセスは、患者・家族からの自発的なものだけではなく、多職種や地域関係機関からの依頼、ソーシャルワーカーからの声かけなど多方面から行われる。

　なかでも、多職種が得る情報は、重要なケース発見の情報源であるが、

日本医療福祉協会や、地元の病院のホームページで、ソーシャルワーカーの組織がどのように周知されているかを調べてみましょう。また、患者・家族の立場にたち、効果的な周知内容・方法について、考えてみましょう。

治療優位となる局面では、見過ごされる可能性もある。このケース発見の仕組みに、スクリーニング*がある。

　スクリーニングは、生活課題が生じる可能性が高い患者を選び出すことを目的に行われる。医師や看護師などの多職種が、スクリーニングシートをチェックし、悪性腫瘍や認知症などの疾患、緊急入院、ADL（Activities of Daily Living：日常生活動作）の著しい低下、虐待（疑い）、養育困難、生活困窮などの項目に該当する患者について、ソーシャルワーカーに連絡する仕組みである。

　連絡を受けたソーシャルワーカーは、患者の状況を把握し、継続的な介入の必要性を判断する。この判断には、治療の進行による将来的な介入の必要性の見通しも含まれる。依頼者への報告時には、適切な介入時期の相談や、症状変化時の再連絡の依頼も行われる。

　加えて、児童虐待やDV（ドメスティック・バイオレンス）・虐待（が疑われる場合）などの課題別に、多職種の初期対応と、ソーシャルワーカーへの連絡（休日や夜間等のソーシャルワーカー不在時も想定）をフローチャート化する仕組みもある。

　いずれも、患者・家族からの自発的な相談がなくともケース発見をし、ソーシャルワーカーとのアクセスを可能とするものである。

★スクリーニング
「ふるいにかけること」「選抜」「選別」の意味で、医療分野では、「迅速に結果が得られる簡便な検査を行うことによって、集団の中から特定の病気が疑われる人を選び出す」方法として用いられている。

2　情報共有の仕組み（カンファレンス・電子カルテ）と記録

1　情報共有の仕組み（カンファレンス・電子カルテ）

　情報共有の代表的な仕組みに、カンファレンス*と電子カルテがある。カンファレンスの主な目的は、**表5-3** のとおりである。目的と課題に応じて、医療職中心、ソーシャルワーカーを含む多職種、ソーシャルワーカーと特定職種などで構成される。さらに、患者や家族が加わることもある。

　カンファレンスで、ソーシャルワーカーが情報提供する、患者の価値観や選好、病前の生活情報が、チームの方針を決める重要な要素になる。

★カンファレンス
臨床で行われる課題解決のための話しあいの場のことである。定期的に行われるものと、解決すべき課題が生じた時に行うケースカンファレンスがある。

表5-3　カンファレンスの主な目的

❶　治療方針の決定
❷　生活課題の解決・解消に向けたチーム方針の決定
❸　多職種間の情報共有
❹　倫理上の課題について共通認識の形成

出典：筆者作成

　たとえば、意思決定能力が低下した患者の推定意思を把握する家族らが「いない」場合に、治療方針の決定に苦慮することがある。病院の倫理委員会で検討される場合、「いない」との断定は、ソーシャルワーカーが、関係機関などから収集した情報が判断の根拠になることもある。

　また、医療職中心のカンファレンスも、情報収集やケース発見の場としての活用が可能である。

　次に、電子カルテ★である。診療記録であるカルテは、ICT★(Information and Communication Technology) を活用した電子カルテ化が促進され、大規模病院を中心に普及している。あわせて、医師から検査・リハビリテーションなどの指示を行うオーダーの ICT 化も進み、電子カルテと一体的に情報共有する仕組みとなっている。この ICT を活用した仕組みに、多職種からソーシャルワーカーへの依頼や、ソーシャルワーカーの記録も含める機関が増えている。さらに、関係機関との情報共有に ICT を導入する取り組みもある。

　一方で、個人情報を共有する範囲が適切に制限されているかセキュリティ上の懸念もあり、情報共有範囲の特定や関係者の信頼関係形成も体制構築において重要である。

　この仕組みづくりや人間関係形成は、病院組織内・外のソーシャルキャピタル（社会関係資本）として、医療サービスの量や質にも影響する。ソーシャルワーカーは、誰と誰が、どのような情報を求めているかを把握しやすい立場におり、部門として仕組みづくりや体制構築に寄与することは、医療機関にとっても、大きな意味をもつものである。

■2 ソーシャルワーカーの記録

　ソーシャルワーカーの記録は、患者・家族にとっての経過記録、ソーシャルワーカーの実践記録、多職種での情報共有記録の側面がある。

　電子カルテの普及は、多職種での情報共有記録の性格を強めている。さらに、記録は、最終的に患者のものである。近年、カルテ開示請求により、ソーシャルワーカーの記録も開示される例もあった。この傾向は、より強まっている。

　記録の記載は、相談時に患者と約束（契約）した内容に沿う必要がある。たとえば、患者からの「家族には言わないでほしい」との家族関係の吐露があった場合や、「他職種には言わないでほしい」との希望が述べられた場合には、相談時から、記録への掲載を視野に入れて相談対応することが必要となる。また、ソーシャルワーク実践で、繰り返されるア

表5-4 記録・SOAP形式

S（subjective）	主観的情報	クライエントからの情報。主訴を、その時の事実のまま記載する。
O（objective）	客観的情報	援助者が観察して得た情報。他職種や家族からの情報も事実を記載する。
A（assessment）	アセスメント	支援計画作成にあたり、援助者が問題をどう捉えるか。評価、解釈などを記載する。
P（plan）	支援計画	目標と方法を記載する。長期的・短期的を分けて設定し、計画の修正も記載する。

出典：八木亜紀子『相談援助職の記録の書き方——短時間で適切な内容を表現するテクニック』中央法規出版，2012. をもとに筆者作成

セスメントの明確な記載も重要な点である。

　記録形式には、さまざまあるが、電子カルテでも用いられているものの一つとして SOAP 形式（**表5-4**）がある。SOAP 形式は、元々 POS（Problem-Oriented System）に基づき医療機関で活用されてきた形式である。その特徴は、経過のみではなく、利用者の問題点を抽出し、主観的情報と客観的情報を分け、アセスメントを明確に記載する点にある。一方で、実施内容のみえづらさや突発的問題が記載しづらいなどの弱点もある形式でもある。

3 スーパービジョンによる部門の管理

■ スーパービジョン体制とスーパービジョンの機能

　スーパービジョンは、実践の質を担保するもので、教育的機能、支持的機能、管理的機能などがあり、部門としてのスーパービジョン体制の構築が望まれる。

　実施にあたっては、スーパーバイザーとスーパーバイジー*間で、内容、時間、方法などの契約（確認）を行う。専門性向上に向けた意欲の維持やバーンアウト*防止、専門職組織の自律性強化なども期待される。スーパーバイザーは、相談しやすい環境作りやスーパービジョンに基づいた実践に責任をもつ。スーパーバイジーは、抱え込まず自らスーパービジョンを求めることが役割であり、責任である。

　スーパービジョンにおける教育的機能は、実際の業務に対して、個々のソーシャルワーカーの能力・特性に応じて行われる。取り扱う内容は、クライエントが抱える生活課題・ニーズに対するアセスメントに加えて、

★スーパーバイザーと
　スーパーバイジー
スーパービジョン契約を結ぶ二者関係において、指導者の役割を担うスーパーバイザーに対して、スーパービジョンを受ける援助者のことをスーパーバイジーという。

★バーンアウト
燃え尽き症候群のことである。

ソーシャルワーカー自身やスーパービジョン関係もテーマになる。

アセスメントに関するスーパービジョンでは、膨大な情報の何に関心をもち、取捨選択するのか、何に焦点を当て、深めていくのか、など、すべてが焦点となり得る。

生活課題が、複雑化・複合化するケースのスーパービジョンでは、関心の焦点、問題を生み出している構造、今見えていないストレングスはないか、など、「なぜ」「どうして」と深めることで、可能性を見出せることもある。

スーパーバイジーは、スーパーバイザーからの「問い」への応答を通じて、焦点化するポイントや思考過程を獲得することもできる。

支持的機能は、不安や迷い、ジレンマ、葛藤を受けとめ、支えるとともに強みを発見し強化する機能である。スーパーバイジーにとって、姿勢や価値が支持されることで、次なる実践に向かう活力になる。特に、新人や新たな業務を担うソーシャルワーカーは、取り組む課題に応じた、ポジティブな支持が極めて重要である。

管理的機能には、後述する管理や就業規則[★]に関わる管理、部署の運営・業務量のマネジメント、業務手順書[★]の作成などがある。

★就業規則
労働時間や賃金をはじめ、人事・服務規律など、労働者の労働条件や待遇の基準を定めたものである。

★業務手順書
業務の手順を示したものである。ソーシャルワーカーの業務では、面接準備、面接導入時対応や、制度検討の業務手順などが想定される。手順の一つにスーパービジョンを求めることの検討を含んだ手順書を活用する機関もある。

4 ソーシャルワーカーが所属する部門における管理体制

1 業務管理と業務評価

ソーシャルワーカーが所属する部門における業務管理は、業務の質の向上に向けて行われる。

品質管理の考え方として、Plan（計画）、Do（実行）、Check（評価）、Action（対策・改善）のプロセスの循環を意味するPDCAサイクルがある。ソーシャルワーカーが所属する部門でも、PDCAサイクルを組織学習のプロセスとし、所属する部門の組織としての成長が目指される。

Plan（計画）として、医療機関の方針や目標に基づいて、業務目標と業務計画を設定する。業務計画に基づき行われた業務の実行状況（Do）は、業務統計（日報・月報・年報）で把握される。業務統計の項目は、評価から逆算して、相談経路、診療科、相談内容、方法、時間数などの項目に、特筆すべき事柄の記述欄を設ける場合もある。

集計結果は、スタッフがもつ情報や知識を動員して分析し評価（Check）する。さらに、対策・改善（Action）に取り組む。これら一

連のプロセスにより業務管理を行う。

　こうした❶業務管理に加え、❷診療報酬管理、❸医療安全管理・情報管理・感染管理、❹人的資源管理を行い、総合的に業務評価を行う。この業務評価の結果は、スタッフで共有し、病院運営管理部門にも報告する。

2 診療報酬管理

　診療報酬は、医療機関の収入の大部分を占めるものである。ソーシャルワーカーが所属する部門においても、社会福祉士や精神保健福祉士の診療報酬上の評価に対し、他部署と連携し診療報酬管理を行う。

　診療報酬管理は、算定条件となる体制の整備、職員のコスト意識の形成、算定に関わる事務手続きと実績管理を行う。ここでのコスト意識とは、支援を算定要件に合わせる意識ではない。適切な支援が、算定要件に合致する場合に、漏れがなく事務処理などを行うという意識である。

　当然だが、算定が目的化することがあってはならない。算定の必要ない患者の不利益や支援の形骸化、算定要件に合致しない患者のニーズを見逃す可能性もある。結果として、誰にでもできる業務との評価を引き起こすことにもなり、専門性を危うくすることにつながる行為であることを確認したい。

3 医療安全管理・情報管理・感染管理

　医療機関では、アクシデントが生命や個人情報への影響を及ぼす可能性があり、医療安全管理、情報管理、感染管理などの対策を講じている。

　医療におけるアクシデント（有害事象）とは、目的に反して傷害が生じたもので、過失の有無を問わない。さらに、インシデントとは「思いがけない出来事（偶発事象）で、これに対して適切な対処が行われなければ事故となる可能性のある事象」を意味し、ヒヤリ・ハットと表現することもある。

　医療におけるリスクマネジメントで取り扱うアクシデント・インシデントは、患者だけでなく、家族らや職員に実害が発生したものも含む。

　ソーシャルワーカーの業務で想定されるアクシデント・インシデントには、地域医療連携に導入が進むインターネットでの患者情報の誤送信や、セキュリティー上のミスなどがある。「送付すべき相手に」「正しい内容を」「内容を覗き見されない方法で」確実に情報を送り届けるなどの対応に留意する必要がある。

Active Learning

社会福祉士・精神保健福祉士が位置づけられている診療報酬の要件を調べてみましょう。また、診療報酬の要件をもとに、医療制度が、社会福祉士・精神保健福祉士に期待している役割について考えてみましょう。

さらに、患者への告知が明確に行われてない段階で、ソーシャルワーカーが、病名をにおわす表現を用いてしまうことがある。そのような場合、患者の人生に重大な影響を及ぼす問題を引き起こしてしまうため、対策として、カルテの閲覧や医師への事前確認の徹底を行う。具体的には、「先生のお話をお聞きになってどのようにお感じになられましたか」との質問から始め、認識や感情を確認する手順も考えられる。

また、ソーシャルワーカーへの患者・家族からの「相談」のなかには、他部署のアクシデント・インシデント相談が含まれていることがある。このような場合には、事実確認や状況の改善に向けた対応を行うため、関係者に伝えることを相談者に伝え了解を求め対応する。仮に、了解が得られない場合でも、緊急を要する場合は、関係者に連絡をとることを患者・家族らに伝えたうえで対応する。いずれの場合も、アクシデント・インシデントの発生・発見時には、組織的な対応が重要となる。

情報管理は、個人情報の保護に関する法律（個人情報保護法）に基づく対応が求められる。患者の情報は患者のものである。たとえば、複数の家族から、病状説明などの患者情報の提供が求められることがある。情報提供には、患者の意思確認が必要である。だが、急変時など意思確認が困難となる可能性もあり、あらかじめ患者に、自分で意思決定が困難となった場合の代理意思決定者を特定し情報管理を行う。

感染管理は、「持ち込まない」「もらわない」「ひろげない」ことが基本である。感染予防に関する自己管理を行い、罹患が疑われる場合は、「持ち込まない」ために、出勤の可否に関して相談が必要である。感染症の流行期や、院内感染時には、入退院時の、感染症状確認の徹底や面会制限に伴う家族や関係者とのかかわりなど、院内感染対策規定に基づいた対応を行う。

これらの対策の前提には、「人は間違える可能性があり、誰しも当事者になる可能性がある」との認識がある。アクシデントが生じた場合には、早急かつ誠意ある組織的な対応が求められる。

■4 人的資源管理と予算管理

人的資源管理とは、組織の目的を達成するために、組織経営にあたっての人的資源を活用する体制整備や運用に関する諸活動のことである。

組織にとっての人的資源は、潜在的な職務遂行能力をもつ存在だが、どの程度の職務遂行能力を発揮するかは個人の自由意思となる。このため、人的資源への着目は、組織経営の重要課題といえる。

その領域には、❶雇用管理、❷人事考課と報酬管理、❸キャリア開発、❹福利厚生・コミュニケーション・労使関係がある。

雇用管理は、募集・採用から、人事異動や休職・退職に関する一連の労務管理のことである。医療機関が提供しようとする労働サービス必要量にみあう労働力を確保・維持するために組織的に行われるものである。次に、人事考課と報酬管理であるが、直接的に関係する人事考課は、職員の働きぶりを評価し、結果を給与などの報酬やキャリア開発に反映する仕組みである。

キャリア開発には、組織における昇格や人事異動に必要な能力の開発という客観的キャリアの側面がある。加えて、専門的な能力の向上を図りたいという自発的な観点からのキャリア形成の視点もある。この方策に目標管理がある。目標管理とは、上司と部下で、個人の目標を設定し達成状況を評価する目標の達成度評価の仕組みである。個人の目標は、ソーシャルワーカーの所属部門の目標と連動させて設定する。同時に、ライフプランや専門職のキャリア形成といった、個人の立場から検討し主体的かつ能動的に行動していける目標とする。

キャリア開発・形成に向けた教育体制として、新人教育プログラムを設定し、到達時期、到達目標、達成方法を示している機関もある。また、自発的なキャリア形成に向け、職場の教育体制と職能団体などの研修を組み合わせ、継続的に専門性の向上に努めていくこととなる。キャリア開発・形成の指標として、キャリアラダー*を導入している機関もある。

現状では、機関ごとにソーシャルワーカーの配置人数はさまざまであるが、複数人配置されている機関を想定したキャリア指標として、キャリアラダーモデル開発の動きもある。

また、福利厚生等は、仕事・家庭生活の改善や向上を図ることを目的に行う諸施策である。近年は、ワークライフバランス*が重視されている。職務遂行能力を最大限に発揮するには、メンタルヘルスを含む健康管理やリフレッシュのための休暇取得も重要である。休暇（有給、育児・介護、代休等）は、就業規則で定められているが、日常業務が停滞しないように、原則として上司の事前許可が必要となる。休暇取得をしやすくするためには、業務の相互サポートによる職場内での組織文化の形成が必要である。相互サポートや業務マネジメントによっても調整困難な時は、他部門との交渉や人事計画に関する上司との交渉が行われる。また、予算管理として、外部の研修受講費用や行事費用などの管理が行われることもある。

★キャリアラダー
ラダーは、はしごを意味する。数段階に設定するラダーごとのキャリアを示した指標である。職能団体でのキャリアラダーモデル開発は、北海道医療ソーシャルワーカー協会での取り組みがある。また、臨床能力の指標の意味からクリニカルラダーを用いることもある。

★ワークライフバランス
個人の仕事と生活の調和のことである。

　医療機関は、効率的に効果を発揮するよう、生産性の向上を求めることが診療報酬制度からも要求されている。このため、経営的観点からも、医療機能や専門性の発揮という観点からも、自院の機能にみあった患者への対応、平均在院日数と病床稼働率の維持が、組織的に要請される。

　一方、ソーシャルワーカーが対応する患者の中には、複合化する生活課題により、治療優先の既存の仕組みでは対応しきれないニーズを抱える者もいる。ドラッカー（Drucker, P. F.）は、『マネジメント──基本と原則 エッセンシャル版』において「企業をはじめとするあらゆる組織が社会の機関である。組織が存在するのは、組織のためではない。自らの機能を果たすことによって、社会、コミュニティ、個人のニーズを満たすためである。組織は目的ではなく、手段である」としたうえで、マネジメントの役割には、「❶自らの組織に特有の使命を果たすこと、❷仕事を通じて働く人を生かすこと、❸自らの組織が社会に与える影響を処理するとともに、社会の問題の解決に貢献すること」を挙げている[1]。

　ソーシャルワーカーは、多様なケースのニーズ・問題に対応できる存在であり、単なるゲートキーパーとしてのみ機能してはならない。たとえば、身元保証がない患者の通院や転院先が制限される、身元保証問題という社会的課題がある。家族関係の破綻や疎遠などで、身元保証を得られない患者たちには、経済的な保証や、治療上の選択・決定などの医療同意を代行できないという問題が発生する。

　ソーシャルワーカーは、何故身元保証人がいなければ入院ができないのか。身元保証人の役割とは何か。代替策はないかなど、問題を産み出している構造に着目したアセスメントを行う。そのうえで、課題に応じた、組織内の意思決定の職責をもつ責任者への働きかけを行う。この働きかけにより、関係者の認識、組織の機能や仕組みに変化を促すことで、対応できることもある。これらの組織改革は、個別ニーズの実現とともに、医療機関の経営に有益な影響をもたらす可能性もある。

　ソーシャルワーカーが組織的に行う医療機関の機能や仕組みの改変に向けた実践は、医療機関の中にいるからこそできる実践でもある。

★病床稼働率
病院のベッドを指す病床に、どの程度の患者が入院し、稼働しているかを示す指標である。年単位で算出するときの計算式は、病床稼働率（%）＝（年間在院患者延数＋年間退院患者延数）÷（運用病床数×365）×100。

6 ソーシャルワーカーが所属する部門が果たす組織マネジメント

　ソーシャルワーカーは、地域社会や医療制度といった環境の変化に敏感である。所属部門における業務評価にこれらの気づきを加え、地域社会や所属機関の問題を発見することができる。この問題に医療機関として対処することは、医療機関の経営の側面からも重要な意味をもつ。

　ソーシャルワーカーは、医療機関の経営に参画する役割ももつが、この対処には、組織マネジメントが必要となる。カッツ（Katz, R. L.）が、マネジメントを担う者に必要なスキル（能力）として、❶テクニカル・スキル★（業務処理能力）、❷ヒューマン・スキル★（対人関係力）、❸コンセプチュアル・スキル★（概念化力）を示している。

　ソーシャルワーカーの所属する部門で果たす組織マネジメントでは、日常業務で発揮するテクニカル・スキルや、ヒューマン・スキルに加え、問題発見、課題設定、立案などの能力であるコンセプチュアル・スキルが活用される。

　この組織マネジメントに必要なスキル（図5-6）の発揮により、関係者との調整や、組織の将来構想や戦略的な計画の提案を行うことは、ソーシャルワーカーが所属する部門に期待される役割である。

図5-6　組織マネジメントに必要なスキル

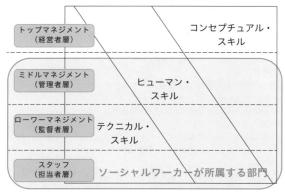

出典：R. L.カッツ「スキル・アプローチによる優秀な管理者への道」
『ハーバードビジネス』第 7 巻第 3 号，pp. 76-79, 1982. をもとに著者作成

★テクニカル・スキル
　（technical skill：
　業務処理能力）
特定の仕事や活動を行ううえで、必要とされる専門的な知識や技能であり、仕事や活動を行ううえで用いる技術や道具を適切に選択する能力。

★ヒューマン・スキル
　（human skill：対人関係力）
組織において問題解決する際に必要となるコミュニケーションなどの対人関係能力や連携・協働に必要とされる能力。上司や関係部署の責任者などとともに組織目標を有効に達成させるための能力。

★コンセプチュアル・スキル（conceptual skill：概念化力）
組織の将来構想や戦略的計画をたてる能力であり、問題発見、課題設定、政策立案などの能力である。

第5章　保健医療領域における専門職の役割と連携

◇引用文献
1）P.F. ドラッカー，上田惇生編訳『マネジメント——基本と原則 エッセンシャル版』ダイヤモンド社，p. 9，2001.

◇参考文献
・A. カデューシン・D. ハークネス，福山和女・萬歳芙美子・萩野ひろみ監訳『スーパービジョンインソーシャルワーク』中央法規出版，2016.
・北海道医療ソーシャルワーカー協会編『医療ソーシャルワーカーキャリアラダー・モデル ハンドブック2020』2020.
・厚生労働省「医療情報システムの安全管理に関するガイドライン第 5 版」 https://www.mhlw.go.jp/stf/shingi2/0000166275.html
・日本医療社会福祉協会・日本社会福祉士会編『保健医療ソーシャルワーク——アドバンスト実践のために』中央法規出版，2017.
・日本医療社会事業協会編『新訂保健医療ソーシャルワーク原論』相川書房，2006.
・L.C. ジョンソン・S.J. ヤンカ，山辺朗子・岩間伸之訳『ジェネラリスト・ソーシャルワーク』ミネルヴァ書房，2014.
・村島さい子・加藤和子・瀬戸口要子『看護管理』メディカ出版，2014.
・R. L.カッツ「スキル・アプローチによる優秀な管理者への道」『ハーバードビジネス』第 7 巻第 3 号，1982.
・日本社会福祉士会・日本医療社会事業協会編『保健医療ソーシャルワーク実践 3 』中央法規出版，2004.
・塩村公子『ソーシャルワーク・スーパービジョンの諸相』中央法規出版，2000.
・田尾雅夫『ヒューマンサービスの組織——医療・保健・福祉における経営管理』法律文化社，1995.
・奥林康司・上林憲雄・平野光俊編著『入門 人的資源管理』中央経済社，2010.
・八木亜紀子『相談援助職の記録の書き方——短時間で適切な内容を表現するテクニック』中央法規出版，2012.
・八代充史『人的資源管理論——理論と制度 第 3 版』中央経済社，2019.
・好川哲人『コンセプチュアル思考』日本経済新聞出版，2017.

第6章

保健医療領域における支援の実際

　保健医療領域の第一線で働く実践力の高いソーシャルワーカーの事例からは、たくさんのことを学ぶことができる。ケースに対する向きあい方、倫理綱領を体現しながらの患者・家族、スタッフとのかかわり方、個々のケースに応じた知識・技術の展開、一つの事例を通してみる現代日本における医療福祉問題のあり方等について、豊富な知見が含まれている。そこで本章では、医療ソーシャルワーカー業務指針と医療ソーシャルワークの歴史を解説したのちに、八つの事例を紹介する。各事例を読む際には、各局面でどのような判断に基づき、どのような知識や技術を活用しているのかを考えてみよう。また、自分がソーシャルワーカーだったら、どのような働きかけを行うのかもイメージすると、より理解が深まるだろう。

第1節 保健医療領域における ソーシャルワーカーの役割

学習のポイント

● 医療ソーシャルワーカー業務指針の内容を理解する
● 保健医療分野のソーシャルワーク実践の歴史と動向について学ぶ
● 医療や社会状況の変化と保健医療分野のソーシャルワーク実践の関連について学ぶ

1 医療ソーシャルワーカー業務指針

1 医療ソーシャルワーカーの業務指針の沿革

　保健医療領域でソーシャルワークを実践してきた歴史のなかで策定された日本における医療ソーシャルワーカーの業務指針は、これまで3度、策定されてきた。

　一度目は1958（昭和33）年、厚生省（当時）から示された「保健所における医療社会事業の業務指針」である。これは、戦後日本で連合国軍最高司令官総司令部（GHQ）の政策により、保健所に位置づけられた「公共医療事業」の内容を、厚生省（当時）が初めて公的に示したものである。この指針により、医療ソーシャルワークが「医療チームの一部門」として、公的に位置づけられることになった。

　その後、保健所のみでなく病院に設置されている場合も含めて、医療ソーシャルワーカー（以下、MSW）全体の資質向上をはかる必要性が提唱された。そこで1989（平成元）年に、厚生省（当時）医療ソーシャルワーカー業務指針検討会が、精神科ソーシャルワーカーを含むすべての保健医療領域におけるソーシャルワーカーを対象とした、2度目の「医療ソーシャルワーカー業務指針」に移行した。趣旨では目的が述べられ、業務の範囲が5項目に整理された。

　そして3度目は2002（平成14）年に、国立病院などのMSWに福祉職俸給表を適用させるため、人事院に医療ソーシャルワーカー業務を説明する必要があったことから、従来の業務指針が現行のものへと改正された。

2 医療ソーシャルワーカー業務指針（平成14年改正版）の概要

2002（平成14）年に業務指針が改正された背景には、時代の流れのなかでの介護保険制度の創設や病床区分の見直し、病院施設の機能分化、障害者福祉制度の支援費制度への移行という社会的な動きがある。そのなかでMSWの果たす役割への期待が高まり、社会福祉学を基にした専門性を発揮し業務が適正に行えるよう、関係者の理解促進を図ることが目的とされた。このように、現行の業務指針にMSWが福祉職であることが明記された意義は大きい。

業務指針の構成は、以下のとおりである。業務指針の目的が明記されている趣旨の後に、6項目の業務範囲として、(1)療養中の心理的・社会的問題の解決、調整援助、(2)退院援助、(3)社会復帰援助、(4)受診・受療援助、(5)経済的問題の解決、調整援助、(6)地域活動が挙げられている。その次に7項目の業務の方法等として、(1)個別援助に係る業務の具体的展開、(2)患者の主体性の尊重、(3)プライバシーの保護、(4)ほかの保健医療スタッフおよび地域の関係機関との連携、(5)受診・受療援助と医師の指示、(6)問題の予測と計画的対応、(7)記録の作成等が挙げられている。そしてその他は、(1)組織上の位置づけ、(2)患者、家族等からの理解、(3)研修等である（pp. 171-174参照）。

3 MSWの業務の範囲

ここでは、業務指針に定められている6項目の業務の範囲についてみていく。

❶療養中の心理的・社会的問題の解決、調整援助

傷病のための通院・入院により、さまざまな生活不安や生活困難を引き起こすことがある。MSWは、社会福祉の立場から患者・家族の相談に応じて解決を支援する。傷病や生活に関する心理的不安への対応、社会資源の活用支援、家族間や人間関係調整、遺族のグリーフワーク、患者会・家族会の育成等の内容が含まれる。アドバンスケアプランニング（ACP、人生会議）が取り組まれている現在、丁寧に患者・家族の声を聴き、それに寄り添っていくことが大切である。

❷退院援助

近年、診療報酬に社会福祉士が位置づけられて以降、この業務は多くの比重を占めるようになった。退院・退所に伴う心理的・社会的問題への対応や、転院や在宅医療の際の対応について示されている。誰もが、

★グリーフワーク
身近な人との死別の際に受ける悲嘆や喪失と向きあい、自分の気持ちを語り、行動し、故人と遺された人との関係や意味を見直していく過程。最終的には、遺された人が喪失に適応し、新たな生活を再構築していく。

★アドバンスケアプランニング（ACP、人生会議）
ACPは、もともと欧米で普及したものであり、人生の最終段階の終末期に、自分自身が望む医療やケアについて前もって考え、家族や医療・ケアチームと繰り返し話しあい、共有する過程。厚生労働省が「人生会議」と命名した。

住み慣れた地域で安心して暮らせるための地域包括ケア★を推進するうえでも、MSW ならではのきめ細かい退院援助は重要な業務である。また、退院支援看護師をはじめとする、多職種との効果的な連携を進めていくことが鍵になる。

❸社会復帰援助

患者の職場や学校と調整を行い、復職、復学を援助し、そこで生じる心理的・社会的問題の解決を援助する業務である。MSW は、患者のワークライフバランス★の実現を目指し、治療か就労のどちらか一方ではなく、適切な治療を受けながら就労を継続する、治療と職業生活の両立支援の一翼を担っていく。また、多様な方法での学習支援・復学支援を行っていく。

❹受診・受療援助

患者・家族がスムーズに受診・受療に結びつくように MSW には、心理的・社会的問題への対応が求められる。患者・家族が診断、治療を拒否する理由は多様である。その背景にある個々人の状況を深く汲み取り、医師をはじめとする多職種との密接な連携を行いながら対応していく。

❺経済的問題の解決、調整援助

患者・家族が医療費・生活費に困っている場合に、各種の福祉サービスや保険を活用しながら援助を行う、MSW にとって基本となる業務である。目に見える貧困問題だけでなく、格差問題、保証人不在にみる、人や物からの疎外等、経済的問題は多様な様相を呈している。また、暴力やアディクション★の陰に経済的問題が潜んでいることも多く、それを発見するセンスを養うことが必要である。

❻地域活動

患者・家族のニーズに合致したサービスが地域において提供されるよう、関係機関や関係職種と連携し、地域の保健医療福祉システムづくりに参画する。とりわけ、地域共生社会★が推進されるなかで、その一翼を担う専門職として MSW の活躍の場が広がっている。そのためには病院内にとどまらず、地域を基盤としたソーシャルワークの展開が求められている。

▌4 MSW の業務の方法

業務の方法としては、7 項目が挙げられている。

❶個別援助に係る業務の具体的展開

患者・家族への個別援助の方法が、ソーシャルワークプロセスに沿って述べられている。とりわけ、的確なアセスメントは重要であり、それに基づき目標を設定し、援助を実施していく。

❷患者の主体性の尊重

患者自身が主体的に予防・治療・社会復帰に取り組むことの重要性が述べられている。MSW は患者の主体性を尊重してかかわるため、代行等は必要最小限に留めるようにする。

❸プライバシーの保護

MSW は患者のプライバシー保護を行うだけでなく、慎重に個人情報や記録の取り扱いを行わなければならない。とりわけ、インターネットを活用する今日では、セキュリティ対策に万全を期す必要がある。

❹ほかの保健医療スタッフおよび地域の関係機関との連携

患者・家族によい支援を行うためには、日頃からの多職種連携が不可欠である。MSW は、カンファレンスの場はもちろんのこと、日頃から病院内外の多職種間での情報交換を密接に行い、良好なネットワークを形成しておく。

❺受診・受療援助と医師の指示

医療と特に密接な関連がある受診・受療援助は医師の指示を受けて行うことが示されている。ただし MSW は、必要に応じて経済的観点、心理的・社会的観点から、積極的に社会福祉専門職としての意見を述べることが大切である。

❻問題の予測と計画的対応

社会福祉の専門的知識および技術を駆使して生活と傷病の状況から生ずる問題を予測し、予防的、計画的な対応を行っていく。とりわけ、急性期機能を有する病院では短い在院日数のなかで退院援助が求められるため、早期からの計画的対応が不可欠となる。

❼記録の作成等

専門的援助を行うためには、的確な記録の作成が必要である。現在は当事者から請求されれば記録を開示する必要があるため、開示請求に応えられる記録を作成する。また、電子カルテは多職種間で共有するため、プライバシー保護と記録取り扱いのルール化が必要である。

5 その他

MSW がその業務を適切に果たすために、次の3点が示されている。

❶組織上の位置づけ

組織内に、医療ソーシャルワークの部門を設けることが望ましいとされている。昨今では、地域連携部門に位置づけられることが多くなっているが、組織内の位置づけは医療機関によって多様である。多職種連携が取りやすく、働きやすいポジションの確立が望ましい。

❷患者、家族等からの理解

患者・家族に対し、パンフレットや院内掲示等により MSW の存在を周知することが示されている。紙媒体にとどまらず、医療機関のホームページを活用する等、さまざまな工夫の余地がある。

❸研修等

MSW の実践力を高めるための研修や実践研究の必要性が示されている。信頼される専門職になるためには、日々変わりゆく医療・福祉の知識や技術のアップデートが欠かせないだけでなく、実践研究の方法も習得しておく。

Active Learning

MSW の援助事例を読み、業務指針のどの部分に該当するのかを考えてみましょう。

2 保健医療分野における ソーシャルワーク実践の歴史と動向

■1 イギリスの歴史

MSW の歴史は、1895 年に、スチュアート（Stewart, M.）がロンドンのロイヤルフリー病院にアーモナー（almoner）として採用されたことに始まるとされている。COS（慈善組織協会）のロック（Loch, C.）の提案によるものであった。ロイヤルフリー病院は貧困者を治療する施療病院であり、アーモナーに求められたことは、救済に値する貧困者とそうでない者との区別や、治療費の支払い能力のある者による無料診療の濫用を防止することであった。しかし、スチュアートは COS でソーシャルワークのトレーニングを受けていたので、患者の状況を調査して、無料診療の濫用防止にとどまらず、その貧困生活の実態や多様なニーズを明らかにしていった。この役割が信頼を得て、20 世紀初頭までにアーモナーはアメリカ、フランス、スウェーデン、オーストラリアなどにも広がっていった。

第二次世界大戦後、イギリスで全国民を対象とした国民保健サービス（NHS）が導入され、アーモナーも NHS の所属となり、あらゆる社会階層の人々を対象に、心理社会的な問題への援助の提供を行った。その後、1970 年の地方自治体社会サービス法により、全住民を対象とした

Active Learning

医療ソーシャルワークの歴史の始まりについて、イギリス、アメリカ、日本の共通点と相違点について考察してみましょう。

★NHS（National Health Service）
1948 年に導入されたイギリスの医療制度。税を財源として、すべての国民が原則無料で、必要な医療サービスを包括的に受けることができる。家庭医や主要病院が NHS の傘下に入り、医療機能の分化が行われている。

統合的サービス部門が各地方自治体に設置され、ソーシャルワーカーは統合された。MSW も地方自治体に所属しながら NHS の病院で病院側の医療従事者と連携しながら働くこととなった。1990 年代以降、退院支援の効果をあげるためにソーシャルワーカーにケアマネジメント業務の強化が求められるようになり、2000 年代以降、さらに入院待機の解消と円滑な退院のための退院支援業務が必要とされている。

2 アメリカの歴史

　アメリカでは、1905 年にボストンのマサチューセッツ総合病院の医師であったキャボット（Cabot, R. C.）がペルトン（Pelton, G. I.）をMSW として採用したことがその始まりである。キャボットは、患者の家庭や住居、仕事や栄養、心配ごと、経済的な状況などを理解しなければ、診断や治療が十分にできないことを認識していた。ソーシャルワーカーには、経済的、精神的、社会的なニーズを把握し、医師の診断と治療をよりよいものにすること、またそのニーズの充足のために患者や家族を援助することを期待した。ペルトンは病気のため短期間で職を辞すが、その任はキャノン（Cannon, I. M.）に引き継がれ発展した。1906年にニューヨークのベルビュー病院、1908 年にはバルチモアのジョンズ・ホプキンズ大学付属病院にもソーシャルワーカーが置かれ、その後、全米にソーシャルワーカーを配置する病院が広がった。

　現在、ソーシャルワーカーは、病院、ホスピス、診療所、老人ホームなどさまざまな機関で雇用されている。あらゆる年齢層、診断名の患者・家族の心理社会的なニーズに対し、多職種チームの一員として、ミクロのみならず、メゾ、マクロのレベルでソーシャルワークを展開している。

　現代的な課題の一つとしてマネージド・ケアへの対応が挙げられる。アメリカの医療保険は、1965 年に制定された高齢者や障害者等を対象とするメディケア、生活困窮者を対象としたメディケイドは存在するものの、公的な医療保険はないため、国民は民間医療保険に加入している。1960 年代に無保険者問題と医療費の高騰が課題となり、1980 年代から医療費の高騰に対応するため、マネージド・ケアシステムを導入した。このシステムは、短時間・低コストで治療を提供することが求められるため、ソーシャルワーカーは短期間でソーシャルワークの援助を行わなければならない。また、マネージド・ケアでは、医療サービスの内容やサービスを受ける機関等を患者が決めることができず、ソーシャルワー

カーは患者の自己決定の尊重ができず倫理的ジレンマに遭遇することも多い。

3 日本の歴史

❶戦前の歴史

　日本における医療ソーシャルワークの歴史は、1919（大正８）年に泉橋慈善病院、1925（大正14）年に東京市療養所、1926（大正15）年に済生会病院、1929（昭和４）年に聖路加国際病院に病人相談所や社会部を設置して相談業務を開始したことなどが挙げられる。いずれも施療を行っていた病院において、経済的な問題や生活上の問題を抱えていた患者と家族の存在があった。このように社会事業のニーズへの対応が本来の病院の果たすべき使命の一つだという認識をもった院長などが相談業務の導入を図った。また、導入にあたっては、いずれもイギリスのアーモナーやアメリカのキャボットの実践などの影響を受けていた。さらに社会事業の実践という観点からみると、同時代には日本において方面委員の貧困層への相談援助活動も始まっており、その影響も受けていたと考えられる。

　済生会病院への導入は、アメリカでキャボットの病院社会事業を見聞した生江孝之がその必要性を痛感し、済生会へ提案したことに端を発する。経営的には病院から独立した組織として済生社会部が設置され、寄付金や助成金などのほか、売店事業の利益を資金として運営された。相談事業のほか、困っている患者に金品を給与する救済事業や、演芸や映画の上映などを行う患者慰安事業、外来患者の子どもたちを預かる託児事業なども行った。初代の相談員は日本女子大学校で生江からも学んだ後、さらに１年間、中央社会事業協会の研究生として社会事業家になるための専門教育を受けた清水利子であった。相談員は病人の生活状態や家族の状況などの調査、経済的な問題への援助や入院に関する相談などを行った。

　聖路加国際病院では院長のトイスラーのもと、医療社会事業部が創設され、初代部員は浅賀ふさであった。基督教的人道主義を掲げ、アメリカの基準を適用した病院だったが、当初は医療社会事業の理解は乏しく、

i 〔あさがふさ〕1894-1986．日本女子大学校卒業後、アメリカで社会事業を学び、聖路加国際病院に就職。戦後は大学で社会福祉の教育や研究に携わりながら、日本医療社会事業家協会の初代会長に就任。医療ソーシャルワークの発展に多大な功績を残した。

浅賀はその職業を病院に根づかせるため、トイスラーや公衆衛生看護婦などの理解者を得ながら、粘り強く業務を行った。当時、社会事業の支援が最も必要とされた結核患者への支援から始めた。すべての結核患者と面接を行い、その生活環境や家族のことなどを理解し、必要な援助を行い、医師や保健婦と協働して家庭訪問も積極的に行った。しだいに他科の医師からも依頼が出されるようになり、業務は拡大し、1935（昭和10）年には部員は総勢 10 名ほどになった。第二次世界大戦中は部門も縮小されたが、吉田ますみは強い使命感と信念をもって、戦前から戦後まで当部に勤務し、戦後の日本の医療ソーシャルワークの発展に寄与した人物の一人である。

❷ 戦後の歴史

戦後は、GHQ の指導のもと、保健所に MSW が配置されたことにより始まった。1947（昭和 22）年に保健所法が全面改正され、その第 2条第 6 項に「公共医療事業の向上及び増進に関する事項」が定められた。これを受け、全国のモデル保健所となった東京の杉並保健所に 1948（昭和 23）年に医療社会事業係が置かれ、出淵みや子が初代係員となった。この後、全国のモデル保健所に医療社会事業係が置かれた。当初はこの事業を理解している者がいなかったため、国は講習会を開催し、その普及や教育を行った。講習会修了者が全国に広がり、保健所のほか、済生会、日本赤十字社、国立療養所などで医療社会事業が始まった。

1950（昭和 25）年に愛知県医療社会事業家協会が結成されたことを皮切りに、各地域で実践を行っていた医療社会事業家たちにより、専門職団体が結成された。1953（昭和 28）年には全国組織である日本医療社会事業家協会が設立され、身分法の成立や MSW の普及、専門職としての質の向上を目的に活動を始めた。昭和 20 年代は戦後の混乱期で、医療社会事業家たちは社会保障制度が未整備のなか、結核患者の医療費の問題や入院先の確保などに奔走した。

昭和 30 年代から 40 年代は、日本は高度経済成長期に入り、社会保障制度も拡充し、1961（昭和 36）年には国民皆保険、皆年金制度が構築された。社会福祉の施設や専門職、社会福祉の教育機関や研究者も増加していった。この頃、社会福祉事業の本質をめぐって論争が起こり、医療社会事業でも 1965（昭和 40）年に『医療と福祉』の誌上で、その本質をめぐって「医療社会事業論争」が行われた。この時代は、脳卒中や交通事故、労働災害等による中途障害者が増加し、リハビリテーション医療の発展とともに、リハビリテーションチームにも MSW が配置され

るなど、実践は広がりをみせた。

　昭和50年代以降もさまざまな医療機関にソーシャルワーカーの配置は増え、その業務もあらゆる領域へ広がり、腎透析、難病、中途障害、植物状態などの重度の難治性、慢性化した疾病をめぐる心理・社会的問題や、社会復帰や在宅療養への支援などを行った。

　1989（平成元）年には「医療ソーシャルワーカー業務指針」が厚生省（当時）から通知された（pp. 171-174 参照）。医療ソーシャルワーカーの業務については、1958（昭和33）年に「保健所における医療社会事業の業務指針について」が同省から示されていたが、新たに保健所のみならず病院や老人保健施設等に配置されている医療ソーシャルワーカー全体の資質の向上を図り、関係者への理解を促進するために、本指針が示された。さらに本指針は2002（平成14）年に改正された。2006（平成18）年の診療報酬の改定では「社会福祉士」が診療報酬上に明記され、現在では、入退院支援加算や回復期リハビリテーション病棟入院料などで社会福祉士の配置が評価対象となっている。

　近年、病院の機能分化と地域連携の推進、地域包括ケア体制の構築に向けて、医療提供体制が整備されるなかで、ソーシャルワーカーの業務に占める退院支援の比重は高まっている。しかし退院支援のみならず、悪性腫瘍やHIV/AIDS、認知症、虐待や貧困、高齢者世帯の増加など、医療の進歩と社会状況の変化から生じる患者や家族のさまざまな生活問題に対し、ほかの医療従事者や地域の機関と連携を取りながら、ソーシャルワーカーは支援を行っている。

Active Learning

その時代の社会や経済、人々の生活や価値観、保健医療、社会福祉や社会保障制度の状況について調べて、時代背景と医療ソーシャルワークの歴史を併せて考察してみましょう。

◇**参考資料**

○医療ソーシャルワーカー業務指針

（平成 14 年 11 月 29 日健発第 1129001 号　厚生労働省健康局長通知）

一　趣旨

　少子・高齢化の進展、疾病構造の変化、一般的な国民生活水準の向上や意識の変化に伴い、国民の医療ニーズは高度化、多様化してきている。また、科学技術の進歩により、医療技術も、ますます高度化し、専門化してきている。このような医療をめぐる環境の変化を踏まえ、健康管理や健康増進から、疾病予防、治療、リハビリテーションに至る包括的、継続的医療の必要性が指摘されるとともに、高度化し、専門化する医療の中で患者や家族の不安感を除去する等心理的問題の解決を援助するサービスが求められている。近年においては、高齢者の自立支援をその理念として介護保険制度が創設され、制度の定着・普及が進められている。また、老人訪問看護サービスの制度化、在宅医療・訪問看護を医療保険のサービスと位置づける健康保険法の改正等や医療法改正による病床区分の見直し、病院施設の機能分化も行われた。さらに、民法の改正等による成年後見制度の見直しや社会福祉法における福祉サービス利用援助事業の創設に加え、平成 15 年度より障害者福祉制度が、支援費制度に移行するなどの動きの下、高齢者や精神障害者、難病患者等が、疾病をもちながらもできる限り地域や家庭において自立した生活を送るために、医療・保健・福祉のそれぞれのサービスが十分な連携の下に、総合的に提供されることが重要となってきている。また、児童虐待や配偶者からの暴力が社会問題となる中で、保健医療機関がこうしたケースに関わることも決してまれではなくなっている。

　このような状況の下、病院等の保健医療の場において、社会福祉の立場から患者のかかえる経済的、心理的・社会的問題の解決、調整を援助し、社会復帰の促進を図る医療ソーシャルワーカーの果たす役割に対する期待は、ますます大きくなってきている。

　しかしながら、医療ソーシャルワーカーは、近年、その業務の範囲が一定程度明確となったものの、一方で、患者や家族のニーズは多様化しており、医療ソーシャルワーカーは、このような期待に十分応えているとはいい難い。精神保健福祉士については、すでに精神保健福祉士法によって資格が法制化され、同法に基づき業務が行われているが、医療ソーシャルワーカー全体の業務の内容について規定したものではない。

　この業務指針は、このような実情に鑑み、医療ソーシャルワーカー全体の業務の範囲、方法等について指針を定め、資質の向上を図るとともに、医療ソー

シャルワーカーが社会福祉学を基にした専門性を十分発揮し業務を適正に行うことができるよう、関係者の理解の促進に資することを目的とするものである。

　本指針は病院を始めとし、診療所、介護老人保健施設、精神障害者社会復帰施設、保健所、精神保健福祉センター等様々な保健医療機関に配置されている医療ソーシャルワーカーについて標準的業務を定めたものであるので、実際の業務を行うに当たっては、他の医療スタッフ等と連携し、それぞれの機関の特性や実情に応じた業務のウェート付けを行うべきことはもちろんであり、また、学生の実習への協力等指針に盛り込まれていない業務を行うことを妨げるものではない。

二　業務の範囲

　医療ソーシャルワーカーは、病院等において管理者の監督の下に次のような業務を行う。

(1)　療養中の心理的・社会的問題の解決、調整援助

　入院、入院外を問わず、生活と傷病の状況から生ずる心理的・社会的問題の予防や早期の対応を行うため、社会福祉の専門的知識及び技術に基づき、これらの諸問題を予測し、患者やその家族からの相談に応じ、次のような解決、調整に必要な援助を行う。

①　受診や入院、在宅医療に伴う不安等の問題の解決を援助し、心理的に支援すること。

②　患者が安心して療養できるよう、多様な社会資源の活用を念頭に置いて、療養中の家事、育児、教育、就労等の問題の解決を援助すること。

③　高齢者等の在宅療養環境を整備するため、在宅ケア諸サービス、介護保険給付等についての情報を整備し、関係機関、関係職種等との連携の下に患者の生活と傷病の状況に応じたサービスの活用を援助すること。

④　傷病や療養に伴って生じる家族関係の葛藤や家族内の暴力に対応し、その緩和を図るなど家族関係の調整を援助すること。

⑤　患者同士や職員との人間関係の調整を援助すること。

⑥　学校、職場、近隣等地域での人間関係の調整を援助すること。

⑦　がん、エイズ、難病等傷病の受容が困難な場合に、その問題の解決を援助すること。

⑧　患者の死による家族の精神的苦痛の軽減・克服、生活の再設計を援助すること。

⑨　療養中の患者や家族の心理的・社会的問題の解決援助のために患者会、家族会等を育成、支援すること。

(2)　退院援助

　生活と傷病や障害の状況から退院・退所に伴い生ずる心理的・社会的問題の予防や早期の対応を

行うため、社会福祉の専門的知識及び技術に基づき、これらの諸問題を予測し、退院・退所後の選択肢を説明し、相談に応じ、次のような解決、調整に必要な援助を行う。

① 地域における在宅ケア諸サービス等についての情報を整備し、関係機関、関係職種等との連携の下に、退院・退所する患者の生活及び療養の場の確保について話し合いを行うとともに、傷病や障害の状況に応じたサービスの利用の方向性を検討し、これに基づいた援助を行うこと。

② 介護保険制度の利用が予想される場合、制度の説明を行い、その利用の支援を行うこと。また、この場合、介護支援専門員等と連携を図り、患者、家族の了解を得た上で入院中に訪問調査を依頼するなど、退院準備について関係者に相談・協議すること。

③ 退院・退所後においても引き続き必要な医療を受け、地域の中で生活をすることができるよう、患者の多様なニーズを把握し、転院のための医療機関、退院・退所後の介護保険施設、社会福祉施設等利用可能な地域の社会資源の選定を援助すること。なお、その際には、患者の傷病・障害の状況に十分留意すること。

④ 転院、在宅医療等に伴う患者、家族の不安等の問題の解決を援助すること。

⑤ 住居の確保、傷病や障害に適した改修等住居問題の解決を援助すること。

(3) 社会復帰援助

退院・退所後において、社会復帰が円滑に進むように、社会福祉の専門的知識及び技術に基づき、次のような援助を行う。

① 患者の職場や学校と調整を行い、復職、復学を援助すること。

② 関係機関、関係職種との連携や訪問活動等により、社会復帰が円滑に進むように転院、退院・退所後の心理的・社会的問題の解決を援助すること。

(4) 受診・受療援助

入院、入院外を問わず、患者やその家族等に対する次のような受診、受療の援助を行う。

① 生活と傷病の状況に適切に対応した医療の受け方、病院・診療所の機能等の情報提供等を行うこと。

② 診断、治療を拒否するなど医師等の医療上の指導を受け入れない場合に、その理由となっている心理的・社会的問題について情報を収集し、問題の解決を援助すること。

③ 診断、治療内容に関する不安がある場合に、患者、家族の心理的・社会的状況を踏まえて、その理解を援助すること。

④ 心理的・社会的原因で症状の出る患者について情報を収集し、医師等へ提供するとともに、人間関係の調整、社会資源の活用等による問題の解決を援助すること。

⑤ 入退院・入退所の判定に関する委員会が設けられている場合には、これに参加し、経済的、心理的・社会的観点から必要な情報の提供を行うこと。

⑥ その他診療に参考となる情報を収集し、医師、看護師等へ提供すること。

⑦ 通所リハビリテーション等の支援、集団療法のためのアルコール依存症者の会等の育成、支援を行うこと。

(5) 経済的問題の解決、調整援助

入院、入院外を問わず、患者が医療費、生活費に困っている場合に、社会福祉、社会保険等の機関と連携を図りながら、福祉、保険等関係諸制度を活用できるように援助する。

(6) 地域活動

患者のニーズに合致したサービスが地域において提供されるよう、関係機関、関係職種等と連携し、地域の保健医療福祉システムづくりに次のような参画を行う。

① 他の保健医療機関、保健所、市町村等と連携して地域の患者会、家族会等を育成、支援すること。

② 他の保健医療機関、福祉関係機関等と連携し、保健・医療・福祉に係る地域のボランティアを育成、支援すること。

③ 地域ケア会議等を通じて保健医療の場から患者の在宅ケアを支援し、地域ケアシステムづくりへ参画するなど、地域におけるネットワークづくりに貢献すること。

④ 関係機関、関係職種等と連携し、高齢者、精神障害者等の在宅ケアや社会復帰について地域の理解を求め、普及を進めること。

三 業務の方法等

保健医療の場において患者やその家族を対象としてソーシャルワークを行う場合に採るべき方法・留意点は次のとおりである。

(1) 個別援助に係る業務の具体的展開

患者、家族への直接的な個別援助では、面接を重視するとともに、患者、家族との信頼関係を基盤としつつ、医療ソーシャルワーカーの認識やそれに基づく援助が患者、家族の意思を適切に反映するものであるかについて、継続的なアセスメントが必要である。

具体的展開としては、まず、患者、家族や他の保健医療スタッフ等から相談依頼を受理した後の初期の面接では、患者、家族の感情を率直に受け止め、信頼関係を形成するとともに、主訴等を聴取して問題を把握し、課題を整理・検討する。次に、患者及び家族から得た情報に、他の保健医療スタッフ等からの情報を加え、整理、分析して課

題を明らかにする。援助の方向性や内容を検討した上で、援助の目標を設定し、課題の優先順位に応じて、援助の実施方法の選定や計画の作成を行う。援助の実施に際しては、面接やグループワークを通じた心理面での支援、社会資源に関する情報提供と活用の調整等の方法が用いられるが、その有効性について、絶えず確認を行い、有効な場合には、患者、家族と合意の上で終結の段階に入る。また、モニタリングの結果によっては、問題解決により適した援助の方法へ変更する。

(2) 患者の主体性の尊重

保健医療の場においては、患者が自らの健康を自らが守ろうとする主体性をもって予防や治療及び社会復帰に取り組むことが重要である。したがって、次の点に留意することが必要である。

① 業務に当たっては、傷病に加えて経済的、心理的・社会的問題を抱えた患者が、適切に判断ができるよう、患者の積極的な関わりの下、患者自身の状況把握や問題整理を援助し、解決方策の選択肢の提示等を行うこと。

② 問題解決のための代行等は、必要な場合に限るものとし、患者の自律性、主体性を尊重するようにすること。

(3) プライバシーの保護

一般に、保健医療の場においては、患者の傷病に関する個人情報に係るので、プライバシーの保護は当然であり、医療ソーシャルワーカーは、社会的に求められる守秘義務を遵守し、高い倫理性を保持する必要がある。また、傷病に関する情報に加えて、経済的、心理的、社会的な個人情報にも係ること、また、援助のために患者以外の第三者との連絡調整等を行うことから、次の点に特に留意することが必要である。

① 個人情報の収集は援助に必要な範囲に限ること。

② 面接や電話は、独立した相談室で行う等第三者に内容が聞こえないようにすること。

③ 記録等は、個人情報を第三者が了解なく入手できないように保管すること。

④ 第三者との連絡調整を行うために本人の状況を説明する場合も含め、本人の了解なしに個人情報を漏らさないこと。

⑤ 第三者からの情報の収集自体がその第三者に患者の個人情報を把握させてしまうこともあるので十分留意すること。

⑥ 患者からの求めがあった場合には、できる限り患者についての情報を説明すること。ただし、医療に関する情報については、説明の可否を含め、医師の指示を受けること。

(4) 他の保健医療スタッフ及び地域の関係機関との連携

保健医療の場においては、患者に対し様々な職種の者が、病院内あるいは地域において、チームを組んで関わっており、また、患者の経済的、心理的・社会的問題と傷病の状況が密接に関連していることも多いので、医師の医学的判断を踏まえ、また、他の保健医療スタッフと常に連携を密にすることが重要である。したがって、次の点に留意が必要である。

① 他の保健医療スタッフからの依頼や情報により、医療ソーシャルワーカーが係るべきケースについて把握すること。

② 対象患者について、他の保健医療スタッフから必要な情報提供を受けると同時に、診療や看護、保健指導等に参考となる経済的、心理的・社会的側面の情報を提供する等相互に情報や意見の交換をすること。

③ ケース・カンファレンスや入退院・入退所の判定に関する委員会が設けられている場合にはこれへの参加等により、他の保健医療スタッフと共同で検討するとともに、保健医療状況についての一般的な理解を深めること。

④ 必要に応じ、他の保健医療スタッフと共同で業務を行うこと。

⑤ 医療ソーシャルワーカーは、地域の社会資源との接点として、広範で多様なネットワークを構築し、地域の関係機関、関係職種、患者の家族、友人、患者会、家族会等と十分な連携・協力を図ること。

⑥ 地域の関係機関の提供しているサービスを十分把握し、患者に対し、医療、保健、福祉、教育、就労等のサービスが総合的に提供されるよう、また、必要に応じて新たな社会資源の開発が図られるよう、十分連携をとること。

⑦ ニーズに基づいたケア計画に沿って、様々なサービスを一体的・総合的に提供する支援方法として、近年、ケアマネジメントの手法が広く普及しているが、高齢者や精神障害者、難病患者等が、できる限り地域や家庭において自立した生活を送ることができるよう、地域においてケアマネジメントに携わる関係機関、関係職種等と十分に連携・協力を図りながら業務を行うこと。

(5) 受診・受療援助と医師の指示

医療ソーシャルワーカーが業務を行うに当たっては、(4)で述べたとおり、チームの一員として、医師の医学的判断を踏まえ、また、他の保健医療スタッフとの連携を密にすることが重要であるが、なかでも二の(4)に掲げる受診・受療援助は、医療と特に密接な関連があるので、医師の指示を受けて行うことが必要である。特に、次の点に留意が必要である。

① 医師からの指示により援助を行う場合はもとより、患者、家族から直接に受診・受療につい

ての相談を受けた場合及び医療ソーシャルワーカーが自分で問題を発見した場合等も、医師に相談し、医師の指示を受けて援助を行うこと。
② 受診・受療援助の過程においても、適宜医師に報告し、指示を受けること。
③ 医師の指示を受けるに際して、必要に応じ、経済的、心理的・社会的観点から意見を述べること。
(6) 問題の予測と計画的対応
① 実際に問題が生じ、相談を受けてから業務を開始するのではなく、社会福祉の専門的知識及び技術を駆使して生活と傷病の状況から生ずる問題を予測し、予防的、計画的な対応を行うこと。
② 特に退院援助、社会復帰援助には時間を要するものが多いので入院、受療開始のできるかぎり早い時期から問題を予測し、患者の総合的なニーズを把握し、病院内あるいは地域の関係機関、関係職種等との連携の下に、具体的な目標を設定するなど、計画的、継続的な対応を行うこと。
(7) 記録の作成等
① 問題点を明確にし、専門的援助を行うために患者ごとに記録を作成すること。
② 記録をもとに医師等への報告、連絡を行うとともに、必要に応じ、在宅ケア、社会復帰の支援等のため、地域の関係機関、関係職種等への情報提供を行うこと。その場合、(3)で述べたとおり、プライバシーの保護に十分留意する必要がある。
③ 記録をもとに、業務分析、業務評価を行うこと。
四 その他
医療ソーシャルワーカーがその業務を適切に果たすために次のような環境整備が望まれる。

(1) 組織上の位置付け
保健医療機関の規模等にもよるが、できれば組織内に医療ソーシャルワークの部門を設けることが望ましい。医療ソーシャルワークの部門を設けられない場合には、診療部、地域医療部、保健指導部等他の保健医療スタッフと連携を採りやすい部門に位置付けることが望ましい。事務部門に位置付ける場合にも、診療部門等の諸会議のメンバーにする等日常的に他の保健医療スタッフと連携を採れるような位置付けを行うこと。
(2) 患者、家族等からの理解
病院案内パンフレット、院内掲示等により医療ソーシャルワーカーの存在、業務、利用のしかた等について患者、家族等からの理解を得るように努め、患者、家族が必要に応じ安心して適切にサービスを利用できるようにすること。また、地域社会からも、医療ソーシャルワーカーの存在、業務内容について理解を得るよう努力すること。医療ソーシャルワーカーが十分に活用されるためには、相談することのできる時間帯や場所等について患者の利便性を考慮する、関連機関との密接な連絡体制を整備する等の対応が必要である。
(3) 研修等
医療・保健・福祉をめぐる諸制度の変化、諸科学の進歩に対応した業務の適正な遂行、多様化する患者のニーズに的確に対応する観点から、社会福祉等に関する専門的知識及び技術の向上を図ること等を目的とする研修及び調査、研究を行うこと。なお、三(3)プライバシーの保護に係る留意事項や一定の医学的知識の習得についても配慮する必要があること。
また、経験年数や職責に応じた体系的な研修を行うことにより、効率的に資質の向上を図るよう努めることが必要である。

◇参考文献
・R. C. キャボット，森野郁子訳『医療ソーシャルワーク——医師とソーシャルワーカー』岩崎学術出版社，1969.
・J. バラクローほか編著，児島美都子・中村永司監訳『医療ソーシャルワークの挑戦——イギリス保健関連ソーシャルワークの100年』中央法規出版，1999.
・M. ジベルマン，日本ソーシャルワーカー協会国際委員会訳，仲村優一監訳『ソーシャルワーカーの役割と機能——アメリカのソーシャルワーカーの現状』日本ソーシャルワーカー協会発行，相川書房，1999.
・金子光一・小舘尚文編著『新 世界の社会福祉① イギリス／アイルランド』旬報社，2019.
・後藤玲子・新川敏光編著『新 世界の社会福祉⑥ アメリカ合衆国／カナダ』旬報社，2019.
・日本医療社会福祉協会・日本社会福祉士会編『保健医療ソーシャルワーク——アドバンスト実践のために』中央法規出版，2017.
・高橋恭子『戦前病院社会事業史——日本における医療ソーシャルワークの生成過程』ドメス出版，2016.
・50周年記念誌編集委員会編『日本の医療ソーシャルワーク史——日本医療社会事業協会の50年』日本医療社会事業協会発行，川島書店，2003.

保健医療領域における支援の実際

学習のポイント

- 保健医療領域の第一線で働く実践力の高いソーシャルワーカーの事例から学ぶ
- ソーシャルワーカーがどのような判断に基づき、どのような知識や技術を活用しているのかを理解する

事例**1** 回復期リハにおけるリスクがある人の理解

回復期リハビリテーション（以下、回復期リハ）病棟は、主に脳卒中や脊髄損傷などの疾患に対する手術や点滴加療後、集中的にリハビリテーションを受ける病棟である。急性期の医療ソーシャルワーカー（以下、MSW）が、疾患特性を踏まえ、ニーズを丁寧に聴き取り、回復期リハ病棟への転院を支援する。回復期リハ病棟の MSW は、患者や家族等の不安を受けとめ、生活期への移行を支援する。

リハビリテーションとは、機能回復や日常生活動作（以下、ADL）の自立が注目されやすいが、障害があっても、その人らしい生活を取り戻していくことこそがリハビリテーションの目標である。本事例では、地域連携クリティカルパスを活用した脳卒中患者への支援を取り上げる。地域連携クリティカルパスとは、急性期・回復期・生活期にわたり、さまざまな情報を切れ目なく共有し、治療やリハビリテーション・ケアを提供するためのツールである。医師、看護師、理学療法士（以下、PT）、作業療法士（OT）、言語聴覚士（ST）、歯科医師、薬剤師、管理栄養士、MSW が記載している。

本事例のテーマは回復期リハにおけるリスクである。脳卒中などの疾患の背景に生活習慣病が潜んでおり、疾患の再発再燃のリスクが伴うことがある。また、後遺症によって就労の継続が困難になるような社会生活が制限されるリスク、後遺症の影響で家族等との関係が変化し、互いに過度な心理的負担が増すリスクがある。したがって、回復期リハ病棟の MSW は、患者や家族等の暮らしや気持ちを丁寧に聴き、具体的な生活課題をともに考え、社会資源を活用し、生活の再構築を支援し、次の

Active Learning

回復期リハビリテーション期におけるさまざまなリスクについて考え、まとめてみましょう。

生活期へとつなぐ役割がある。

Aさん　54歳　男性

病名・既往歴	脳梗塞による左片麻痺・高次脳機能障害。 既往：高血圧（治療中断）、脳梗塞（後遺症は生活に影響なし）。
生活歴	大学を卒業後、建築士の免許を取得し、職場では顧客相手に交渉し、現場に指示をする立場であり、勤務後も、営業に同行し外食が多い生活であった。 1回目の発症では、入院加療を含めて1か月の病欠後に現職復帰し、生活の変化はみられなかった。 子どもたちに、学ぶことと仕事を頑張ることが大切だと伝えていた。
家族状況	妻（52歳）と二人暮らしで、市内に両親（実父80歳・実母78歳）が居住。長男（27歳）は大学を卒業後に結婚し、県外に居住。長女（20歳）は大学生で大学近くに一人暮らしをしている。
健康状況	1回目の脳梗塞後、仕事が忙しく、受診を中断していた。
ADL 急性期から回復期リハへの転院時	車いす使用。食事は右手でフォークを持ち自立。着替えや排泄、入浴に一部介助を要する状態。 高次脳機能障害のため、病識低下、注意力の低下があり、急性期病院にてベッドから転落した経験があった。
IADL（手段的日常動作） 急性期から回復期リハへの転院時	家事は妻が担う。1回目の脳梗塞後、金銭管理や運転、パソコン操作等の影響は確認されず。2回目の脳梗塞を発症したときは、スマートフォンでのやり取りは可能だが写真撮影後の送信ができなかった。血圧測定はできないというより、習慣にない様子だった。

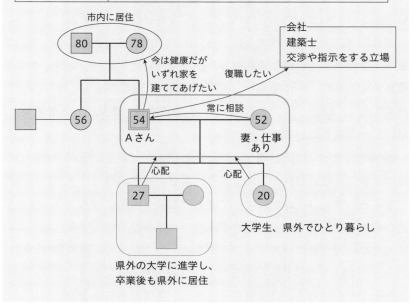

支援経過

● 脳卒中地域連携クリティカルパスに記載されていたこと

　急性期病院から転院時、妻と長女が同行した。脳卒中地域連携ク
リティカルパスには、初発の脳梗塞の後、仕事が忙しく、脳卒中再
発予防や高血圧治療を中断したこと、仕事柄、酒を介した外食が多
かった生活による栄養評価として、運動や食事を含めた生活管理の
必要性などについて記載されていた。急性期の MSW は、健康保
険や仕事の休職の扱いについて対応したとの記載であった。

● 初回面接

　転院初日、MSW はＡさん本人と妻、長女と面接した。Ａさんは
休んでいる仕事を気にかけ、早く復帰したい気持ちを語り、妻は、
自分のせいで再発したと、自分を責めていた。長女は帰省したとき
に、発症した場面に偶然立ち会い、とてもショックを受けていた。
点滴加療中、仕事を気にするＡさんをみて、仕事に誇りをもち、家
族のために頑張ってくれていると感じたと話し、仕事に戻れるよう
に応援したいと語った。MSW は、Ａさんの勤務先の就業規則をＡ
さんとともに確認した。車による通勤や建設現場等の移動、建設現
場では不整地での歩行が必要と考えられた。またパソコンで図面を
作成するだけでなく、一通りのパソコン操作やスマートフォン、タ
ブレット等の活用が必要であることを確認した。自宅は、子どもが
小学校に進学するとき、Ａさん自身が設計し建築した家で、ローン
も終えていた。さらにＡさんは、いずれ両親が住む平屋を敷地内に
建てる考えがあり、長女が言う「仕事に誇りをもち、家族を大切に
する」人生がうかがえた。

● リスクと支援ニーズ

　MSW は、面接後、リハビリテーションチームに、雇用環境や自
宅環境、仕事の内容、さらに家族が暮らす家に思い入れがあること
を報告した。一方で、受診を中断する背景にある、顧客を優先する
傾向と、日々の暮らしでの食事におけるリスクについて報告した。
Ａさんは家族とこれまでどおり暮らし、仕事復帰を望むが、妻は、
Ａさんの食生活や仕事中心の生活について、自分を責める言動があ
り、妻への心理的なサポートが必要であることも併せて報告した。
　仕事についてＡさんは復帰の意思を強くもっていた。会社から

は、有給休暇取得の後、病気休暇取得をし、医師の許可を得てから復帰するようにと伝えられた。MSW は医師にその旨報告し、会社に提出する診断書に、回復の見通し・Aさんの復帰の意思・時期が来れば会社とともに復帰のプロセスを共有することを記載するよう依頼した。

・カンファレンスを活用したチームアプローチ

入院して1週間がたち、カンファレンスが開催された。栄養士から、病院の食事療法で体重が減少し、データが改善していると報告された。PT、OT から、身体機能は改善し歩行自立の可能性が高いが、車の運転は高次脳機能障害の経過によって慎重に判断する必要があり、少なくとも車の改造が必要であると報告された。看護師から、血圧の自覚症状について認識していないことや、注意障害による影響で、車いすとベッドの移乗やトイレの際、転倒しそうになることがたびたびあると報告された。MSW は、妻はAさん本人の選択や決断を支持しており、家族内の物事の取り決めは、妻が、長男や長女、Aさんの両親と話しあい、そのうえでAさんに相談して決めてきたパターンがあることを報告した。医師は、Aさんは社会復帰だけでなく、再発予防への取り組みが大事だと話した。また、MSW は、妻はこれまで相談相手だったAさんが発症したため、気持ちを表出できない可能性があると考えた。

そこで MSW は、Aさん本人が自分の病気の認識を話す機会をもつこと、自分のせいだと自分を責めている妻も感情を表出し、役割を見いだすことが大切だと考えた。疾病予防教室や栄養指導、薬剤指導では、妻にも同席を促し、看護師や薬剤師、栄養士に、Aさん本人が、自分の病気についてどのように感じているか話してもらい、妻とも共有し、妻も気持ちを表出するよう働きかけてほしいと依頼した。また、長女が病気を理解しようと向きあい、長男や祖父母へ伝える役割を担っていると、医師に報告し、リハビリテーション計画書の説明時、Aさんと妻だけでなく、長女の同席を促してはどうかと提案した。

・Aさんや妻の変化をみる

回復期リハ病棟での入院中は、患者や家族等とリハビリテーション計画書を定期的に共有し、プロセスを合意することが求められている。Aさんにおいても同様に、短期目標、長期目標について、リ

ハビリテーションチームと合意しながら進められていた。MSW
は、Aさん本人と面接し、高血圧や脳梗塞再発の関連などの病気の
認識や、脳梗塞後遺症である左片麻痺の状態について、どのように
受けとめ、対応しようと考えているか、聴くように努めた。カンファ
レンスでのMSWの提案を受けて、各専門職も、Aさんとのかかわ
りで感情を表出するように促し続けた。徐々に、Aさんは、血圧の
値と自覚症状を理解し、また、左側に注意を向けながら、動作する
こともできるようになった。妻は、病棟で開催される疾病予防教室
に通うだけでなく、家族の集いにも参加した。家族の集いでは、同
様の体験をしている家族との話しあいで、「なぜこんなことになっ
たか」「これから生活していけるか」といったこれまで抱いてきた気
持ちや不安を表出した。MSWとの個別の面接では、家族の集いを
通して、Aさん本人の思いを想像したり、これまでの経過と自分の
気持ちを振り返ったりしていることを話した。

● 本人、家族それぞれを支援する

　病棟でのADLが自立し、歩行練習が始まる一方、左片麻痺で生
活する想像がつかず、焦る気持ちを表出することが増えてきた。医
師とのリハビリテーション計画の話しあいでは、同席した長女や長
男に「お前たちに何がわかる！　父さんは、お前たちのために、必
死に頑張って家を建てたのに、皆、出て行ったじゃないか」と大き
な声で怒鳴り、止めようとした妻が泣きだしてしまうことがあった。
長男は、「（Aさんを理解し）感謝しているが、今の自分は県外に住
み、同居できないから、両親が住みよいようにしてほしい」と、A
さんに語った。長男、長女とも「自分たちは一緒に住んでいないけ
ど、見捨てるんじゃない。時々帰るから、元気でおってほしい」と
Aさんに伝えた。

　医師は、身体機能の回復はこれ以上見込めず、今の後遺症の状態
で生活することを説明した。また、Aさんは回復が思うようにいか
ず、焦る気持ちがあるのだろうと、妻や長女、長男に伝えた。
MSWは、医師の説明について、Aさんや妻、長男、長女の理解を
確認しながら、疑問や不安を表出するように対話を促した。Aさん
は「家での生活が想像つかない。トイレや、風呂、顔を洗うときと
か…。いろいろ想像したら、頭がパンクしそうで…」と話した。妻
は、「そんなこと考えなくていいから、今は頑張りましょう。としか、

言葉が見つからなくて…」と話した。MSW は、Aさんはもともと、建築設計で空間の想像力を駆使してきた仕事柄、イメージをもつことが大切だろうと考えた。そこで、医師、PT、OT に、試験外出の時期を早めることができないかと相談し、外出許可を得ることができた。

● 生活移行を支援する

実際に動作をしてみて感じた課題を、これからのリハビリテーションに活かしましょうと、医師から伝えられ、試験的に外出した。PT、OT の同席のもと、自宅のさまざまな場所での ADL は可能だった。妻は不安そうに見つめ、MSW と住宅改修の必要性について話しあった。また、MSW は、食事や食事以外の嗜好品の置き場や、薬の置き場所について、Aさん本人の考えを話してもらい、妻にも意見を聴き、やり方を確認した。

外出から帰院し、MSW はAさんと面接。住宅環境について、思い入れのある自宅を、どのようにすると生活しやすいか話しあった。Aさんは、長男へ自分の感情をぶつけた話しあいで、気持ちがすっきりし、家を長男に譲るのではなく、自分が暮らしやすいように改修する決心がついたと語った。MSW は介護保険制度を紹介し、Aさんは申請要件の特定疾病に該当する第2号被保険者であると説明し、介護保険を申請することにした。

その後、介護保険の結果がおり、住宅改修助成を申請した。その間、転院当初にみられた高次脳機能障害による左半側空間無視や注意障害は、かなり改善していた。そこで、運転適性検査を受ける手続きを行い、医師、OT とともに、自動車学校等での自動車運転練習について、Aさんと話しあった。また、薬剤師、看護師の支援で、Aさんは自分で薬を管理できるようになった。栄養士の支援で、ビュッフェ形式の食事で、高血圧に留意した食事を選ぶ体験をした。

これらの取り組みを通して、Aさんは仕事復帰を考えるようになった。障害者認定を申請し、車の改造を考え、製図等をしやすいよう、パソコン操作を練習し始めた。MSW は、Aさんに、会社との話しあいの時期について相談した。Aさんは、左片麻痺があるために、仕事上、バリアフリーなどの物理的な環境を要すること、顧客が自分の障害をどう思うか心配だと告げた。職場の上司とAさん、妻、医師、MSW とで復帰のプロセスを話しあった。職場から

は、事務所に通勤し、事務仕事に慣れた後に、現場訪問の提案がなされ、Aさんも同意した。

結果と考察

　退院後、介護保険による介護予防通所リハビリテーションに通い、一日を通して仕事に行くことができる体力づくり、運転練習に取り組み、血圧上昇に気をつけ、服薬や食事の注意事項を守り、その後、仕事に復帰した。

　回復期リハにおいて疾患の再発リスクがある場合、患者本人の病気の受けとめや、これまでの向きあい方を丁寧に聴かなければならない。また疾病による後遺症を呈した場合、家族関係におきる変化を理解することが重要である。回復期リハ入院中は、生活を再構築する練習の期間であり、人それぞれの対処の仕方に応じた対応が求められる。つまり、Aさんの物事の解決の仕方、周囲の家族等との解決の仕方に応じ、事実を共有し、不安を表出しあう面接を積み重ねること、疾患の再発や就業の継続等の課題に対し、Aさん本人の感情表出を促し、家族等のかかわりを、多職種の力を借りて促すことである。回復期リハでは、脳卒中地域連携クリティカルパスで、多職種による多彩な情報を共有することが可能である。ICF モデル（pp. 5-6 参照）では、当事者の立場から、疾病による心身機能・構造と、個人因子、環境因子がどのように影響しあって活動や参加に制約を生じているか、理解することができる。回復期リハでは、疾病や事故によって、著しく生活が変化している患者に出会う。生活が変化し、将来への不安を抱えているからこそ、障害を受けとめていくプロセスを丁寧に聴き、気持ちを表出できるよう、働きかけることが重要である。

**自宅退院に向けた
医療ソーシャルワーカーの役割**

Active Learning

事例を読んで、医療
現場における退院支
援の実情を理解し、
MSW が果たす役割
について話しあって
みましょう。

　誰もが住み慣れた地域で安心して生活し続けることができるように、医療・介護・予防と生活支援・福祉サービスおよび住まいが一体的に提供されることを目的とした、地域包括ケアシステムの構築が目指されている。そのため、医療現場においても、たとえ重度な介助を要する患者であったとしても、できる限り住み慣れた地域で、自分らしく最期まで暮らし続けることができるようなかかわり方が求められている。ここでは、脳梗塞発症を機に、ADL・IADL レベルの低下がみられた患者に対して、MSW を含めた多職種が自宅退院に向けてかかわった事例を紹介する。

基本情報

Bさん　66歳　男性　要介護度4

病名・既往歴	医師より重度の脳梗塞の診断を受けた。既往歴に高血圧症と糖尿病があった。
生活歴	高校卒業後、製造関係の仕事に従事。その後、23歳で販売関係の会社に転職。妻とは仕事を通じて知りあい、30歳で結婚。子ども2人。妻は出産後、専業主婦。38歳のときに家を購入した。60歳で長年勤めていた販売関係の会社を退職。趣味は、妻と一緒に旅行することであった。
家族状況	妻（63歳）との二人暮らし。長男（33歳）と長女（31歳）は県外に在住。
健康状況	既往歴に高血圧症と糖尿病はあったものの、今回の脳梗塞を発症するまで健康上の問題はみられなかった。
ADL	歩行は困難で、排泄はおむつ介助が必要であり、全面的に介助を要する状態。ただし、本人の意識はしっかりしており、自身の意思を表示することは可能な状態。
IADL	ADLと同様、全面的に介助を要する状態。

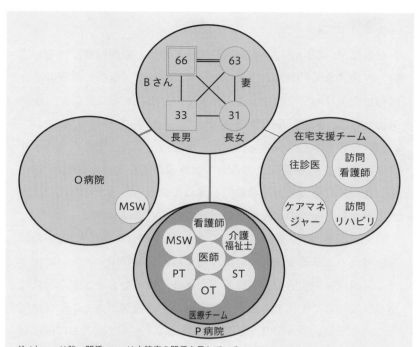

注1）＝＝ は強い関係、── は中等度の関係を示している。
注2）PT は理学療法士、OT は作業療法士、ST は言語聴覚士の略称である。

支援経過

　自宅で夕食を食べている際に、Bさんより、利き手である右手に力が入りにくいという訴えがあった。しかし、疲労が原因ではないかという話になり、その日は経過観察することにした。翌日、目まいや吐き気の訴えがあり、妻がBさんに話しかけるが、意識がもうろうとしており、呂律も回っていない状態であった。そのため、妻がかかりつけ医に相談したところ、ただちに 119 番に電話して救急車を呼ぶように言われた。その後、救急車でO病院に搬送され、重度の脳梗塞の診断を受けた。治療を受けたものの、右半身に強い麻痺と感覚障害や嚥下障害が残った。

　O病院は急性期治療を主な目的とした病院ということもあり、上記後遺症を改善することを目的に、リハビリテーション（以下、リハビリ）体制が充実したP病院へ転院した方がよいのではないかと、医師からBさんと妻に提案があった。P病院で、約4か月にわたって、リハビリを中心とした入院生活を送ったが、自宅退院に向けてとりわけ妻の不安が強く、MSW を含めた多職種で支援を行った。入院1日目から退院までの支援経過は、以下のとおりである。

● 入院1日目

　BさんがO病院からP病院へ転入院した日、妻が付き添いをしていたため、本人と妻および医療チームスタッフ（医師・看護師・介護福祉士・リハビリスタッフ・MSW）と面談することになった。医師からは、入院診療計画書を用いて、入院中のリハビリについての計画内容を中心に説明を行った。看護師・介護福祉士やリハビリスタッフからも、入院生活の流れや留意事項にかかわる説明がされ、そのなかでは今後の退院希望先を尋ねる場面もあった。ただし、本人と妻から、今後の退院希望先が語られることはなかった。

　MSWからは、入院中に困りごとや不安があれば、いつでも相談対応可能である旨を伝えた。具体的には、入院費用の支払いに困ったり、退院後の生活や介護に不安があるといったさまざまな相談に応じ、安心して生活できるようお手伝いする役割があることを説明した。ただし、O病院のMSWから事前に「本人と妻ともに混乱状態に陥っている」という情報を得ていたため、今後の退院希望先が本人と妻から語られることがなかったことも踏まえて、もう少し様子をみて確認したほうがよいと判断した。

● 入院1か月目まで

　入院7日目に、MSWはBさんとインテーク面接を行った。Bさんはほぼ全介助で、自分で寝返りをうつことも難しい状態であった。食事面も嚥下障害があり、経口摂取は困難であり、経鼻経管を行っていた。ただし、本人の意識はしっかりしており、自身の意思を表示することは可能であった。本人に入院中の生活を尋ねたところ、「妻に迷惑をかけないように、リハビリを精一杯やっている」ということであった。

　一方、妻とのインテーク面接では、「長男・長女からは、介護保険の申請をしたほうがよいと言われたが、どうしたらよいのか」という相談があった。そのため、MSWより介護保険の案内をし、制度の仕組みやサービス内容を簡潔に説明した。しかしながら、今後の退院希望先については語られることがなかった。

　その後、入院1か月目の患者と家族を交えたカンファレンスが開催されることになった。ただし、Bさんの体調が思わしくなく、妻の希望もあり、本人は同席しないこととなった。医師からは、現在の病状についての説明があり、「重度の麻痺があり、現時点でほとん

ど改善していない状況を考えると、今後歩行することは難しいと思われる」旨が伝えられた。妻はその話を聞いて、ショックを受けている様子がうかがえた。

•入院1〜2か月

先日行われたカンファレンスでの妻の様子をみて、MSWから妻に声を掛けることにした。MSWとの面接のなかで、妻は「以前入院していたO病院の先生からも、今後歩行は難しいかもしれないという説明があったが、もしかしたら良くなるかもしれないと期待していた」と述べ、「先日の先生の話からやっぱりだめなのか」という思いに至ったことを打ち明けた。それに伴い、「今の状態では、とても家でみることができない」という意思も示された。さらに、「自分が早く救急車を呼んでいれば、これほど重症になることはなかったのかもしれない」と後悔の念が語られた。MSWは、妻のこうした思いを支持的態度で傾聴しつつ、今後も継続してかかわり続けていくことを伝えた。

入院期間が2か月となり、患者と家族を交えたカンファレンスが開催されることになった。医師からは、経鼻経管に代えて、「胃瘻（いろう）を造設したらどうか」という提案がなされた。さらに、リハビリスタッフより、「Bさんは積極的にリハビリに取り組んでいる」旨の報告がなされたものの、ADLレベルは入院当初とあまり変わりはなく、自宅退院を目指していくのか、それとも別の病院・施設への転院・転所も検討していくのかをそろそろ決めていく時期であった。

•入院2〜3か月

MSWはBさんと面接を行った。今後の退院希望先については、「自宅へ帰りたい気持ちが70％ある一方で、妻に迷惑を掛けたくないという思いがあり、転院・転所でも仕方がないという気持ちが30％」と揺れる思いを打ち明けた。その後、MSWは妻と面接を行った。「長男と長女に相談したところ、自宅で介護するのは大変だろうから、今後は別の病院・施設にお願いしたほうがよいのではないかと言われた」ということであった。そのため、MSWから患者本人と家族の退院先についての意向が異なっていることを、医療チームスタッフにフィードバックし、あらためて話しあいの場を設ける必要があることを提案した。

その後、胃瘻を造設し、入院期間が3か月となり、患者と家族を

交えたカンファレンスが開催されることになった。MSW の提案で、長男・長女にも同席してもらうことになった。長男・長女からは、「母しか介護できる人がおらず、自宅で介護したら共倒れになるのではないか心配」という発言があった。そのため、MSW より、介護保険サービスによって介護負担の軽減が可能であることを伝えつつ、妻の介護負担がどの程度予想されるのかを説明した。さらに、退院後の医療サービスは、通院が難しいようであれば、訪問診療の利用が検討できることを説明した。加えて、胃瘻の取り扱い方は看護師から、実際の介護方法は介護福祉士から説明があり、入院中にスタッフより直接指導を受けることが可能である旨が伝えられた。その結果、「最終的には母が決めることなので、母が決めたことに従う」ということであった。

　長男・長女の発言を受けて、妻からは、「このまま病院・施設へ入れるのはかわいそうな気がする」という意向が示された。そこで、MSW は B さんの了解を得たうえで、本人に自宅へ帰りたい気持ちがあることを代弁した。それを受けて、妻は自宅退院を目指していくことを決意した。

● 入院 3 〜 4 か月

　自宅退院に向けて、MSW がケアマネジャー（介護支援専門員）を探すこととなった。退院後も胃瘻の管理が必要である見込みであったため、医療面に強い看護師経験のあるケアマネジャーに依頼することになった。さらに、医師と協議のうえ、B さんが身体障害者手帳を取得できる見込みがあったことから、MSW から本人と妻に障害者サービスの案内をすることになった。その際、障害等級が重度の場合、障害者医療費助成の対象になる可能性があることを伝えたところ、妻より「数年分の住宅ローンが残っており、年金生活ということもありギリギリの生活なので、もし医療費負担が軽減されることになれば、これほどありがたい話はない」ということが語られた。

　その後、妻は、看護師や介護福祉士から胃瘻の取り扱い方や介護方法についての指導を、数日間にわたって受けることになった。しかし、指導を何回か受けたが、これらの手技をなかなか習得することができなかった。そのため、MSW が妻に声を掛けた際にも、「本当に自宅でやれるのか不安しかない」ということであった。そこで、

MSW からケアマネジャーにその旨を相談したところ、ケアマネジャーに来院してもらえることになった。その際、ケアマネジャーから妻に対して、「最初は誰でも時間がかかるものだし、何かあれば訪問看護の経験のある私がサポートする」旨が伝えられ、妻は安堵した表情を浮かべた。

　入院期間が 4 か月を迎えようとした頃に、退院日が決まり、退院前カンファレンスが開催されることになった。そこには、B さんと妻、病院スタッフだけでなく、ケアマネジャーや退院後の生活をサポートする訪問診療医、訪問看護師、訪問リハビリスタッフも同席した。MSW とケアマネジャーが会議の進行を行い、病院側から現状報告と留意事項が伝えられ、それに対して退院後をサポートする在宅支援チーム側からいくつか質問がなされ、情報の引き継ぎをした。その際、B さんより「これだけ多くの人に支えてもらっていると思うと、安心して退院できる」という発言があった。

結果と考察

　B さんは、当初の予定どおりに自宅退院した。退院直後は、妻より「胃瘻からの栄養剤の注入がうまくできない」「おむつ交換が大変」といった訴えがあったものの、在宅支援チームのサポートもあり、何とか乗り切ることができた。幸いにも本人の病状も安定しており、再入院することなく、自宅での生活を継続できているということであった。さらに、嚥下障害も改善傾向であり、経口摂取に向けて訪問リハビリを受けており、本人は「家のご飯が食べられるようになることを楽しみにしている」とのことであった。

　以上の内容を踏まえると、自宅退院に向けた MSW の役割は以下の 3 点に整理できる。第一に、患者本人と家族の退院に向けた不安や困りごとを確認しつつ、両者の退院先の意向に異同があれば、それぞれが納得できるよう意思決定・合意形成支援を行う役割である。本事例では、MSW が B さんや妻との面接を繰り返し行うなかで、入院中の生活状況や退院に向けた不安や困りごとに寄り添っていたといえる。さらに、B さんは自宅退院したい思いが強いものの、妻は転院・転所を検討していることを面接のなかで確認し、両者の退院先の意向を調整するために、B さんと家族を交えたカンファレンス開催の提案をしている。

第二に、制度や人的資源につなげることで、患者本人や家族が抱える不安や困りごとの軽減に寄与する役割である。本事例では、MSW が妻の介護負担を軽減するための方法として、介護保険サービスの説明をしており、自宅退院に向けてケアマネジャーを探す役割も担っている。加えて、障害者医療費助成の対象になる可能性があることを伝えることで、経済的な不安の軽減に努めていることがうかがえる。

第三に、医療関係者やケアマネジャー等の介護関係者といったさまざまな職種がバラバラに関与するのではなく、多職種が一体的に医療・介護サービスを提供できるように、各職種とのやりとりを積極的に行い、リアルタイムな情報共有に尽力する役割である。本事例では、MSW が面接等で得た情報を、医療チームスタッフやケアマネジャーに適宜フィードバックすることで、多職種間での患者本人や家族が抱える不安や困りごとの共有に努めていることが読み取れる。ただし、こうした情報を各職種にフィードバックする際には、事前に本人や家族の了解を得ておくことが必要である。

事例 3　在宅医療における支援

一般的に在宅医療は二つの側面からソーシャルワーク実践が展開される。一つは外来場面の実践であり、もう一つは病状悪化や終末期といった訪問での看取り場面の実践である。この事例は 4 年間継続した支援を行うなかで、当初は外来での支援、その後新たな発症を契機に ADL が変化していった際の支援、さらには終末期となった看取り支援の三つの場面が展開されていく。そのうち、ある特定の場面を切り取り、3 種類あるニーズ（フェルトニーズ*・ノーマティブニーズ*・リアルニーズ*）の違いと意味を学びながら、三つの場面全体から自身の意思が明確に示せないクライエントに対し、リアルニーズである本人主体に引き寄せる支援の重要性を述べる。

★フェルトニーズ（felt needs）
患者や利用者等といったそのクライエントが感じているニーズ、表現しているニーズ。クライエントの主訴や要求とも考えられる。

★ノーマティブニーズ（normative needs）
ソーシャルワーカーや医師・看護師など専門職が、そのクライエントに対して望ましい、標準と捉えているニーズ。

★リアルニーズ（real needs）
その人に真に必要なこととして、実際に支援の対象となるニーズ。フェルトニーズとノーマティブニーズが調和され、リアルニーズとなるよう支援する。

基本情報

Cさん　72歳　男性

病名・既往歴	アルツハイマー型認知症、糖尿病。
生活歴	定年退職後70歳まで嘱託で働く。
家族状況	妻との二人暮らし。他県に弟家族が在住。
健康状況	糖尿病で内服薬あり。認知機能が低下してきた。
ADL	起居・歩行等は自立。排泄の失敗あり。
IADL	車の運転操作や道を間違えるようになってきた。

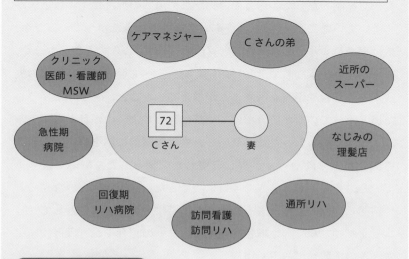

支援のきっかけ

当初、車の運転をしていて通い慣れた道を間違えるようになった、一日に何度も同じ話をする等を妻が心配し、Cさんを受診させた。その後いくつかの契機があり、結果として数年にわたる支援が継続したので、その過程を三つに分けて記載する。

支援過程❶

このクリニックでは MSW が専従しており、医師が診察する前に患者・家族より来院した目的、体調の様子、気になっていること等を MSW が聴く予診を行っている。Cさん夫婦も車の運転をしていて道を間違えることが多くなった、何度も同じ話をする等があることを気にしていた。Cさんは「いつも使っている道なのに間違えたり、わからなくなったりすることがあって、自分に自信がなくなってきた」とは言うものの、どこか人ごとのように考えている様

子が見受けられた。一方妻は、Cさんは仕事を定年で退職してからも嘱託で70歳まで働き、ようやくのんびりした時間を過ごそうとしていた矢先だったのに、どこまで物忘れが進んでしまうのか心配しており、夫婦のなかで感じ方の差が生じていた。MSWは不安感の強い妻に対し、個別的に話を聴くほうが望ましいとアセスメントし、いったん予診を終了させた。

その後医師に状況を説明し、Cさんが検査を受けている間に妻と個別面談を行った。面談が始まると、妻は今まで溜まっていた思いを一気に話しだした。Cさんの物忘れや道順の混乱は1年以上前から続いていたこと、年齢も若く本人も病院に行きたがらなかったが、最近車をこすってしまったこと、仕事を辞めてからすることもなく、ずっと座りっぱなしでテレビを見て物を食べていること、排泄の失敗があり下着や便器を汚すことが増えてきたこと、どこかに相談したいと思っていたが自分だけで相談に行ってよいのかわからず1年以上かかってしまったことを話し、妻は診察前に話を聴いてもらえる機会があり助かったと少し安堵した表情をした。MSWは今までの心労を受容し、2人で今日来院できたことをねぎらいながら、情緒的・評価的サポートを行った。同時に今後の相談先としてクリニックだけでなく、地域包括支援センターの紹介や、介護保険申請方法等の情報サポートも実施した。

定期通院のたびにCさん、妻と予診や個別面談を行っていた数回後、3人で話をしている際に、妻から「抑えよう抑えよう思ってもどうしても夫に怒ってしまう、どうして忘れてしまったのと強い言葉で問いただしてしまう」との発言が出た。妻はMSWに体を向けて話をしていたが、Cさんは無表情で下を向いており生気が乏しかった。MSWは「奥さんは今の状況にとても悩まれていらっしゃいますが、Cさんがどう感じられているか聞いてみたことはありますか？」と尋ねると、妻は「ないです」と言い、Cさんは表情のないままだった。あらためてMSWから「奥様はCさんのことでとても悩まれていますが、Cさん自身はどう感じられていますか」とCさんに言葉をかけた。するとCさんは顔を上げ、ゆっくりと静かな口調で「何度言われても忘れちゃうのが悪いんだけど、やっぱり強く言われたり怒られたりするのはつらいね」と話した。妻はしばらく無言のままだったが、「やっぱりそうだったんだよね」とCさん

から嫌だと聞かされたのは初めてであったようで、「ごめんね」と言い、自分の気持ちを夫にぶつけていたと気づいた様子であった。

数日経ってから妻が MSW に会いたいとひとりで来院した。妻は「実は夫をたたいていました。どうしてわかってくれないの、できないのと胸や背中をたたいていました。夫は何も言わなくて、それがまた自分は苦しくて、何か反応してほしくてもっと強くたたいたりしていました。あのとき夫に尋ねてくれて、夫の声が聴けて本当に救われた気がしました。夫はわからないところが多くなっているけど、わかっているところもあるんだって思いました」と話した。MSW はたたいていたという事実とそれを伝えてきてくれた行動を受けとめ、また一緒に来院してほしいことを伝え見送った。

支援過程❷

数か月後、妻から昨日Ｃさんが自宅で倒れ、脳梗塞で入院したと連絡が入った。医師に外来診察時の経過を記載した診療情報提供書を依頼し、妻の許可を得てＣさんが入院したQ病院の地域連携室へ電話をした。病状は脳梗塞右片麻痺、現在点滴治療中、意識は清明だが失語症が出現している。おそらく急性期の治療は１、２週間で、回復期リハ病院へ転院する見込みであった。MSW からはもともと認知症があり記銘力が低下していること、妻との二人暮らしで妻も夫の認知症に悩みながらも、前向きに在宅生活を続けていることを伝えた。その後回復期リハ病院から自宅退院が決まり、妻から退院後は訪問診察を利用できないかとの相談が入った。回復期リハ病院の MSW とやりとりをすると、要介護３が出ており、移動は車いす、ベッドと車いすへの乗り降りは見守りが必要で、認知症と失語がありその場の理解力はある程度保たれているが、発語は単語が少し出る程度ということであった。担当するケアマネジャーへ連絡をとり、退院前にケアマネジャーが自宅訪問する際に MSW も同席することとした。訪問した際、妻は「脳梗塞で入院したときはもう終わりかと思ったが、一命をとりとめてリハビリテーション（以下、リハ）を頑張っている姿を見たら、私も家で介護してあげたいと思った。どうなるかわからないがやってみたい」と話した。認知症があるだけでなく、麻痺や失語のある人を担当するのが慣れていないというケアマネジャーであったので、MSW は支援内容を一緒に考

え、訪問診察・訪問看護・通所リハを利用する在宅生活が始まった。

支援過程❸

　ある日、訪問診察時にCさんがずっと髪の毛を切っておらず伸びたままと身振りで示した。妻もCさんの理髪を気にしており、市からもらった高齢者支援のパンフレットを見て訪問理美容を使ってみたいと希望した（フェルトニーズ）。

　MSWはケアマネジャーに連絡し訪問理美容について検討した。検討した内容は訪問理美容を使いたいというのは目的ではなく、髪の毛を切ることが目的で訪問理美容はその手段であること、Cさんの散髪手段には何かほかの方法はないか、訪問理美容がベストなサービス利用かを考えた。協議するなかで、今のCさんにとっては通所リハに行くことだけが外とのつながりになっていることから、もっとつながりや社会との接点を増やすことで、外との交流が新しい出会いとなり、夫婦のみという社会的孤立を防ぐことができるのではないかと考えた（ノーマティブニーズ）。

　Cさんと妻に話をし、それならば昔から通っていた理髪店に行きたいとの希望があらためて出た。そこで訪問看護事業者と相談し、訪問理美容に来てもらうのではなく、訪問リハを導入し妻の運転でなじみの理髪店に行くことを目標とする居宅介護支援計画を策定した（リアルニーズ）。具体的には、Cさんと妻の2人で自家用車への乗り降りができるよう自宅で訓練を実施した。

　Cさんは記憶をとどめておくことは難しいが、その場のやりとりは可能であり、自宅退院した後も通所リハに行っていたので、下肢筋力低下等はなかった。支援者側の予測を超え、Cさん夫婦は1か月足らずで自家用車への乗り降りをマスターし、念願だった理髪店のご主人とも再会を果たすことができた。数週間後、突然Cさん夫婦がクリニックに来院した。理髪店に行くことができたので、次は近所のスーパーに行ってみようとなり、今日はクリニックの看護師さんにも会いに来たと2人はうれしそうだった。

支援過程❹

　3年後Cさんは食欲低下、腹部膨満感、体重減少をきっかけに検査を受け、ステージ3のすい臓がんが発見された。外科的手術は難しく放射線療法と化学療法の説明があり、どのような治療・生活を選択するか決める状況となった。その頃のCさんは認知症が進み、判断力や自己決定能力も低下していた。妻はCさんの弟と相談しながら今後について話しあいをしており、MSWへ妻から相談が入った。

　妻はこのまま化学療法等の苦しい治療をしてもどこまで耐えられるかわからないし、今までも十分に頑張ってきたから苦痛を取り除くケアをしてもらうほうがよいのではと考えていた。しかし、弟は今まで頑張ってきたのだし、まだ70代であり大変な状況を乗り越えてきたからこそ、命が長らえるならば治療をさせてあげたいと希望していた。妻は、弟もCさんと2人だけの兄弟で仲がよく、少しでも長生きしてほしいと願っている気持ちもわかり、どうすればよいのか悩み、苦しんでいる様子だった。

　MSWは妻と弟の考えを共有しながら、Cさん本人はどういう気持ちでいるのか、Cさんの立場で考えてみるとどうなるか尋ねてみた。妻は想像していたが、「考えれば考えるほど、自分の考えが夫の命を預かっているようで、どうすればよいかわからなくなり結論が出せない」と苦慮していた。そこで、今までの夫婦としての生活のなかで、Cさんが自分の人生についてどうしていきたいか、締めくくりたいか等の話を聴いたことはなかったか質問した。妻はあまりそういうことを話したことはなかったが、子どもがいなかったこともあり最期の時はお互い相手に負担をかけないように、無理なことはしないで過ごしたいと言っていたと思いだした。それがCさんの言葉、想い、意思と受けとめ、そのCさんの言葉を尊重しながら弟さんとも相談してみてはと伝え、話しあいが進んだ。

結果と考察

　その後、長く診ている先生に看取ってもらいたいと妻から報告を受け、ベスト・サポーティブ・ケアをチームで実施した。

　在宅医療におけるソーシャルワークは長期間支援が継続される場合も

★ベスト・サポーティブ・ケア（best supportive care）
がんに対する積極的な治療は行わず、症状を和らげる治療に徹することをいう。がんによる身体的・精神的な苦痛など、痛みの緩和だけでなく、QOL（生活の質）の維持、向上も含む概念となっている。

Active Learning
本人主体へと焦点を引き寄せる支援について、3種類あるニーズをどのように引き出していくか、考えてみましょう。

あり、今までの支援経過から得られた本人や家族のパーソナリティ、成長や変化、周囲との関係性等を理解し支援に活かすことが求められる。在宅医療は自宅内や外来でソーシャルワークが展開されるため、十分にプライバシーを確保できない場合もある。この場合は本人のみ、家族のみ、一緒に、支援者を交えたチームでと、目的に応じた人数や場所を意図的に設定していくことも必要である。これらを通して、支援過程❶〜❹のCさん主体の支援から少し外れそうな状況になっても、もう一度本人はどう感じているのか、どうしたらより本人のリアルニーズを達成できるか考えることで、本人主体の支援に焦点を引き寄せることができた。

事例4 終末期ケアにおける支援

Active Learning

対話を重ね終末期の過ごし方をどう合意形成し、具体化するかを考えてみましょう。

Active Learning

ソーシャルワーカーの患者・家族に対する支援や期待されている役割を話しあってみましょう。

　大腸がん、肺・肝・リンパ節転移の診断を受けたDさん（40歳・女性）。がん診療連携拠点病院であるR病院に入院し、抗がん剤治療を開始した。約1年後、主治医より病状が進行しており、症状緩和目的の治療に移行することが望ましいとの説明を受けた。Dさんは「どうしても治療を続けたい。そのためにも、1日も早く退院して体力の回復をさせたい」と強く希望。同時に、夫からは「家族としては、抗がん剤などの治療は終了することは了承している。ただし今後は妻に直接、治療計画などを話さないでほしい」と主治医に申し入れがあった。

　この事例を通して、終末期ケアにおける支援では、患者だけでなく、家族や幼い子どもへの支援や最期のよりよい過ごし方をどのように具体化していくのか、またMSWがさまざまな関係者との協働とネットワークの形成について学ぶ。

基本情報

Dさん　40歳　女性

病名・既往歴	大腸がん、肺・肝・リンパ節転移。
生活歴	短大卒業後、地元スーパーの事務職に従事。27歳で結婚、30歳での出産を機に退職。その後は、専業主婦として子育てと家事に従事してきた。
家族状況	・夫（43歳）：地元工務店の会社員。 ・長男（9歳・小学3年生）、長女（7歳・小学1年生）。 ・Dさん、夫、それぞれの両親は他界。 ・隣接する県に夫の姉が居住しているが、姉自身もがん治療後の療養中であり、介護者としての支援は困難。電話にて夫の相談にのっている。
居住環境	2階建ての戸建て住宅に居住。 夫婦の寝室と子ども部屋は2階、リビング・台所・トイレ・お風呂は1階にある。1階リビングに電動ベッドを設置するスペースは確保できる状態。
社会保障制度等の利用状況	・健康保険：夫の社会保険の被扶養者、高額療養費制度の限度額適用認定証手続き済み、多数該当利用中。 ・年金：国民年金第三号被保険者。 ・介護保険：未申請。
ADL	屋内での歩行は、つたい歩きで可能。倦怠感が強く、ほぼ臥床して過ごす。更衣・整容・入浴は一部介助にて可能。食事は経口摂取可能であるが、食欲低下が進んでおり、2割から3割程度の摂取にとどまっている。
IADL	・電話：携帯電話を利用して、家族と連絡をとることは可能。 ・買い物：日常生活に必要なものの買い物は、夫が対応。 ・家事：本人の遂行は難しく、夫が対応。 ・食事の準備：食材の調達、準備は夫が対応。準備されている食事を温めて食事をとることは可能。 ・金銭管理：もともとは家族の金銭管理全般はDさんが実施していたが、現在は夫が実施。 ・外出：付き添いがあれば、タクシーや自家用車にて移動することは可能。 ・服薬管理：自己管理可能。

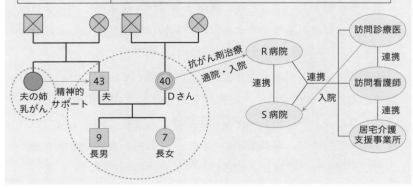

●多職種カンファレンスの実施

　MSW とＤさんとの面談に先立ち、Ｄさんへの病状説明に関する方針を協議することを目的に、多職種カンファレンスが開催された。

　Ｄさんについて、主治医は入院中という短期間に、病状説明を重ねることが、必ずしも本人の病状理解の向上に直結するとは考えておらず、いったん退院をし、家族との時間をもち本人と家族の対話が進むなかで、本人の受容が進むことに期待したいと考えていた。一方で、看護師は、病状説明後の精神的なフォローが手薄となる外来ではなく、看護師をはじめ多職種のサポートが迅速に提供可能な入院中に、病状説明を繰り返すことが有効と考えていた。

　カンファレンスでは特に、病状告知といった倫理的な議論も含まれており、**表6-1** の臨床倫理的アプローチ法に基づいて進められた。

表6-1　何を最善とするか

① 本人の意思決定能力の把握
② 関連する判断基準を踏まえて、問題を整理（人生の最終段階における医療・ケアの決定プロセスに関するガイドラインなど）
③ 時間的・社会制度的な適応と限界を考える
④ 選択肢を踏まえて、結果の予測、リスクを考える
⑤ 患者・家族への解説とフィードバックを踏まえて決定

出典：浅井篤・大西基喜「臨床倫理的観点からの事例分析」『緩和医療学』第３巻第１号．pp. 28-30, 2001. をもとに筆者作成

　まず、Ｄさんの意思決定能力に関して、がんの診断時から現在に至るまで、重要な説明はＤさん自身が受け、今回の抗がん剤治療の効果がみられなかった場合、緩和ケアに移行することを事前に理解していると捉えていたことが、医師・看護師・薬剤師らから情報提供された。また、治療中のセルフケアも特に問題が生じたことはないことから、従来の理解力に問題はないとの評価であった。

　一方で、Ｄさんが、今なぜ抗がん剤を希望しているのか、その背景にある思いや意味づけ、従来何を最善としながら重要な決定を行ってきたのか等、Ｄさん固有の価値観や人生観に関する情報の共有を試みたものの、多職種間において、これらの情報が希薄であることが確認された。特に、終末期ケア移行の説明を受けて以来、Ｄ

さんはベッドサイドに訪れた各医療者に対し、「夫に任せます」と繰り返していて、これは従来のDさんの様子とは異なっており、終末期ケア移行という「悪い知らせ」の告知を契機として、ストレス反応（一時的な判断能力の低下や急激に生じる情動の変動等）が生じている可能性があると考えられた。

今後のかかわりに関しては、本来であれば、ストレス反応が緩和されるまでの一定期間を見守り、自宅退院を目指すことが望ましい、との意見も出た。主治医からは、残されている時間が週単位であり、退院を先送りすることで、本人や家族が自宅で実施したい事柄を実現できない可能性への言及もなされた。

MSW は、カンファレンスの場において、あらためて本人・家族のニーズを確認することを念頭に置きつつかかわりを開始することを意思表示し、Dさんのもとを訪室。ここでもDさんは開口一番、「1日も早く自宅に戻りたいです」と繰り返し言葉にした。ただし倦怠感が強いことを理由に MSW との面談は「夫に任せます」とのことで、初回面談は夫のみと実施した。

MSW は夫との初回面談を通して、夫にこれまでDさんが担ってきた家庭内の役割の代行に加えて、介護者としての役割や代理意思決定の期待が集中している点に留意が必要であると考えた。夫のあり方に支持的にかかわりつつも、感情抑圧の発生への配慮も踏まえ、以下の支援計画を設定した。

❶ 治療方針および病状説明に関して、Dさんと夫がそれぞれの思いを安心して表出する場の提供・保障

❷ 子どもとのかかわりや、医療・介護体制の具体化

支援の実施・展開

● 治療方針および病状説明に関して、Dさんと夫がそれぞれの思いを安心して表出する場の提供・保障

夫は、Dさんが同席していない MSW との面談時に、主治医に対して「今後は妻に直接、治療計画などを話さないでほしい」と申し出た背景を以下のように語った。「子どもに病名や、これから先が限られていることを伝えていないのです。子どもは生まれてから一度も、お母さんのいない生活を送ったことがない。学校から家に帰れば、必ずお母さんが迎え入れてくれる、妻はそんな毎日を大事に

していました。妻はまた、歩いたり食べたりするところまで元気にもなれないと思っています。特別なことは望んでない。せめてもう一度、妻が家で子どもを迎え入れる、そんな日を1日でも多くつくってあげたいと思っています。ただ、本人が残されている時間などを知ってしまうと、退院をあきらめてしまうのではないかと心配なので、これ以上病状説明をしないでほしいのです」

またDさんに対しては、家族来院時以外の時間に訪室し、信頼関係の構築を心がけつつ、今後の療養に関する意向を確認した。Dさんは、自宅退院を希望する背景として、「今、夫は毎朝病院にお見舞いに来てくれていますが、子どもが学校から帰ってくる時間に一度、自宅に戻り、子どもを連れてまた病院に来る日々を送っています。私が自宅に戻れば、少しでも夫の身体の負担が少なくなるのではないかと思っています」と話した。また、退院時の身体のイメージについては「つたい歩きでもトイレに自分で行ける状態であれば、自宅で過ごしたい。そんな状態があと何日残されているのかわかりませんが…。トイレのことを夫にお願いするような状況になったら入院したいです」と語った。

これらの話から、Dさんから自身の病状に関する直接的な言及はなくとも、Dさんと夫の状況認識は共通しているであろうこと、互いや子どもへの思いから、ともに自宅療養を希望していることを、Dさんと夫双方や、多職種とも共有したうえで、退院に向けた環境整備を開始した。

● 子どもとのかかわりや、医療・介護体制の具体化

MSW支援開始から3日程度経過するなかで、MSWはDさんを訪室するたびに、夫はいすに座ることなく、常に前かがみになってDさんとささやくように会話していたり、Dさんのベッドの足元に子ども2人が横になって過ごす場面に遭遇した。

そのようななか、主治医から夫に対し、「病状の進行が早く、残されている時間は数週間である可能性が高い。自宅療養を希望するのであれば、わずかながらにも経口摂取ができている今を大切にしてほしい」という説明が行われた。

その後、夫がMSWのもとを訪れ、「すぐにでも自宅に連れて帰ろうと思います。でも、本人が次に入院するのは、自宅から遠いこの病院ではなく、子どもたちでも自転車で通えるような病院を希望

しています。そういう病院がすぐ見つかるのか、その病院では支払いの相談ができるのかが気になっています」「子どもたちにどうやって伝えようかも悩んでいます。ほかの患者さんはどうしてるんでしょうか？」と語った。

これらの言葉を受け、MSW は、子どもに親のがんのことを伝える方法の一つとして、アメリカのMDアンダーソンがんセンターで作成している、がん患者の子どもを支援するプログラム・KNIT（ニット：Kids Need Information Too）を紹介した。また、R病院退院までには日に限りがあるが、子どもとのかかわりに関しても在宅の関係者や次の入院先の主治医・看護師らに相談することは可能であり、夫だけで抱え込まずに進めていくことを推奨した。

Active Learning

がん患者の子どもを支援するプログラム・KNIT を調べてみましょう。

なお、退院後に在宅で利用する医療・福祉サービスに関しては、初回面談時以降にDさん宅近くの訪問診療・訪問看護・居宅介護支援事業所に依頼をしていたが、訪問診療医より薬剤の準備に1週間程度の期間が欲しいとの回答を受けていた。MSW は訪問診療医らに連絡し、数日の間に遭遇した、病室の様子と夫の意向をあらためて伝達したところ、「病院が本人や家族にとってリラックスできない場所になってしまっているね。退院時に必要な薬剤を処方してもらえるのであれば、2日後に初回訪問します」との回答を得た。訪問看護や居宅介護支援事業所に関しても、訪問診療医に合わせた調整が実現した。

さらに、今後の入院先に関しては、子どもが日常的に利用する公園の近くに所在するS病院の一般病棟で、受け入れが決定した。S病院からは、退院準備を優先し、家族とS病院担当医師との面談は不要との提案を受けたが、夫より、「支払いの相談や子どもへの告知の支援に関しては、事前に相談しておきたい」との申し出があり、R病院の退院前日にS病院での面談を実施、入院時の病室や分割での支払いに関して合意形成を実施。翌日自宅退院となった。

結果と考察

DさんはR病院を退院後5日目に経口摂取困難・歩行困難となり、本人・家族の希望にてS病院へ入院、7日後に他界した。その後、夫からMSW に電話連絡があり、最期のときを「自宅での時間は数日でしたが、

僕も子どももずっとベッドのところで輪になって、皆でたくさん話しました。しっかり見送った、と感じています。ありがとうございました」と振り返る言葉を聞くことができた。

終末期ケア期の患者・家族の支援を展開する際の留意点を3点述べたい。1点目は、身体的な状況だけで、その後の過ごし方を予測しないことである。ソーシャルワーカーのかかわりは本人と家族との対話を重ね、患者・家族がどのような過ごし方を"よりよい"と考えているのかを捉えることから始まる。その思いを関係者や家族同士につなぎ、今後の過ごし方について合意形成し具体化する、これらすべての過程がソーシャルワークであることを忘れてはならない。2点目は、家族も支援を必要とする存在である、ということである。患者本人だけでなく家族全体を支援の対象として捉え、時に、死別後の子育て、経済面を含めた暮らしの相談や準備もソーシャルワーカーの重要な役割である。3点目は、社会的な問題の解決は、病院内だけでなく、地域と協働して展開することが重要、ということである。ソーシャルワーカーには、医療、福祉、行政等、さまざまな関係者との協働とネットワーク形成が期待されている。

事例 5　救急現場における支援

救急現場では、患者は身体的に重篤であり、患者・家族は混乱状態なことが多い。急性期病院には、身寄り無し、家族疎遠・非協力的、身元不明、ホームレス、外国人（オーバーステイ）、無保険、医療費の支払いが困難、自殺企図、家庭内暴力・虐待など、さまざまな生活課題を抱えた患者が救急搬送され、傷病を機にこれまで抱えていた生活課題が顕在化される。救急医療と併行して、患者の生活課題の解決に向けた支援を行うことは、患者・家族の大きな支えとなる。

本事例では、救急現場に多い「自殺企図」と「子ども虐待」を取り上げ、保健医療領域におけるソーシャルワーカーがどのような視点で患者・家族へ支援介入を行っているかを紹介する。

Active Learning
終末期ケアと緩和ケアの違いについて調べてみましょう。

Active Learning
救急現場におけるソーシャルワーカーの役割や、急性期病院が連携する地域の関係機関の役割についてまとめてみましょう。

Active Learning
自殺の再企図予防や、子ども虐待防止に向けた支援についてまとめてみましょう。

基本情報

E さん　32 歳　女性

病名・既往歴	意識障害（向精神薬の過量服薬）、産後うつ病。
生活歴	近所のスーパーでアルバイト。
家族状況	長男（10歳、半年前から不登校）と二人暮らし。 同市内に伯母（母親の姉）が生活。
健康状況	精神科クリニックに定期通院。
ADL	自立。
IADL	自立。

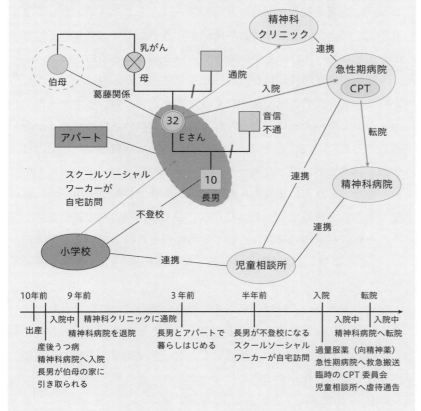

事例経過

● 救急隊（病院前救護）との連携

　朝８時頃、Ｅさんは、定期通院している精神科クリニックから処方されている向精神薬を過量服薬した。長男は意識朦朧（もうろう）としているＥさんを心配して、アパートの隣に住む大家に助けを求めた。すぐに大家が救急要請をし、Ｅさんは救命救急センターを有する急性期

病院に救急搬送された。

　救急搬送後、ソーシャルワーカーは、救急隊から、自宅がごみで散乱していたこと、長男の目の前で過量服薬をしたこと、長男の面倒は大家がみていることなどの病院前情報が提供された。

● Eさんとの面接

　Eさんは、救急搬送後しばらくすると意識清明となり、会話もできるようになった。ソーシャルワーカーは、救急外来（ER：Emergency Room）のベッドで横になっているEさんと面接を行い、これまでの生活歴や家族歴を確認した。Eさんは精神科クリニックに定期通院しながら、近所のスーパーでアルバイトをして生計を立てていた。Eさんは、半年前から長男が不登校になっていることを思い悩み、誰にも相談できずにいたとのことであった。

　今朝も長男が学校に行かない様子を見て何もかも嫌になり、死にたくなって、長男の前で薬をたくさん飲んだ、とのことであった。ソーシャルワーカーは、Eさんに今でも死にたい気持ちがあるかを確認すると、「ある」とのことであった。また、自殺企図をしたのは今回が初めてとのことであった。ソーシャルワーカーは、誰にも相談できないEさんの気持ちを傾聴し、これまで長男を一生懸命に育ててきたことをねぎらった。しかしEさんが長男の前で過量服薬したことは、長男の心理面において負の影響を及ぼしていると伝えると、Eさんより「（長男に）かわいそうなことをした」との発言があった。

　ソーシャルワーカーは、Eさんに長男の養育についてひとりで抱え込まずに、一緒に考えていくことを伝えた。また、ほかの親族に連絡のとれる人がいないかを確認し、ソーシャルワーカーから同市内に住む伯母に連絡することになった。

● 伯母への連絡

　Eさんとの面接後、ソーシャルワーカーは、伯母に連絡をし、これまでのEさん・長男へのかかわりを確認した。Eさんの両親は離婚し、Eさんと母親は二人で暮らしていたが、Eさんが高校生のときに母親が乳がんで亡くなり、Eさんは伯母の家に引き取られた。Eさんは美容師の専門学校を出た後、22歳のときに働いていた美容室の先輩との間に長男を妊娠したが、妊娠発覚後に先輩とは音信不通となった。Eさんは、出産費用や生活費の経済的問題から伯母

に相談をし、伯母の家に戻り、長男を出産した。出産後、育児方法をめぐって伯母と口論になることが多く、Ｅさんは長男を連れて、伯母の家を出て、アパートで暮らした。

しばらくして、Ｅさんの住むアパートの住人から「子どもがずっと泣いている。玄関前がごみで散乱していて、悪臭がする」と児童相談所へ相談があり、児童相談所が介入することとなった。Ｅさんは、産後うつ病の診断で精神科病院に入院となり、長男は伯母の家に引き取られた。Ｅさんは、精神科病院を退院後、自宅近くの精神科クリニックに通院した。ここ数年はＥさんの精神状態や生活も落ち着いていたため、３年前に伯母の家から長男を引き取り、再び、現在のアパートで暮らしはじめた。伯母はＥさんと長男の生活に協力したい思いがあるが、Ｅさんはそれを受け入れないのではないかとのことであった。

● 臨時の CPT 委員会の開催

この急性期病院では、子ども虐待に対して多職種チームで対応するために、子ども虐待対応チーム（CPT：Child Protection Team）が設置されている。CPT は、小児科医師を委員長に、救急科医師、脳神経外科医師、整形外科医師、小児病棟看護師、救命救急センター看護師、医事課、ソーシャルワーカーなどの多職種で構成され、子ども虐待の早期発見と支援介入に取り組んでいる。また、ソーシャルワーカーは、地域の要保護児童対策地域協議会の参加や、子ども虐待防止に向けた研修会の開催などを通して、地域の保健医療福祉システムづくりに参画している。

ソーシャルワーカーは CPT のメンバーを参集し、臨時の CPT 委員会を開催した。委員会では、主治医である救急科医師からＥさんの身体的・精神的な状況の説明があり、ソーシャルワーカーからは、これまでのＥさん、伯母、救急隊からの情報の報告があり、メンバーで共有した。

CPT では、Ｅさんには入院して身体的治療を行いながら、自殺の危険因子などの評価を行うこと、Ｅさんが長男の前で過量服薬を行ったことから、長男への心理的虐待として児童相談所へ虐待通告し、児童相談所と連携しながら長男の養育環境の調整を行う方針となった。

• 児童相談所への虐待通告

　CPT の委員長（小児科医師）は、Eさんに、身体的・精神的な状況から入院が必要なこと、長男の安全と養育環境の調整のために児童相談所へ連絡することを伝えた。Eさんは長男と引き離されるのではないかとの思いから、「児童相談所には連絡しないでほしい」と言ったが、児童相談所との連携の必要性について繰り返し説明すると、しぶしぶ受け入れた。CPT は児童相談所へ心理的虐待として虐待通告をした。すぐに児童相談所の児童福祉司が来院し、Eさんと面接を行い、長男は一時保護となった。

　児童相談所によると、これまでEさんの家庭について要支援家庭として要保護児童対策地域協議会で協議しながら、地域で見守ってきたとのことであった。特に、今年に入り長男が不登校になってからは、スクールソーシャルワーカーが何度も自宅訪問をしていた。しかし、Eさんからは「大丈夫です。学校に行かせます」との一点張りで、生活状況の把握や具体的な支援介入ができなかったとのことであった。

　今回のEさんの入院を機に、医療機関（急性期病院、精神科病院、精神科クリニック）、児童相談所、小学校などの地域の関係機関が連携し、Eさんと長男の生活と養育環境の調整を行うこととなった。

結果と考察

　急性期病院では、Eさんの身体的治療と並行して、自殺の危険因子の評価などを行った。Eさんより「このまま家に帰ると、また同じこと（自殺企図）をしてしまう」との発言があったため、自殺の再企図予防のためにEさんは以前に入院歴のある精神科病院へ転院することになった。長男は伯母に引き取られ、伯母の家から小学校へ通学することになった。急性期病院のソーシャルワーカーは、児童相談所の児童福祉司や精神科病院のソーシャルワーカーと連携し、Eさんと長男との生活の再構築に向けた支援を引き継いだ。

　子ども虐待は、身体的虐待、ネグレクト、性的虐待、心理的虐待に分類される。昨今、国民や地域の関係機関の子ども虐待に対する意識が高まり、児童相談所への虐待通告件数は増加している。特に心理的虐待での通告件数が増加し、これは子どもの前で親が配偶者に暴力をふるう面

前 DV（Domestic Violence）についての警察からの通告が増加したことが一因である。

　急性期病院は虐待を発見しやすい立場にあり、子どもの命と健康を守るために、子どもと保護者から発せられる違和感を SOS のサインとして拾い上げることが重要となる。また、虐待の背景には、保護者自身に被虐待体験があるなど、虐待は世代連鎖するともいわれている。そのため、虐待を受けた子どもだけではなく、虐待をした保護者も心理的に危機的な状況にあり、子どもと保護者の両者への支援が重要となる。

　また、虐待という深刻なケースに対応することは、支援者にとっても精神的な負担が大きい。そのため、本事例のように CPT などの多職種で構成されたチームで対応することが重要となる。ソーシャルワーカーは、チームの一員として、社会福祉の専門的知識や技術に基づいた子どもと保護者の両者への個別支援、チームのコーディネート機能、児童相談所をはじめとした地域の関係機関との連携、そして、子ども虐待防止に向けた地域の保健医療福祉システムづくりなどを担っている。

事例 6 ｜ 周産期における支援

　妊娠は、その女性や家族にとって喜ばしい出来事となるだけでなく、時には望まない妊娠、精神疾患や身体疾患の合併、経済的な不安や家族関係の葛藤などさまざまな課題をもたらすことがある。そのため、周産期においては母体や胎児、新生児の生命を救うための高度な医療だけでなく、社会・心理的なサポートも必要となる。

　この事例のFは、先天的な障害をもって生まれたため、すぐに医療処置が必要な状態であった。そのことに加えて、両親がFのことを「育てられない」との思いのなかにあり、Fは生まれながらに養育の場も定まらない状況にあった。生まれてくる子どもは親を選べない。また、親も生まれる子どもを選べない。しかし、親は「育てられない」という「育てない」選択をすることができる。この事例を通して、子どもの福祉をMSW はどのように守るのかを考える。

Active Learning

周産期の母子やその家族に、MSW がかかわっていくことの意義について、話しあってみよう。

★周産期
妊娠 22 週から出生後 7 日未満の期間をいう。

F君　0歳　男性

病名・既往歴	低出生体重児（2200g）、先天性の指定難病。
生活歴	第2子、長男として出生。
家族状況	父（40歳、会社員）、母（38歳、会社員）、姉（3歳、保育園）。
健康状況	生後すぐから筋力が弱く、呼吸や哺乳の障害あり。 そのほかに、小さな手足、特徴的な顔貌。
ADL	食事：経管栄養。排泄：おむつ。
IADL	泣いて意思表示するが泣き声は小さい。

★低出生体重児
出生時の体重が2500g未満の新生児。また、1500g未満の児を極低出生体重児、1000g未満の児を超低出生体重児という。

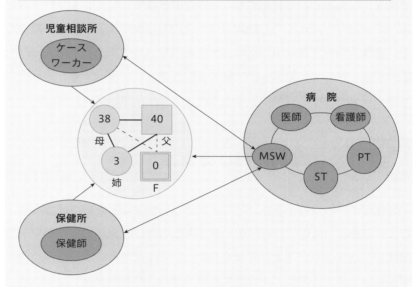

支援経過

● 相談までの経緯

　Fは、出産予定日よりも2週間早く2200gで生まれた。顔や手足などに見た目の奇形はないが、出生直後の泣く声は弱く、全身の筋肉の力も弱いことから先天的な病気が疑われ、NICUに入院した。

　Fの母親は、妊娠経過には何も問題なく出産を心待ちにして過ごしていたなか、突然にFが小さく生まれ、NICUに入院になったことについて、「妊娠中も忙しく仕事をしていたから早く生まれてしまったんだ」「子どもを健康に生んであげることができなかった」と話し、「自分のせいだ」と自責の念を抱えていた。また、Fには何らかの病気があると疑われていたことは、母親に大きな不安をもたら

★ NICU
Neonatal Intensive Care Unit の略。新生児集中治療室のことで、低出生体重児や先天性の疾患などで、高度専門的な医療を24時間体制で提供する治療室。

した。

　筋肉の力が弱いＦは、ミルクを飲むための吸う力もとても弱く、母親から直接母乳を飲むことができず、口から胃につながれた管を通して栄養をとっていた。出産から数日後、ようやくＦに面会をした母親は、父親の後ろに隠れるようにやってきて、Ｆの姿を少しのぞき見ただけで帰っていった。その頃から母親は「私には育てられないかもしれない」と担当の看護師に気持ちを漏らしていた。

　生まれてから１か月ほどたった頃、Ｆの病気の検査結果が判明し、指定難病の一つに該当することがわかった。看護師は母親の不安気な様子から、MSW との面談が必要と考えた。看護師は両親へ、病院には MSW がいることや、そこでは家族が今どのような気持ちでいるのか、Ｆの子育てをどのように考えていけばいいのかなどの相談ができることを伝えた。

初回面談

●面談

　相談室に父親とともに来た母親は、打ち沈んだ様子で、いすに座るなり、「私には育てていくことができません」と涙ながらに話した。母親は出産直後からインターネットでさまざまな情報を調べていたが、その情報はどれもネガティブなものばかりであった。母親は「もしかしたら病気ではないかもしれないという希望ももっていたんです。でも、確定診断が出たことを先生から聞きました…」とうつむきながら話した。また、「私には育てられない。生んでからずっとそう思っていました」「特別養子縁組に出したいです」「（この出産を）なかったことにしたい」「（生まれた）子どもと一緒に消えちゃいたい」とも話した。

　MSW は、母親に、妊娠したときの気持ちや妊娠期にどのような思いで過ごしてきたのか、また、母親自身の仕事について尋ねた。

　母親は、Ｆの姉や今回のＦの出産において、自分の仕事のキャリアを考えて出産する時期を計画してきたこと、姉は私立の小学校に入学させたいと考えており、これからそのための受験勉強をしていく予定だったこと、併せて仕事の復帰の時期もすべて計画していたことを話した。Ｆが生まれたことによって「その計画がダメになってしまった」「Ｆがいることでお姉ちゃんにも迷惑がかかってしま

★指定難病
難病の患者に対する医療等に関する法律に基づき指定されている疾患で、医療費助成制度の対象となっている。

★特別養子縁組
子どもの福祉の増進を図るために、子どもと実親（生みの親）とが法的な親子関係を解消し、養親と養子で実の子と同じ親子関係を結ぶ制度。養親になることを望む夫婦が一定の要件を満たす場合に、家庭裁判所の決定を受けることで成立する。

う」「親が死んだら誰がこの子（Ｆ）の世話をするんですか。お姉ちゃんに苦労を背負わせることはできません」と話した。特別養子縁組に出したいと考えたのは、自分たちよりも、Ｆのことを喜んで迎えてくれる家族のもとで育ったほうが、Ｆが幸せになれるのではないかと考えるからだという理由であった。

　父親は、母親の話を静かにうなずきながら、そして時折母親の背中をさすりながら聞いていた。MSW が「お父さんはどのようにお考えですか」と尋ねると、最初は「僕には何も聞かないでください」とぴしゃりと言い放った。しかし MSW は、これからのＦや家族のことを考えていくうえで、母親だけではなく父親の思いや考えを聞きたいことを伝えると、父親は「僕も無理だと思っています」と答えた。父親はカバンから大量の資料を出し「たくさん調べたんです」と、そのなかには医学論文もあった。「でも、今のところ治療の方法は見当たりませんでした。病気の特徴からして、大きくなってからがこの病気は大変なんです。悲惨なんです。うまく育てる人もいるのかもしれませんが、僕らには無理です…」「障害があるから特別養子縁組に出したいということについては、倫理的な問題があることも十分わかったうえで、私たちには育てていくことはできないと考えているんです」と話した。その一方で、「もし育てるとしたら…自分ももちろん一緒にやっていきます…」「…でも、ひとりではできません。パートナーの妻ができないと言ったら、それはもう無理なんです」と話した。

● アセスメント

　ここまでの面談で MSW は、母親が自責の念をもっていることや、育てる自信がないこと、特別養子縁組に出したい思いがあることを否定することなく、その気持ちに寄り添い傾聴した。また、父親には、妻であるパートナーの思いに理解を示しながらも、自分たちで育てる可能性を捨てきれずに、迷いがあることに気がついた。母親と父親の間には、Ｆを育てることについて微妙な気持ちのズレがあったが、それをここで一つにまとめることはせず、今はそれぞれの思いを尊重するほうが大切であると判断した。

　また、母親は産後に十分な睡眠や食事もとらず、ネットサーフィンで情報を収集しており、心身の疲労感が強いこと、この状態で正常な判断はできないため、母親には休息が必要であると判断した。

さらに母親は、これまで計画的に人生を生きてきたなかで、今の生活が変わることや姉への影響を心配し、大きな不安を感じていることがわかった。これらから両親は、Fが病気であることそのことよりも、この病気によって引き起こされる生活上の苦労を悲観し、それが養育への不安になっていると考えた。

MSWから両親へ、Fへの医療や今後の発達の様子については、専門医などから正しい情報を得る必要があること、また今後のことは、病院の医師や看護師、地域の関連機関とも相談して一緒に考えていきたいことを伝え、両親も了承し、初回面談を終えた。

面談後、Fの難病申請などの窓口となっている保健所の保健師に連絡をし、Fの身体的な状態、両親の思いを伝えた。母親が希望している特別養子縁組は、民間の団体や児童相談所が窓口となっている。特別養子縁組の相談は、両親がFの養育を考えていくうえで大切なプロセスとなるため、信頼できる民間の団体を紹介し、そこへの相談は両親から直接連絡をしてもらうことにした。児童相談所へはMSWから連絡をし、ケースワーカーと情報を共有した。

さらに、病院内のFにかかわる医師や看護師、リハビリの訓練士らと両親の思いなどを共有し、今後Fにとって安全で安心な養育環境をチームで考えていきたいことを伝えた。

● プランニング

❶長期的目標

① Fにとって、最も適切な養育の場を検討する

一度決まった養育の場で一生涯生活するとは限らず、成長の段階や状況に応じて生活の場が変わることが考えられる。長期的な視点をもち、継続した支援が必要である。

❷短期的目標

① 両親が十分に考え、検討したうえで判断できるようにサポートする

今後も両親の気持ちを否定することなく受けとめながら、両親の決断へのプロセスを見守っていく。そのために必要な情報（医療に関する正しい情報や社会資源の情報など）を両親へ提供する。そして、両親が自分の考えや気持ちを自由に表現できるような環境を整える。

② 病院と地域関連機関が協力できる環境を整える

病院内のスタッフと地域関連機関の担当者が顔を合わせ、Fとその家族のことについて一緒に考えることのできる場が必要であり、合同カンファレンスの開催を企画する。

合同カンファレンスの開催

参加者は、Fの両親、医師、看護師、地域の保健師、児童相談所のケースワーカー、MSW。

このカンファレンスによって、医師からは、両親が心配しているような症状も、この病気に対する研究が進んできていること、ある程度は薬でコントロールできるようになってきていること、また、この病気の専門医を紹介することができるので、その医師とも協力しながらFの成長発達を見守っていくことができると説明があった。母親が希望していた特別養子縁組については、児童相談所のケースワーカーが手続きについて説明をした。ケースワーカーが、特別養子縁組の希望を両親が出すと、退院後はすぐに乳児院への入所になると話すと、母親は、乳児院への入所になると専門医への受診や療育を十分に受けられなくなることを心配した。その母親の気持ちを聞いたケースワーカーは、ひとまず退院してFと一緒に生活をしながらケースワーカーとの面談を重ね、その時々の生活の様子によって大変なときにはショートステイを利用して一時的に子どもを預けたり、場合によっては長期に入所する施設を探したりできると説明した。保健師からは、自宅に訪問して発育や発達の様子を伺い、相談にのることができると話があった。MSWからは、利用できる社会資源の情報や同じような経験をしている家族会の紹介ができることなどを伝えた。

結果と考察

カンファレンスから1週間ほど経過したころに、再び両親と面談をした。母親は「ひとまず、家に帰って育ててみようと思います」と話した。カンファレンス後、どのように気持ちが変化し、この決断に至ったのかを尋ねると、母親は、「Fのことをたくさんの人が支えてくれていることがわかりました。もちろん日々育てていくのは自分たちだけど、いつでも相談できることがわかったので、安心しました」と語った。父親は「これまで、なんだかんだと育児を妻に任せてきていたので、今回は、自分

も育児休暇を半年は取ろうと思います。この子との生活に慣れるまで、自分も一緒にやっていこうと思います」と話した。病院や地域関連機関も、この両親の決断を支持し、この後、両親はFのケアの方法を練習し、数週後にFは自宅に退院した。退院後の外来受診時には、母親がFを慈しみながら胸に抱き、「今度、先生から紹介してもらった専門病院を受診してきます。パパは育児すると言いながら、仕事が忙しくて。この子の世話はほとんど私がしているんですよ」と優しい笑顔を浮かべながら話した。

　Fの両親はMSWの支援によって、Fを育てていくことへのさまざまな思いを自由に表現することができ、そのことによって、MSWはFの両親が何を困難と感じているのか、そのためにはどのような解決策があるのかを考えることができた。そしてなりよりもFの両親は、自分たちだけで課題や困難を抱えるのではなく、Fと両親をサポートする人が病院にも地域にもたくさんいることがわかったことで、育てていく決断をすることができた。両親のもとで育つことが、すべての子どもにとって最善であるとは限らないが、これからFは、両親のもとでFらしく成長していくことだろう。このように、周産期においては、家族を支援することが、子どもの福祉を守ることにつながる。MSWは、母親が「いつでも相談できる人がいることがわかった」と語ったその一人でもあり、退院後も支援は続く。

事例 7 ▶ 認知症患者と家族への支援

　認知症は、記憶や見当識（時間や場所の感覚）等の認知機能の低下といった生物学的側面における問題にとどまらず、患者の心理的側面や社会生活に多様な影響を及ぼす。そのため、認知症患者へのソーシャルワーク実践に際しては、認知症を疾患として正しく理解し、生物・心理・社会的側面への一体的なアプローチを多職種協働で具体化することが重要となる。また、認知症患者に日々身近に接し、支援を行う家族の負担は少なくない。ソーシャルワーカーには認知症患者の家族への同時一体的な支援が求められる。

　本事例は、認知症患者本人の意向を尊重し、患者および家族の地域生活を支えるMSWによる実践の一例を示す。

第6章

保健医療領域における支援の実際

Active Learning

患者本人の意向を支援の中心に捉えながら、家族支援を同時に具体化するソーシャルワーク実践の展開について要点をまとめてみましょう。

Active Learning

医療・介護専門職との協働を通じ、認知症患者および家族の地域生活を支えるソーシャルワーク実践について具体例をを考え、発表してみましょう。

Gさん　78歳　男性　要介護1

病名・既往歴	アルツハイマー型認知症（軽度）・高血圧・高脂血症。月1回、T病院の内科外来に通院をしている。 既往症：白内障（両眼手術）。
生活歴	文具メーカーの会社員として定年まで働き上げた。25歳で結婚。妻は3年前に他界。それ以来、息子家族と同居するようになった。 アルツハイマー型認知症の診断をうけた2年前より、デイサービスを利用するようになった。
家族状況	息子（50歳）、娘（48歳）の2人の子あり。 ・同居する息子の家族構成は、妻（Uさん、49歳）・子2人（大学1年生と高校2年生）。 ・娘は、Gさん宅から離れた遠方で生活、年に1回程度の訪問となりかかわりは限られている。
健康状況	アルツハイマー型認知症の記憶障害（短い時間に同じ話を繰り返す）、見当識障害（今日が何日で何曜日だか分からない）があるも穏やかに生活していた。 →1週間前より、トイレや食事が自分ではできなくなり、また少しぐったりとした様子で食欲も落ちている。
ADL	腰痛を訴えることはあるが、屋内移動は自立。もともと、更衣、食事、整容、入浴は自立していたほか、トイレもリハビリパンツの着用で介助を要することなく生活していた。 →しかし、最近1週間は、トイレの場所を認識できずにトイレに入る前に排尿をしてしまうといったことが何度かあった。また、Uさんの見立てでは、少しぐったりした様子があり、食欲も落ちている様子がある。
IADL	・買い物：日常的な食料、消耗品はUさんが買い物をして対応。 ・掃除：Uさんが、Gさんの部屋の掃除もしている。 ・金銭管理：基本的に外出する機会もなく、お金を利用する機会も限られているため、大まかな金銭管理は息子が行っている。 ・調理：Uさんが、毎食準備をしてくれている。平日の日中は用意してもらったものを電子レンジで温めることはできる。 ・外出：デイサービスへ通所以外は、家にいることがほとんどで、閉じこもり気味の状態となっている。
居住環境	2階建ての戸建住居に在住。本人の居住スペース、ダイニング、トイレ、お風呂はすべて1階にあり、基本的には階段を昇り降りすることなく生活ができている。2階には、息子夫婦の寝室、子ども部屋などがある。
社会保障制度等の利用状況	厚生年金受給。後期高齢者医療制度（1割負担）。 介護保険：週1回、8時間のデイサービスを利用している。

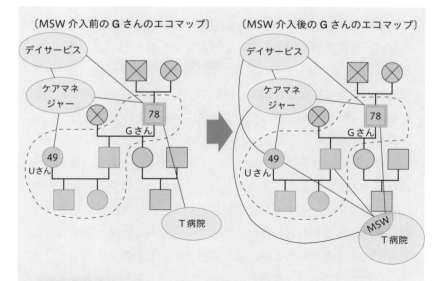

〔MSW 介入前の G さんのエコマップ〕　〔MSW 介入後の G さんのエコマップ〕

支援経過

　Gさんはもともと、穏やかな性格で、認知症の症状があっても家族が近くにいれば大きな問題になることはなく経過していた。しかし、1週間ほど前より、トイレに入る前の廊下で排尿をしたり、箸を使わず食事を手掴みで食べようとする状況が見られるようになった。主たる介護者のUさん（息子の妻）はGさんの状態に困惑しながらも、それらへの対応を自分がせざるを得ない状況となった。Uさんは、GさんのかかりつけであるT病院の「医療福祉相談室」のMSW に相談をするに至った。

● 家族面談

　Uさんは相談室に入るなり、現状のGさんへの対応が、自分にとって強いストレスになっていることを MSW に訴えた。また、夜中もゴソゴソとGさんが動き回る音がして、ここ数日は十分に睡眠がとれていない状況があることを話した。今のGさんの状態では、とても介護を続けていくことはできないので、「どこか明日にでも入所できる施設を教えてほしい」というのがUさんの希望であった。MSW はUさんの強いストレス状態に配慮をしながら、Gさんを施設入所させたいという考えを否定することなく話を聞いた。続けてUさんは、夫（Gさんの息子）について、仕事が多忙で、ほとんど介護にはかかわることはないこと、Gさんの対応について相談をしたところ、「何もわからなくなっているから、施設に入れてもいいんじゃない」との返答があったことを話した。

MSW は、Uさんの話をある程度聞いたところで、Gさんの現在の症状と生活全般の様子について情報収集を行った（「基本情報」参照）。Gさんは現在、上記の状況に加えて、少しぐったりとした様子で食欲も落ちているとの情報が確認できた。また、それらの状態をUさんは「認知症が進行した」と捉えていることがわかった。

● **課題の整理・支援方針**

　Uさんとの面談を通して MSW は、二つの理由から、Gさんの急な状態変化に着目した。すなわち、多くの場合、緩やかな進行が特徴であるアルツハイマー型認知症において、Gさんの急な状態の変化は頭部外傷などを含む何かしらほかの医学的な要因が影響している可能性も考えられること。また直近まで一定の判断ができていたGさんについて、今一時の状態をもとに家族の判断を優先することが妥当なのかという点である。さらに、Uさんの強い介護負担が確認できるなかで、家族介護者の支援も同時に具体化していく必要があることに MSW は留意した。以上の事柄を踏まえ、また支援経過を通じて、MSW は下記の課題・支援方針を整理した。

（Gさんに関する課題および支援の方針）
❶Gさんの状態変化に対する医療的評価の具体化および受診の勧奨
❷Gさんの判断能力の確認とそれを踏まえた療養場所等の方針検討
❸Uさんの介護負担軽減
❹Gさん家族の認知症に対する理解促進

● **支援の実施・展開**

　支援方針に基づき、MSW は各課題に対する以下の対応を行った。
❶Gさんの状態変化に対する医療的評価の具体化および受診の勧奨
　MSW は、Gさんの状態について主治医へ報告をした。医師の見解によると、アルツハイマー型認知症が必ずしも現在Gさんに現れ出たような症状を急に引き起こすものではないこと、むしろ少しぐったりした様子等があれば、ほかの病気の可能性も疑われるとのことであった。
　医師との話の内容をUさんに伝えると、早速Gさんの病院受診を計画したいとのことになり、同日の午後、GさんはUさんとともに

来院した。外来での検査の結果、Gさんは肺炎を発症しており、治療のために入院することとなった。

　入院当初Gさんは急な入院に戸惑っている様子はあったが、その後は比較的穏やかに入院生活を継続した。

❷Gさんの判断能力の確認とそれを踏まえた療養場所等の方針検討

　Gさんの肺炎治療の経過はよく、入院から1週間程で肺炎は軽快した。入院当初はおむつ内での尿失禁が見られたが、治療の経過とともに病棟トイレへの移動および排尿ができるようになった。また食事についても、問題なく自分で摂取することが可能となった。

　Gさんの病状が落ち着いた時点で認知機能の評価を実施したところ、軽度のアルツハイマー型認知症の状態であることには変わりないが、入院前の認知機能が維持されていることが確認できた。

　MSWより、Gさんに今後の生活に関する意向を問うと、また自宅に戻って、その際はできるだけ自分でできることはやっていきたいといった話が確認できた。またGさんは、いつもいろいろと手伝ってくれるUさんへ強い感謝の思いがあることを語った。MSWはUさんの介護負担軽減を前提としながら、Gさんの療養に関する意向を具体化していく事を計画した。

❸Uさんの介護負担軽減

　Gさんの入院の翌日、MSWは再びUさんとの面談を行った。Uさんからは、久しぶりに十分な睡眠がとれたとの話があった。同時に、再びGさんが自宅に戻り、自分が介護をする自信はない旨を語った。MSWは、さまざまな方針決定までひとりで担っている状態には大きな負担があるのではないかと尋ねた。Uさんからは、何かの決めごとをするに際しては夫に協力してほしいと思っているとの話があった。そのなかでGさんの支援を考えるにあたり、息子（Uさんの夫）の協力を得ていく方針を確認した。

　Gさんの入院から8日後、息子、Uさんとの面談を行った。息子からは、入院前は、Uさんの負担を認識する一方、「どう対応していいのかわからなかった」との話を聞くことができた。Uさんからは、ここ数日のGさんの状態であれば再び自宅での生活が可能であろうと考えているとの話があった。MSWは、自宅での介護を再開するにしてもUさんに負担が集中しないようにするために、家族および専門職が一丸となってGさんの療養生活を支えていくことが重要に

なるであろうことを共有した。息子、Uさんは強く同意し、Gさんの意向の確認をしながらそれらの調整を進めることとなった。

❹Gさん家族の認知症に対する理解促進

　入院前のGさんの状態変化は、認知症の進行ではなく、肺炎および、体調の悪化に起因するBPSD（認知症に伴う行動・心理症状）であった。一般的に、認知症の理解は容易でないこともあり、一度「問題行動」といわれるような状態が見られるとそれが認知症によるものであると解釈されたり、ひいては「何もわからない人」といった見方が認知症患者になされることが少なくない。

　Uさんは、自分の介護疲れもあり入院前のGさんの変化を「認知症の進行」と捉え、息子はそれらの状態を、「何もわからなくなっている」と判断していた。Gさんへの望ましい家族の対応があったとすれば、すべてを認知症に帰結させるのではなく、急な状態の変化を専門職とともに捉え、対応していくことであったと考えられる。

　MSWはUさんの介護負担の様子を注視しつつ、Gさん家族が認知症について正しい理解が得られるような説明を医師から家族へしてもらう場を設けた。その後Uさんからは、今回の入院前から入院後に至るGさんの経過を踏まえて、認知症があるということだけでGさんの様子を判断しないようにしたいとの話を聞くことができた。

　以上のプロセスを経て、入院から12日後、MSWは介護保険サービスの事業所、Uさんおよび息子も含めた退院前カンファレンスを実施した。

　Gさんは、入院前と同等のADLに回復していた状況もあり、もっと外出をする機会を増やしたいとの希望を示し、デイサービスの利用を週2回に増やす計画となった。また、Uさんに介護の負担が集中しないように、息子からは、週1回土日のどちらかは本人と2人で外出をする機会を設けたいとの考えが示された。デイサービススタッフからは、Gさんの体調変化が再びあった際は、それを早めにキャッチして病院へ情報提供していきたいとの発言があった。Gさん、Uさんは、家族および多様な専門職が今後も継続して支援をしてくれることを認識して、安堵している様子がうかがえた。入院から15日後、Gさんは自宅退院となった。

結果と考察

退院後、MSW はGさん、Uさんと面談を行った。Gさんは介護サービスを利用しながら、入院前以上に活発な様子で生活をしていることがわかった。Uさんは、夫も介護にかかわるようになり、自らの負担は軽減されていると現状を説明し、今後もGさんを大切な家族の一人として支えていきたいと心情を語った。

Gさんの状態変化を認知症のみに帰結せず、求められる医療・ケアを多職種で見極めスムーズに提供できたことで、Gさんは在宅生活への復帰をすることができた。またUさんもGさんのありようを正しく捉え、介護を再開することができた。MSW が認知症を正しく理解し、それらを患者および家族への支援に反映させることが重要となる。加えて、認知症を正しく理解することは、Gさん本人の意思決定能力等を尊重するアドボカシーの具体化にもつながることが本事例からうかがえる。

また、MSW の介入前後においてGさん・Uさんにかかわる支援者の構成は変わらないものの、MSW がT病院の窓口となり、家族・多機関の協働の体制が構築できた（「基本情報」参照）。これらがGさんおよびUさんの在宅生活の再開・継続に関する意欲や安心感につながった可能性が考えられる。この点において、認知症患者および家族への支援における、多職種協働の実践の有用性が確認できる。

事例 8 災害現場における支援

V県南部のW市を中心としたマグニチュード 7.6 の地震が発生。W市は震度6強を観測し、多くの建物が倒壊、ライフラインも不通となっていた。住民の多くが余震への不安から避難所となった小学校の体育館に身を寄せていた。本事例はHさんのケースを通して、福祉専門職チームである災害派遣福祉チームの役割と災害時における要介護高齢者や障害者等の災害時要援護者が抱えるニーズ、災害派遣福祉チームによる支援の展開、支援を行う際の多職種連携のあり方について理解を深める。

Active Learning

災害時の要援護者支援に関して、DWATの活動や多職種連携の重要性について、ポイントをまとめて話しあってみましょう。

基本情報

Hさん　82歳　女性　要介護2

病名・既往歴	アルツハイマー型認知症、短期記憶障害。
生活歴	27歳で結婚。出産を機に会社を退職し、その後は専業主婦。次女が結婚してからは、夫と二人暮らしをしている。80歳の時から物忘れが進行し、アルツハイマー型認知症と診断を受ける。
家族状況	夫と二人暮らし。娘二人は県外在住。
健康状況	認知症により月に1回通院し、内服薬の処方を受けている。現在、デイサービスを週2回利用している。
ADL	移動や食事、更衣、トイレ等の動作は自立している。入浴は一部介助が必要。
IADL	認知症のため、買い物や服薬管理、電話の応対はひとりでは困難である。

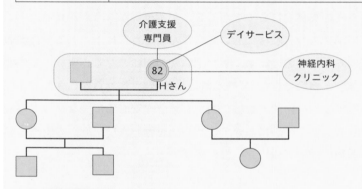

支援経過

　Xは、V県北部の医療機関にMSWとして勤務しながら、県の災害派遣福祉チーム（Disaster Welfare Assistance Team：DWAT）に隊員として登録している。7月24日昼過ぎ、Xはクライエントとの面接中に大きな揺れを感じた。さいわい、勤務先の医療機関や周辺の地域に大きな被害は出ていなかった。しかし県南部の被害は大きく、家屋の倒壊が多数発生し、けが人も多く出ていた。Xの勤務先の医療機関からも災害派遣医療チーム（Disaster Medical Assistance Team：DMAT）が地震直後から出動していた。翌日、Xにも県庁の担当者からDWATの派遣要請の連絡が入り、活動は7月26日からの5日間と決まった。

　V県のDWATは、社会福祉士、精神保健福祉士、介護福祉士、保育士、介護支援専門員等の多分野混成チームで編成される。派遣

が想定される災害は地震、津波、風水害、火山噴火、雪害、原子力、火災、テロ災害などが挙げられており、規模としては災害救助法が適用または適用される可能性があると認められる規模のものと規定している。活動場所は主に一般的な一次避難所が想定されている。支援の対象者は、高齢者、障害者、女性・妊産婦、子ども、外国人といった災害時要援護者をはじめ、広く避難者からの相談に応じることとしている。このようなフィールドにおいて DWAT は、心理・社会的相談支援やニーズの掘り起こし、環境整備、生活支援等の支援活動を展開することが期待されている。

　今回の地震においても県は DWAT 派遣が必要であると判断し、被害の少なかった地域に住む隊員を招集した。チームのメンバーは MSW の X に加え、特別養護老人ホームの介護福祉士、障害者支援施設の社会福祉士、介護老人保健施設の介護福祉士そして、児童養護施設の保育士の 5 人で構成された。チームのリーダーは X が務めた。

● 7月 26 日（活動 1 日目）

　避難所に到着した X らのチームは、まず責任者となっている小学校の校長を訪ね、情報収集を行った。校長は、「高齢者が多いので、県のチームとして福祉の専門家に来ていただけるのはとてもありがたい」と出迎えてくれた。校長によると、避難者は約 300 名おり、着の身着のまま避難してきて好きな場所を確保している状態になっている。3 割程度が高齢者で、なかには足が悪い人もおり、転倒しないか心配だとの声が聞かれた。また、DWAT のほかに、医療救護班が救護所を設置して、医師や看護師が避難者のけがの処置や体調不良者の対応にあたっていた。また、市の保健師が 2 名滞在し、健康面の相談や避難所内の環境整備を行っていた。

　X ら DWAT 隊員は、まず避難者が困ったことを気軽に相談できる場所が必要と考え、避難所内に「何でも相談窓口」を設置し、1 名専属でチーム員の社会福祉士を配置した。相談窓口は、福祉に関することに限らず避難生活全般や復興・復旧に関する不安や困りごとなどすべての相談を受け付けることにした。その理由として、幅広く相談を受け付けることで避難者との交流の促進や信頼関係の構築につながるだけでなく、細かなニーズを拾い上げ、必要な対応を迅速に実施することで、避難生活による二次被害の防止や生活の再

構築への支援につながると考えたことがある。もちろん、DWAT
では対応できない相談ごともあるが、それについては市役所の担当
部署や専門の機関を紹介するなどの対応をとった。

● 7月27日（活動2日目）

　次に、現在体育館にいる避難者の把握と、そのなかで早急に支援
が必要な人がいないか、避難所等の生活継続が可能かを判断し、避
難所での生活の継続が困難な場合は施設等への搬送や別室を確保す
ること等を検討するために、一人ひとりに対してスクリーニングを
実施した。スクリーニングは保健師と情報を共有するため、保健師
とDWAT隊員がペアになって実施した。スクリーニングの結果、
すぐに施設等への搬送の必要が高い避難者はみられなかったが、こ
れまで介護サービスを受けていたり、歩行が困難な高齢者が10名
ほどおり、経過観察の対象となった。また、乳幼児の子育て世帯や
障害のある子どもがいる世帯も経過観察の対象とした。

　スクリーニングの結果は、避難所内で活動している医療救護班、
保健師、DWAT隊員、校長等の避難所運営者の間で情報共有を行っ
た。また、このメンバーで朝夕1回ずつ定期的に情報共有のための
スタッフミーティングを行うことが決まった。

● 7月28日（活動3日目）

　避難者の男性が相談窓口に現れ、「昨日の夜から、隣のおばあさん
が夜に声を出すので眠れない。一緒にいる夫と思われる男性は、お
ばあさんが声を出すと手で口を押さえたり、たたいたりしているよ
うだ。なんとかならないだろうか」との相談があった。リーダーの
Xがスクリーニングシートを確認すると、経過観察の対象としたH
さんであった。Hさんは夫と二人暮らし。娘が2人いるが、県外に
住んでいる。Hさんは認知症のため短期記憶障害があり、自宅での
入浴もひとりでは不安があったため夫の介護を受けながら、デイ
サービスに週2回通っていた。要介護2の認定を受けていた。自宅
は全壊したものの地震が起こったときは、Hさんはデイサービスを
利用、夫は外出中であったため無事だった。

　そこでXは、校長に教室の使用許可をとり、プライバシーの守ら
れた環境でHさん夫婦と面接を行うことにした。まず初めに自己紹
介を行い、県から派遣された福祉の専門チーム員であることを説明
した。そして、「大きな地震で大変でしたね」と声をかけると、夫は

自宅が倒壊してしまったこと、慣れない避難生活を送っていることによるストレス、将来への不安など堰^{せき}を切ったように語り始めた。続けて、スクリーニングの際にHさんには認知症があると聞いていたが今困っていることはないですか？　と尋ねると夫はうつむき加減で話し始めた。「急に環境が変わってしまったことで夜眠れなくなっている。それに加えて、夜中に『家に帰りたい』や『助けてください！』と叫ぶこともあり、周りの迷惑にならないよう口を手で押えることもある。あまりそれが続くと、やってはいけないとは思っているものの、つい手を出してたたいてしまうこともあった」とつらい胸の内を打ち明けた。そして、「私も困っているんです。何かいい方法はありませんか？」と尋ねてきた。Xは、「わかりました。ここにはいろいろな職種のスタッフがいるので、みんなで検討してみたいと思います。それと、ケアマネジャーさんにも短期入所施設に利用ができないか聞いてみますね」と答えると夫の顔には笑顔が戻り、「よろしくお願いします」と返答した。

　Xは早速夕方のスタッフミーティングで情報共有と支援の方法について協議を行った。医師からは、睡眠導入剤や抗不安薬の処方は可能だが、ふらついて転倒のリスクが高まる懸念があるので、まずはDPAT（Disaster Psychiatric Assistance Team：災害派遣精神医療チーム）が避難所に巡回に来た際に相談してみてはどうかと提案された。保健師からは、できるだけこまめに声掛けをして、本人や夫に不安なことがあれば話をしてもらうようにしていきたいと声が上がった。Xからは、Hさんには認知症もあり、夫婦ともに避難所生活に大きなストレスを抱えているため、Hさんの福祉避難所や短期入所施設への移動が適切であると考えられること、福祉避難所への移動までの間は体育館ではなく、落ち着いて過ごせる別室での対応が望ましいことを説明した。Xの提案にスタッフ全員が賛同し、校長はHさんが福祉避難所や短期入所施設に移れるまでの別室として保健室の使用許可を出した。ミーティング終了後、早速Hさん夫婦に結果を報告し、今後は福祉避難所や短期入所施設を利用できるよう調整をすること、今晩から保健室に移動することを提案し、Hさんも夫からも同意を得ることができた。

● 7月29日（活動4日目）

　翌朝Xは、保健室を訪ねた。Hさん夫婦は穏やかに談笑しており、

昨夜は安心してとてもよく眠れたとのことだった。その後、ほかの避難者の相談対応の合間を縫って、ケアマネジャーに短期入所施設の手配を依頼した。しかしながら、現時点では短期入所施設の確保について打診はしてみるものの、難しい可能性が高いとの返答であった。続いて、福祉避難所への移動について市役所の災害対策本部にも要請を行った。連絡から3時間後、災害対策本部から返答があり、7月31日に隣市の福祉避難所への受け入れが決定した。一方で、避難生活の長期化に伴いほかの避難者にも疲れがみえていた。特に高齢者は、日中も自分の場所から動くことなくじっとしている人が目についた。そこでDWAT隊員で体操の時間を設け、参加を呼びかけることにした。

● 7月30日（活動5日目）

午前中に後続のDWAT隊員が到着し、引き継ぎを実施した。引き継ぎは、避難者全員分のアセスメントシート、経過観察対象の避難者情報、これまでの相談対応ケース、避難所に入っている医療チーム等との役割分担について、担当ごとに分かれて実施した。特に、Hさんのケースについては重点的に支援経過の説明を行い、福祉避難所に申し送るための経過記録をまとめた情報シートを作成し、後続の隊員へ引き渡した。

結果と考察

DWATは、災害時に避難所でさまざまな福祉的ニーズに対応し、避難生活上の課題や復旧・復興に向けた課題の解決に向けた支援を実施する。DWAT隊員は避難者のニーズを迅速かつ的確に把握する必要があるとともに、課題解決に向けてさまざまな職種や災害時支援団体と協働することが求められる。

Hさんの事例については、福祉避難所に移るまでの間はDWAT隊員、保健師、看護師などに見守られながら保健室の中では穏やかに過ごすことができた。その後、後続のDWATも同様に見守りを継続し、無事福祉避難所に移ることができた。

◇参考文献
・浅井篤・大西基喜「臨床倫理的観点からの事例分析」『緩和医療学』第 3 巻第 1 号，2001.
・R. J. アルバート・M. シーグラー・W. J. ウィンスラード，赤林朗・蔵田伸雄・児玉聡訳『臨床倫理学――臨床医学における倫理的決定のための実践的なアプローチ 第 5 版』新興医学出版社，2006.
・救急認定ソーシャルワーカー認定機構監『救急患者支援 地域につなぐソーシャルワーク――救急認定ソーシャルワーカー標準テキスト』へるす出版，2017.
・児童虐待防止医療ネットワーク事業に関する検討会「児童虐待防止医療ネットワーク事業推進の手引き」 https://www.mhlw.go.jp/file/05-Shingikai-11901000-Koyoukintoujidoukateikyoku-Soumuka/0000042537.pdf

索引

最新 社会福祉士養成講座

編集

一般社団法人 日本ソーシャルワーク教育学校連盟 （略称：ソ教連）

統括編集委員 （五十音順）

中谷 陽明 （なかたに・ようめい）
ソ教連常務理事、桜美林大学大学院教授

松本 すみ子 （まつもと・すみこ）
ソ教連常務理事、東京国際大学人間社会学部教授

「保健医療と福祉」編集委員・執筆者

編集委員 （五十音順）

梅崎 薫 （うめざき・かおる）
埼玉県立大学保健医療福祉学部教授

髙山 惠理子 （たかやま・えりこ）
上智大学総合人間科学部教授

保正 友子 （ほしょう・ともこ）
日本福祉大学社会福祉学部教授

執筆者および執筆分担 （五十音順）

赤澤 輝和 （あかざわ・てるかず）································第 3 章第 3 節
日本女子大学人間社会学部准教授

伊藤 正子 （いとう・しょうこ）································第 2 章第 2 節
法政大学現代福祉学部教授

伊藤 隆博 （いとう・たかひろ）································第 6 章第 2 節事例 8
岩手県立大学社会福祉学部講師

伊藤 善典 （いとう・よしのり）················第 4 章第 1 節・第 3 節・第 4 節 1
埼玉県立大学保健医療福祉学部教授

井上 健朗 （いのうえ・けんろう）································第 1 章第 1 節
東京通信大学人間福祉学部講師

梅崎 薫 （うめざき・かおる）····················第 4 章第 4 節 2、第 5 章第 1 節
埼玉県立大学保健医療福祉学部教授

小山 宰（おやま・つかさ）……………………………………第6章第2節事例7
東京医科歯科大学歯学部非常勤講師

片岡 靖子（かたおか・やすこ）………………………………………第3章第2節
久留米大学文学部教授

榊原 次郎（さかきばら・じろう）……………………………第6章第2節事例3
医療法人樟立会たちかわ脳神経外科クリニックソーシャルワーカー

坂本 はと恵（さかもと・はとえ）……………………………第6章第2節事例4
国立研究開発法人国立がん研究センター東病院ソーシャルワーク室室長

篠原 純史（しのはら・あつし）………………………第5章第2節、第6章第2節事例5
独立行政法人国立病院機構高崎総合医療センター患者サポートセンターソーシャルワーク室長

髙橋 恭子（たかはし・やすこ）………………………………第6章第1節2
神奈川県立保健福祉大学保健福祉学部教授

田中 伸至（たなか・しんじ）………………………………………第4章第2節
新潟大学法学部教授

長瀬 彩子（ながせ・さいこ）…………………………………第6章第2節事例6
聖路加国際病院ソーシャルワーカー

野村 裕美（のむら・ゆみ）…………………………………………第1章第3節
同志社大学社会学部准教授

長谷田 真帆（はせだ・まほ）………………………………………第3章第1節
京都大学大学院医学研究科特定助教

林 真紀（はやし・まき）………………………………………第6章第2節事例1
特定医療法人社団勝木会やわたメディカルセンター医療福祉相談室

林 眞帆（はやし・まほ）……………………………………………第1章第2節
関西学院大学人間福祉学部准教授

林 祐介（はやし・ゆうすけ）………………………………第6章第2節事例2
同朋大学社会福祉学部専任講師

保正 友子（ほしょう・ともこ）………………………………第6章第1節1
日本福祉大学社会福祉学部教授

巻 康弘（まき・やすひろ）…………………………………………第5章第3節
北海道医療大学看護福祉学部准教授

宮坂 道夫（みやさか・みちお）……………………………………第2章第1節
新潟大学大学院保健学研究科教授

最新 社会福祉士養成講座

5　保健医療と福祉

2021年2月1日　　　初　版　発　行
2024年2月1日　　　初版第2刷発行

編　集　　一般社団法人日本ソーシャルワーク教育学校連盟
発行者　　荘村明彦
発行所　　中央法規出版株式会社
　　　　　〒110-0016　東京都台東区台東3-29-1　中央法規ビル
　　　　　TEL 03（6387）3196
　　　　　https://www.chuohoki.co.jp/

印刷・製本　株式会社太洋社
本文デザイン　株式会社デジカル
装　　　幀　株式会社デジカル
装　　　画　酒井ヒロミツ